# Soziologie in Südafrika

R. Sooryamoorthy

# Soziologie in Südafrika

Springer VS

R. Sooryamoorthy
Fakultät für Sozialwissenschaften
Universität von KwaZulu-Natal
Durban, Südafrika

Dieses Buch ist eine Übersetzung des Originals in Englisch „Sociology in South Africa" von Sooryamoorthy, R., publiziert durch Springer Nature Switzerland AG im Jahr 2016. Die Übersetzung erfolgte mit Hilfe von künstlicher Intelligenz (maschinelle Übersetzung durch den Dienst DeepL.com). Eine anschließende Überarbeitung im Satzbetrieb erfolgte vor allem in inhaltlicher Hinsicht, so dass sich das Buch stilistisch anders lesen wird als eine herkömmliche Übersetzung. Springer Nature arbeitet kontinuierlich an der Weiterentwicklung von Werkzeugen für die Produktion von Büchern und an den damit verbundenen Technologien zur Unterstützung der Autoren.

ISBN 978-3-031-17655-5     ISBN 978-3-031-17656-2 (eBook)
https://doi.org/10.1007/978-3-031-17656-2

Die Deutsche Nationalbibliothek verzeichnet diese Publikation in der Deutschen Nationalbibliografie; detaillierte bibliografische Daten sind im Internet über http://dnb.d-nb.de abrufbar.

Springer VS
© Der/die Herausgeber bzw. der/die Autor(en), exklusiv lizenziert an Springer Nature Switzerland AG 2023

Das Werk einschließlich aller seiner Teile ist urheberrechtlich geschützt. Jede Verwertung, die nicht ausdrücklich vom Urheberrechtsgesetz zugelassen ist, bedarf der vorherigen Zustimmung des Verlags. Das gilt insbesondere für Vervielfältigungen, Bearbeitungen, Übersetzungen, Mikroverfilmungen und die Einspeicherung und Verarbeitung in elektronischen Systemen.
Die Wiedergabe von allgemein beschreibenden Bezeichnungen, Marken, Unternehmensnamen etc. in diesem Werk bedeutet nicht, dass diese frei durch jedermann benutzt werden dürfen. Die Berechtigung zur Benutzung unterliegt, auch ohne gesonderten Hinweis hierzu, den Regeln des Markenrechts. Die Rechte der jeweiligen Zeicheninhabers sind zu beachten.
Der Verlag, die Autoren und die Herausgeber gehen davon aus, dass die Angaben und Informationen in diesem Werk zum Zeitpunkt der Veröffentlichung vollständig und korrekt sind. Weder der Verlag, noch die Autoren oder die Herausgeber übernehmen, ausdrücklich oder implizit, Gewähr für den Inhalt des Werkes, etwaige Fehler oder Äußerungen. Der Verlag bleibt im Hinblick auf geografische Zuordnungen und Gebietsbezeichnungen in veröffentlichten Karten und Institutionsadressen neutral.

Planung/Lektorat: Cori Antonia Mackrodt
Springer VS ist ein Imprint der eingetragenen Gesellschaft Springer Nature Switzerland AG und ist ein Teil von Springer Nature.
Die Anschrift der Gesellschaft ist: Gewerbestrasse 11, 6330 Cham, Switzerland

*Für*

*E. J. Thomas S. J.*

# Vorwort

Nachdem ich die endgültige Fassung bei Palgrave Macmillan eingereicht habe, bin ich nun sehr erleichtert. Nicht, dass ich denke, alles und jedes über die Soziologie in Südafrika darzustellen. Aber ich hatte eine lohnende Reise durch die Vergangenheit und die Gegenwart, und ich hatte die Gelegenheit, die Arbeiten sowohl meiner Vorgänger als auch meiner Zeitgenossen zu würdigen und zu schätzen.

Ich erinnere mich mit großer Dankbarkeit an alle, deren Werke ich in diesem Buch verwendet habe. Die Unterstützung, die ich von meinen Kollegen in der Bibliothek (Claudette Kercival, Seema Maharaj, Faith Bhengu und andere) erhielt, war großartig. Sie beschafften mir wichtige Quellen, die von entscheidender Bedeutung waren. Ein besonderer Dank geht an Geoff Waters, der immer eine Quelle von Ideen und Ermutigung war. Sandra hat die szientometrischen Daten sehr sorgfältig eingegeben. Tamsine O'Riordan, Judith Allan, Philippa Grand und das Team bei Palgrave Macmillan haben dieses Projekt effizient betreut. Ich bin Senthil Kumar und seinem Team für die effiziente Produktion des Buches dankbar. Ich schätze die konstruktiven Kommentare der Peer-Reviewer und der Herausgeber der Reihe sehr.

Renjini, meine Frau und Lebensgefährtin, war in mehrfacher Hinsicht die Ursache für dieses Buch. Kein Wort des Dankes ist angemessen. E. J. Thomas, S. J., ein Jesuitengelehrter, der mir Soziologie und die ersten Lektionen in Forschungsmethodik und Statistik beibrachte, war sehr großzügig, indem er mir einen unermesslichen Teil seiner Zeit für meine persönliche und akademische Entwicklung zur Verfügung stellte. Ich widme ihm, meinem Guru, dieses Buch.

# Inhaltsverzeichnis

1 Südafrikanische Soziologie im Kontext ........................ 1
2 Die Anfänge: Soziologie in der Kolonialzeit..................... 17
3 Soziologie in Zeiten der Apartheid, 1948–1993 .................. 31
4 Soziologie im demokratischen Südafrika, 1994–2015.............. 77
5 Soziologische Forschung: Zeitgenössische Merkmale.............109
6 Gegenwärtige und zukünftige Aussichten ......................135

# Liste der Akronyme

| | |
|---|---|
| AIDS | Acquired Immune Deficiency Syndrome |
| ANOVA | Analysis of Variance |
| ASSA | Association for Sociology in Southern Africa |
| BLB | Stellenbosch University |
| CHE | The Council on Higher Education |
| CODESRIA | Council for the Development of Social Science in Africa |
| CREST | Centre for Research on Evaluation, Science and Technology |
| CRSS | Council for Research in the Social Sciences |
| CSIR | Council for Scientific and Industrial Research |
| DHET | Department of Higher Education and Training |
| FET | Further Education and Training colleges |
| HBU | Historically Black University |
| HIV | Human Immunodeficiency Virus |
| HSRC | Human Sciences Research Council |
| HWU | Historically White University |
| ISA | International Sociological Association |
| ISS | Indian Sociological Society |
| ISST | Institut des Sciences Sociales du Travail |
| NBESR | National Bureau for Educational and Social Research |
| NCSR | National Council of Social Research |
| NGO | Non-Governmental Organization |
| NIHSS | National Institute for the Humanities and Social Sciences |
| NIPR | National Institute for Personnel Research |
| NRF | National Research Foundation |
| PQM | Programme and Qualification Mix |

| | |
|---|---|
| PU | Productivity Unit |
| RU | Rhodes University |
| SAAAS | South African Association for the Advancement of Science |
| SABR | Suid-Afrikaanse Buro vir Rasseaangeleenthede |
| SAHUDA | South African Humanities Deans' Association |
| SAIRR | South African Institute of Race Relations |
| SAJS | South African Journal of Sociology |
| SAPRHS | The South African Plan for Research in Human Sciences |
| SAPSE | South African Post Secondary Education |
| SAQA | South African Qualifications Authority |
| SARS | South African Review of Sociology |
| SASA | South African Sociological Society |
| SASO | South African Students' Organisation |
| SASOV | Suid Afrikaanse Sociologie Vereniging |
| SEPC | Social and Economic Planning Council |
| SSC | Social Sciences Citation index |
| UCT | University of Cape Town |
| UJ | University of Johannesburg |
| UKZN | University of KwaZulu-Natal |
| UNISA | University of South Africa |
| UP | University of Pretoria |
| Wits | University of Witwatersrand |
| WoS | Web of Science |

# Abbildungsverzeichnis

Abb. 3.1    Karte von Südafrika ........................................34

# Tabellenverzeichnis

| | | |
|---|---|---|
| Tab. 2.1 | Veröffentlichungen in der Soziologie während der Kolonialzeit, 1900–1947 | 26 |
| Tab. 3.1 | Veröffentlichungen in ausgewählten Fachzeitschriften, 1970–1993 | 57 |
| Tab. 3.2 | Forschungsgebiete der Veröffentlichungen in ausgewählten Zeitschriften, 1970–1993 | 59 |
| Tab. 3.3 | Institutionelle und fachbereichsspezifische Anzahl (Mittelwert) aller Autoren in den ausgewählten Zeitschriften, 1970–1993 | 61 |
| Tab. 3.4 | Forschungsbereiche in den wichtigsten Einrichtungen bei Veröffentlichungen in ausgewählten Zeitschriften, 1970–1993 | 64 |
| Tab. 3.5 | Methodische Ausrichtung und Institutionen der Veröffentlichungen in ausgewählten Zeitschriften, 1970–1993 | 68 |
| Tab. 3.6 | Veröffentlichungen im Web of Science, 1970–1990 | 70 |
| Tab. 4.1 | Veröffentlichungen in der South African Review of Sociology, 1995–2015 | 86 |
| Tab. 4.2 | Forschungsbereiche der Veröffentlichungen in der South African Review of Sociology, 1995–2015 | 89 |
| Tab. 4.3 | Institutionelle Zugehörigkeit der Erstautoren von Veröffentlichungen in der South African Review of Sociology, 1995–2015 | 91 |
| Tab. 4.4 | Anzahl der Institutionen (Mittelwert und für ausgewählte Institutionen) aller Autoren von Veröffentlichungen in der South African Review of Sociology, 1995–2015 | 92 |

| | | |
|---|---|---|
| Tab. 4.5 | Fachbereich der Autoren von Veröffentlichungen in der South African Review of Sociology, 1995–2015 | 93 |
| Tab. 4.6 | Forschungsbereiche in den wichtigsten Institutionen der Veröffentlichungen in der South African Review of Sociology, 1995–2015 | 95 |
| Tab. 4.7 | Forschungsbereiche der Veröffentlichungen in der South African Review of Sociology, 1995–2015 | 98 |
| Tab. 4.8 | Forschungsbereiche und Methodik in Veröffentlichungen in der South African Review of Sociology, 1995–2015 | 99 |
| Tab. 4.9 | Methodische Ausrichtung und Institutionen der Veröffentlichungen in der South African Review of Sociology, 1995–2015 | 103 |
| Tab. 4.10 | Veröffentlichungen im Web of Science, 1995–2015 | 104 |
| Tab. 4.11 | Hauptforschungsbereiche der Veröffentlichungen im Web of Science, 1995–2015 | 105 |
| Tab. 5.1 | Spezialisierung der NRF-bewerteten Stipendiaten, 2015 | 117 |
| Tab. 5.2 | Zusammenarbeit der Autoren, wie sie aus den Veröffentlichungen in der South African Review of Sociology hervorgeht, 1995–2015 | 119 |
| Tab. 5.3 | Zusammenarbeit und Forschungsbereiche bei den Veröffentlichungen in der South African Review of Sociology, 1995–2015 | 120 |
| Tab. 5.4 | Zusammenarbeit in ausgewählten Institutionen und Fachbereichen, wie sie aus den Veröffentlichungen in der South African Review of Sociology hervorgeht, 1995–2015 | 121 |
| Tab. 5.5 | Mitarbeit und Autoren bei den Veröffentlichungen in der South African Review of Sociology, 1995–2015 | 122 |
| Tab. 5.6 | Verhältnis zwischen Jahr, Geschlecht und „Rasse" bei den Veröffentlichungen in der South African Review of Sociology, 1995–2015 | 123 |
| Tab. 5.7 | Korrelation zwischen Jahr und Institutionen bei den Veröffentlichungen in der South African Review of Sociology, 1995–2015 | 124 |
| Tab. 5.8 | Zusammenarbeit der Autoren in den Veröffentlichungen im Web of Science, 1995–2015 | 126 |
| Tab. 5.9 | Partner aus Übersee in Veröffentlichungen im Web of Science, 1995–2015 | 128 |

# Südafrikanische Soziologie im Kontext

**1**

> **Zusammenfassung**
>
> Die südafrikanische Soziologie zeichnet sich durch mehrere Merkmale aus. Sie hat eine eigene Strömung entwickelt, die sich aus der Kolonial- und der Apartheidzeit entwickelt hat. In den verschiedenen Phasen ihrer Geschichte – Kolonialzeit, Apartheid und Demokratie – durchlief die Soziologie des Landes schwierige Zeiten. In der Zeit der Apartheid sind die politischen Bedingungen für eine integrierte Soziologie antagonistisch. Die einen unterstützen das separatistische Apartheidregime, die anderen lehnen es ab. Einige Soziologen stehen an vorderster Front, wenn es darum geht, die Apartheidpolitik mit Unterstützung der Disziplin zu fördern. Es gibt gegensätzliche Auffassungen über den Zustand der Soziologie in den drei deutlich gekennzeichneten Phasen. In diesen Jahren haben in Südafrika verschiedene Formen der Soziologie nebeneinander existiert. In diesem Kapitel werden einige der charakteristischen Merkmale der südafrikanischen Soziologie vorgestellt, die in diesem Buch untersucht werden.

Weltweit hat die Soziologie schwierige Zeiten durchlebt und tut dies auch weiterhin. Soziologen stellen häufig Fragen zu ihrer Existenz und ihrem Überleben, sowohl in struktureller als auch in intellektueller Hinsicht (Abbott, 2000). Einige waren skeptisch und sagten der Soziologie eine düstere Zukunft voraus (Stinchcombe, 1994). Andere sind der Meinung, dass die Soziologie keineswegs an Relevanz verlieren wird, sondern vielmehr in der Lage ist, einen größeren Einfluss auf

© Der/die Autor(en), exklusiv lizenziert an Springer Nature Switzerland AG 2023
R. Sooryamoorthy, *Soziologie in Südafrika*,
https://doi.org/10.1007/978-3-031-17656-2_1

die Gesellschaft auszuüben, als dies andere sozialwissenschaftliche Disziplinen derzeit tun (Turner, 2006). Die Disziplin überlebt dennoch. Dies gilt selbst dann, wenn die Marktkräfte das Sagen haben und die Ziele, Funktionen und die Daseinsberechtigung von Universitäten und anderen Zentren der Wissensproduktion, in denen die Soziologie zu Hause ist, bestimmen. In vielen Gesellschaften haben Soziologen gegen die Kräfte der Privatisierung und der Kommodifizierung von Wissen überlebt (Burawoy, 2011).

Die Soziologie ist nach wie vor sehr lebendig, auch wenn der Druck, dem sie ausgesetzt ist, aus verschiedenen Richtungen und oft von unerwarteter Seite kommt. Der Mangel an Unterstützung durch politische Führungsfiguren und Entscheidungsträger wirkt sich negativ auf die Disziplin aus. Strukturelle Veränderungen im akademischen Bereich und in den Lehrplänen tragen zu den aktuellen Problemen der Soziologie bei. Belege aus mehreren Ländern, in denen es die Soziologie gibt, sind nicht leicht zu verwerfen.[1]

Afrika ist auf der internationalen soziologischen Bühne noch nicht in Erscheinung getreten. Dies gilt vor allem für Südafrika. Die Präsenz der afrikanischen Soziologie, insbesondere ihrer südafrikanischen Form, hat nicht ausgereicht, um den Eindruck zu erwecken, dass auf dem Kontinent Soziologie existiert. Dies scheint jedenfalls der Fall zu sein, wenn man die Forschungspublikationen in renommierten soziologischen Fachzeitschriften betrachtet. Zwischen 1990 und 2005 erschienen in zwei angesehenen soziologischen Fachzeitschriften nur drei Artikel über Afrika.[2] Debatten über die afrikanische Soziologie blieben trotz ihres weltweiten Potenzials für die Disziplin sehr viel länger der wissenschaftlichen Betrachtung entzogen. Dies ist eine verpasste Chance, nicht nur für die afrikanische Soziologie, sondern insbesondere für die Soziologie in Südafrika. Doch nun ist die Wende geschafft, und die Dinge sind auf dem Weg der Veränderung. Die Soziologie in Afrika hat die globale Bühne betreten.

Als junge und dynamische Demokratie ist Südafrika ein herausragendes Land auf dem Kontinent. Es ist bestrebt, seine schwierige Vergangenheit des Kolonialis-

---

[1] Die Soziologie in Australien erlebte während der langen Jahre der konservativen Regierung von John Howard (1996–2007) keine Blütezeit, ebenso wenig wie die britische Soziologie unter Margaret Thatcher (1979–1990) (Turner, 2012). Die Entwicklung der Soziologie in Spanien wurde durch die Diktaturen beeinträchtigt (Miguel & Moyer, 1979). Die amerikanische Soziologie hatte mit den Veränderungen in den Studienstrukturen zu kämpfen, die einen Rückgang der Abschlüsse in den Geistes- und Sozialwissenschaften zur Folge hatten (Turner, 2012).

[2] Dies bezieht sich auf die Zeitschriften *American Sociological Review* und *American Journal of Sociology* (Dodoo & Beisel, 2005).

mus und der Apartheid zu überwinden.³ Das Erbe der Vergangenheit ist mit der Soziologie des Landes verwoben. Südafrika kann für sich in Anspruch nehmen, über eine eigenständige Soziologie zu verfügen, und es hat gleichzeitig eine gemeinsame Identität in der Gemeinschaft von Tausenden von Soziologen weltweit. Es war Südafrika, das anderen afrikanischen Ländern bei der Einführung der Soziologie an den Universitäten den Weg wies.⁴ Es gilt als die stärkste Soziologie im globalen Süden, nach Indien und Brasilien, und als führend auf dem afrikanischen Kontinent⁵ (Alexander & Uys, 2002; Burawoy, 2009).

Die südafrikanische Soziologie unterscheidet sich in wesentlichen Punkten von der Soziologie in anderen Ländern und weist ihre eigenen charakteristischen Merkmale auf. Ihre Themen und Fragestellungen sind jedoch nicht völlig unähnlich zu denen anderer Gesellschaften. Sie manifestieren sich in der Fülle sozialer Fragen und Phänomene und zeigen sich im Regenbogen⁶ der Soziologen und ihrer Studienansätze. Auf einer Fläche von 1.219.090 km² leben in neun Provinzen 54,96 Millionen Menschen (RSA, 2015) unterschiedlicher ethnischer und rassischer Zugehörigkeit.⁷

Wie jede Gesellschaft hat auch Südafrika gute Gründe, über eine eigene Soziologie zu verfügen. Südafrika hat eine verheerende Vergangenheit hinter sich, eine Vergangenheit, die sein soziales Gefüge zerrissen hat. Die Vergangenheit hat die Gesellschaft zersplittert und Probleme unterschiedlichen Ausmaßes aufgeworfen, mit denen sich die Soziologen befassen mussten. So entstand die Soziologie in den

---

³Die Apartheid als politische Ideologie propagierte und rationalisierte die Grundsätze der Trennung auf der Grundlage der „Rasse". Die Nationale Partei nutzte diese Ideologie, um 1948 an die Macht zu kommen. Durch mehrere Gesetze, die alle Lebensbereiche der Bevölkerung betreffen, wurde diese Trennung zwischen den „Rassen" in der Gesellschaft verstärkt, was Südafrika zu einer scharf nach „Rassen" getrennten Gesellschaft machte. Es folgten Jahre des Kampfes, der oft gewaltsam geführt wurde, und der Widerstand der internationalen Gemeinschaft gegen die Apartheid gipfelte darin, dass Südafrika 1994 eine Demokratie wurde.

⁴In vielen afrikanischen Ländern hat sich die Soziologie erst nach der Unabhängigkeit von den Kolonialmächten etabliert. Der erste Lehrstuhl für Soziologie in einem anderen afrikanischen Land wurde zum Beispiel in Ghana erst 1951 eingerichtet (Chachage, 2004).

⁵Nigeria hat die größte Anzahl von Soziologen (Burawoy, 2009). Die Zahl sagt nicht immer etwas über die Stärke aus.

⁶Um den Begriff von Erzbischof Desmond Tutu zu übernehmen, der Südafrika erstmals als Regenbogennation bezeichnete und sich dabei auf seine vielfältige ethnische Bevölkerung bezog.

⁷Nach den Halbjahreszahlen 2015 setzt sich die Bevölkerung Südafrikas aus Afrikanern (80,5 %), *Coloureds* (8,8 %), Weißen (8,3 %) und Indern/Asiaten (2,5 %) zusammen (RSA, 2015).

frühen Jahren des 20. Jahrhunderts. Jede Untersuchung der Disziplin in Südafrika muss zwangsläufig mit der Vergangenheit der Gesellschaft in Verbindung gebracht werden (Schutte, 2007).

Die Soziologie in Südafrika entstand und entwickelte sich mit einigen hervorstechenden Merkmalen (Pavlich, 2014). Sie entwickelte sich aus der „rassischen" Differenzierung und der sprachlichen Trennung, die das Wesen der Soziologie und die soziologische Forschung im Land weiterhin beeinflussten. Wie die Gesellschaft war auch die südafrikanische Soziologie stark rassifiziert (Hendricks, 2006) und gespalten. Die Spaltung zeigte sich in den methodischen Präferenzen und den Arten von Soziologien, die an den Universitäten und Forschungsinstituten verfolgt und praktiziert wurden. Die Hauptursachen für diese Spaltung waren die Sprache (Afrikaans und Englisch) und die unterschiedlichen Ressourcen. Die historisch weißen Universitäten (HWUs) wurden lange Zeit begünstigt, während die historisch schwarzen Universitäten (HBUs) benachteiligt wurden.

Dieses Buch befasst sich mit der Soziologie in Südafrika, ihrer Vergangenheit und Gegenwart. Es zeichnet die Geschichte der Soziologie in markanten Phasen nach. Die Geschichte der Soziologie ist ein Hauptuntersuchungsfeld der sozialwissenschaftlichen Forschung (Maia, 2014). Sie konzentriert sich auf die Fragen, die gestellt und die Antworten, die gegeben wurden (Lyon, 2015). Die Soziologie ist tief in ihrer Geschichte verwurzelt, gerade weil sie von ihren Begründern geschaffen wurde, um historische Veränderungen zu untersuchen (Lachmann, 2013). Warum ist diese Geschichte wichtig? Die Anliegen und Methoden der historischen Soziologie können dazu dienen, die Soziologie im weiteren Sinne als eine Disziplin des sozialen Wandels zu stärken (Lachmann, 2013). Bei der Untersuchung der Geschichte der Soziologie und ihrer gegenwärtigen Situation wirft dieses Buch mehr Fragen als Antworten auf, aber das ist zu erwarten. Solche Fragen sind relevant und Teil des Prozesses, ein besseres Verständnis zu erreichen.

Die historische Soziologie bedient sich einer Reihe von Perspektiven, die entweder die Linearität der Zeit und die fortschreitende Ordnung der Geschichte betonen oder versuchen, sie nichtlinear und in den ungleichmäßigen Phasen der Geschichte zu untersuchen (Lundborg, 2016). In diesem Buch wird eine klare Linearität von Zeit und Ordnung betont, die drei ausgeprägte Phasen umfasst: die koloniale, die Apartheid- und die demokratische Phase. Wie in anderen sozialen Realitäten haben sowohl Kolonialismus als auch Apartheid ihre Perspektiven und Strukturen in die Wissensproduktion eingebettet (Schutte, 2007).

In ihrer Studie über die irische Soziologie begründen Fanning und Hess (2015) die Notwendigkeit eines historischen Verständnisses sehr anschaulich. Sie behaupten, dass ein Verständnis der pluralistischen disziplinären Geschichte für diejenigen, die Soziologie studieren und praktizieren, unumgänglich ist. Die Themen und zeitgenössischen Debatten der südafrikanischen Soziologie helfen, wie Mapadimeng (2009) anmerkt, nicht nur die historische Entwicklung zu verstehen, sondern auch das Wesen und die Herausforderungen, denen die Soziologie in der Gesellschaft gegenübersteht. Dieses Buch stellt daher die Soziologie in Südafrika und die historischen Wege vor, die sie in den letzten 100 Jahren zurückgelegt hat. Dabei geht es nicht darum, die Arbeiten einzelner Soziologen zu analysieren, sondern die kollektiven und kohärenten Arbeiten von Soziologen aus Vergangenheit und Gegenwart zusammenzutragen. Sie alle haben auf unterschiedliche Weise die südafrikanischen Soziologie geprägt. Ihre Lehre und Forschung haben dazu beigetragen, dass die südafrikanische Soziologie die ersten beiden Phasen des Kolonialismus und der Apartheit durchlaufen hat und in die aktuelle demokratische Phase eingetreten ist. Die Frage, ob die südafrikanische Soziologie in diesen Phasen zurückgegangen ist, stagniert oder gewachsen ist, ist relevant und muss mit Hilfe von Belegen geprüft werden. Die hier vorgestellten Belege stammen aus verschiedenen Quellen. Die Schriften von Wissenschaftlern, die sowohl Südafrikaner als auch Nicht-Südafrikaner umfassen, Berichte, Aufzeichnungen und Zahlen sind für diese Analyse unerlässlich. Vor allem aber wurden neue empirische Belege herangezogen, die sich auf die bibliometrischen Aufzeichnungen der Veröffentlichungen von Wissenschaftlern während aller drei Phasen stützen.

Die südafrikanische Soziologie ist als Reaktion auf nationalistische Gefühle entstanden und hat sich durchgesetzt. In Südafrika gab es Episoden, die stark genug waren, um die Struktur der Gesellschaft selbst zu erschüttern und zu stören, und die Soziologie ist mit der Natur der Gesellschaft, in die sie eingebettet ist, verflochten. In der politischen Geschichte Südafrikas gab es deutlich ausgeprägte Übergangszeiten. Dies macht es notwendig, die charakteristischen Phasen auf der Grundlage der historischen Phasen, die die Gesellschaft durchlief, auszuwählen, und die Soziologie wuchs, passte sich an oder wandelte sich entsprechend diesen Übergangsphasen. So entwickelten sich in der Kolonialzeit, in der Apartheidzeit und in der demokratischen Ära unterschiedliche Soziologien.

Die Soziologie in Südafrika ist in den letzten Jahren sowohl innerhalb des Landes als auch in der Gemeinschaft der Soziologen außerhalb der Grenzen in den Mittelpunkt des Interesses gerückt. Sie ist zum Epizentrum anhaltender Debatten und Überlegungen zu einer Reihe von Themen geworden. Die Debatten erstrecken sich auf die Geschichtsschreibung, die Veränderungen in der Praxis, methodische Ansätze und die Schwerpunkte der soziologischen Forschung (Mapadimeng, 2012). Die südafrikanische Soziologie ist vielfältig und komplex, was ihre institutionellen, organisatorischen und theoretischen Merkmale betrifft (Groenewald, 1991). Das vorliegende Buch versucht, diese Merkmale und die Entwicklungslinien der südafrikanischen Soziologie zu erfassen.

Es gibt zwei gegensätzliche Ansichten über die Existenz der Soziologie in Südafrika, die unter schwierigen politischen Bedingungen überlebt hat. Die eine bezieht sich auf den Niedergang der Soziologie in klar abgrenzbaren Zeiträumen, die andere auf ihr Wiederaufleben in der heutigen südafrikanischen Gesellschaft. Die südafrikanische Soziologie erlebte Niedergang, Stagnation und Wachstum, aber nicht in geordneter Weise. So hat sie seit 1990 mehrere Veränderungen durchgemacht, unter anderem durch die staatliche Regulierung, die Verschlechterung der Bedingungen an den Universitäten und den Aufstieg der Vertragssoziologie (Burawoy, 2009). Diese Entwicklung ist nicht nur auf die südafrikanische Soziologie beschränkt. In der Soziologie auf der ganzen Welt gab es solche Phasen, die auf die Auswirkungen ähnlicher oder anderer Ursachen zurückzuführen sind. Es gab Krisen, wie aus vielen Teilen der Welt berichtet wird (Abreu, 2003; Connell, 2015; Deflem, 2013; Masson, 2012; Miguel & Moyer, 1979; Mukherjee, 1977; Osipov & Rutkevich, 1978; Patel, 2011; Turner, 2012; Yazawa, 2014).

Wie kann man feststellen, ob ein Fachgebiet stark ist und sich gut entwickelt? Möglicherweise kann eine Reihe von Maßnahmen als Maßstab herangezogen werden. Die Akzeptanz des Fachs auf Hochschulebene in Bezug auf die Zahl der Studierenden, die Zahl der Akademiker und Forscher sowie die Quantität und Qualität der Forschungsergebnisse sind die wichtigsten dieser Maßstäbe. Diese sind relativ und können nur in relativen Begriffen gemessen werden, nicht im Vergleich zu anderen Kontexten. Das in diesem Buch vorgestellte Material bezieht sich auf die Entstehung, die Herausforderungen, die Entwicklung und das Wachstum bzw. den Niedergang der Soziologie in Südafrika.

Die südafrikanische Soziologie ist relativ klein, zumindest im Vergleich zu vielen anderen Ländern wie Indien.[8] In Südafrika gab es verschiedene Arten von Soziologie, die jeweils für eine bestimmte historische Periode typisch waren. Diese wurden in Anlehnung an Burawoys (2009) Klassifizierung kritische, politische, öffentliche und professionelle Soziologie genannt. Diese Klassifizierung basiert auf zwei Schlüsselkomponenten: Publikum und Wissen (Burawoy, 2004). Das Publikum wird in akademisch und außerakademisch unterschieden, während das Wissen instrumentell und reflexiv ist. Diese voneinander abhängigen Arten der Soziologie ergeben sich aus der Kombination von Publikum und Wissen. Die professionelle Soziologie entwickelt ein abstraktes Wissen, das einer Gemeinschaft von Gleichge-

---

[8] Die Indische Gesellschaft für Soziologie zählt 3900 Mitglieder plus Mitglieder auf Lebenszeit (http://www.insoso.org/membership.html, Zugriff am 28. Dezember 2015). Im Dezember 2015 hatte die South African Sociological Association (SASA) 178 Mitglieder (http://www.sasaonline.org.za/, abgerufen am 28. Dezember 2015). Die Mitgliedschaft umfasst auch Mitglieder, die keine Soziologen sind.

# 1 Südafrikanische Soziologie im Kontext

sinnten gegenüber rechenschaftspflichtig ist; die öffentliche Soziologie ist dialogisch und für ein bestimmtes Publikum relevant; die politische Soziologie erfordert konkretes Wissen und ist ihren Kunden gegenüber rechenschaftspflichtig; und die kritische Soziologie stützt sich sowohl auf grundlegendes Wissen als auch auf eine moralische Vision, die einer Gemeinschaft von Intellektuellen gegenüber rechenschaftspflichtig ist (Burawoy, 2004). Obwohl diese Arten nicht gleichmäßig verteilt waren, gab es im Rahmen dieser Klassifizierung allgemeine Tendenzen. Anhand dieser Tendenzen lässt sich die chronologische Entstehung der verschiedenen Formen der Soziologie nachvollziehen, zumindest in einigen prominenten Fachbereichen des Landes, in denen die soziologische Forschung ernst genommen wurde. Diese Formen der Soziologie wurden weitgehend von den besonderen soziopolitischen und wirtschaftlichen Gegebenheiten der jeweiligen Zeit beeinflusst.

Die Soziologie des Landes war lange Zeit vom Rest der Welt abgekoppelt. Die politische Ideologie der Apartheid führte dazu, dass sich die internationale Gemeinschaft von Wissenschaftlern von ihren südafrikanischen Kollegen distanzierte. Die Soziologen waren von dieser „Abschottung" und dem akademischen Boykott über einen längeren Zeitraum hinweg betroffen. Aus anderen Ländern lassen sich einige Parallelen ziehen. Die finnische Soziologie war in den 1940er-Jahren, während und nach dem Zweiten Weltkrieg, von der internationalen akademischen Gemeinschaft intellektuell ähnlich isoliert (Allardt, 1977). Die indische Soziologie hatte eine ähnlich lange Geschichte. Die indische Soziologie hatte ein koloniales Erbe, und der koloniale Einfluss auf die Disziplin hielt noch einige Zeit an, selbst nachdem Indien 1947 die politische Unabhängigkeit erlangt hatte. Die strukturellen und institutionellen Kräfte innerhalb Indiens prägten die Disziplin und ihre Entwicklung in späteren Jahren (Welz, 2009).

Jede Studie, die eine Synthese von Vergangenheit und Gegenwart einer Disziplin anstrebt, ist mit Herausforderungen verbunden. Dies gilt auch, wenn der Beitrag einer einzelnen Disziplin zur Literatur untersucht wird. Hare und Savage (1979) weisen darauf hin, dass es nicht einfach ist, die südafrikanische soziologische Literatur von der anderen sozialwissenschaftlichen Literatur abzugrenzen. Wie sie richtig feststellen, ist eine eindeutige Abgrenzung der soziologischen Literatur von anderen sozialwissenschaftlichen Disziplinen problematisch.

Soziologen produzieren nicht immer Wissen, das starr als rein soziologisch klassifiziert werden kann. Sie können auch unter andere Zweige der Sozialwissenschaften fallen. Auch Wissenschaftler anderer Disziplinen beschäftigen sich mit der Erforschung soziologisch relevanter Themen. Es ist wichtig zu wissen, welche soziologische Literatur im Land entstanden ist, und zwar nicht nur von Soziologen allein, sondern auch von Wissenschaftlern anderer sozialwissenschaftlicher Disziplinen. Bei einer Analyse der Veröffentlichungen von Wissenschaftlern ist es schwierig, die Arbeiten von Soziologen von denen von Nicht-Soziologen zu trennen. Wenn bekannt ist, welchem Fachbereich sie angehören, ist es möglich, aber das ist nicht immer der Fall. Ein sicherer Weg ist es, die Veröffentlichungen zu soziologischen Themen zu berücksichtigen, die einen Mehrwert für die soziologische Literatur darstellen. Die schwierige Aufgabe der eindeutigen Zugehörigkeit kann umgangen werden. Eine Möglichkeit, das Problem zu umgehen, besteht darin, sich auf südafrikanisches soziologisches Material zu konzentrieren, das sowohl von südafrikanischen als auch von nicht-südafrikanischen Soziologen und Sozialwissenschaftlern produziert wurde. Das Experiment in diesem Buch verfolgt diesen Ansatz – die Analyse des soziologischen Materials, sowohl in Bezug auf bibliometrische Daten als auch auf den Inhalt, das in wichtigen Datenbanken und in Aufsätzen verfügbar ist, die in bekannten nationalen und internationalen Soziologiezeitschriften veröffentlicht und in Datenbanken wie dem Web of Science (WoS) gespeichert sind.

Das methodologische Problem ist jedoch noch nicht gelöst. Jede Studie über Soziologie und soziologisches Wissen ist zwangsläufig unvollständig, wenn einige Soziologen aus politischen Gründen ausgeschlossen werden und wenn sie in zwei Lager gespalten sind. Ein solcher Fall würde dazu führen, dass die Publikationsmöglichkeiten für Soziologen kontrolliert und für einige verschlossen werden. Dies hat, wie in der ersten Ausgabe der Zeitschrift der Association for Sociology in Southern Africa (ASSA) festgestellt wurde, die Arbeit einer aktiven Gemeinschaft von Soziologen aus dem akademischen und öffentlichen Blickfeld gerückt (South African Sociological Review, 1988).

Die Anwendung szientometrischer Methoden bei der Kartierung des Wachstums von Disziplinen ist in der Wissenschaft weit verbreitet. Trotz der Einschränkungen hinsichtlich des Umfangs der Erfassung sind szientometrische Methoden nach wie vor das am weitesten verbreitete und am erfolgreichsten eingesetzte Instrument, um das Wachstum und den Niedergang von Disziplinen und Fächern zu erfassen. Analysen auf der Grundlage szientometrischer Daten sind auch nützlich, um die Qualität und Sichtbarkeit von Forschungspublikationen zu messen. Regierungen, Universitäten, Ranking-Institutionen und Fördereinrichtungen nutzen diese Methode gleichermaßen, um eine Disziplin und ihre Forschungsproduktivität zu bewerten. Die Soziologie ist dieser Art von Bewertung unterworfen (Phelan, 2000). Einige (Collyer, 2014; Farrell et al., 2012) haben den Inhalt von Publikationen genutzt, um bestimmte Bereiche der Soziologie zu untersuchen.[9]

---

[9] Farrell et al. (2012) verwendeten einige wenige Zeitschriften, in denen zwischen 1993 und 2011 Beiträge zur Familiensoziologie veröffentlicht wurden. Bei der Studie von Collyer (2014) handelt es sich um eine quantitative Analyse ausgewählter soziologischer Fachzeitschriften, die zwischen 1990 und 2011 veröffentlicht wurden.

# 1 Südafrikanische Soziologie im Kontext

Auch in Südafrika hat es Versuche gegeben, die Geschichte der soziologischen Forschung zu untersuchen, indem die Publikationsdaten prominenter soziologischer Fachzeitschriften analysiert wurden (Basson & Prozesky, 2015; Sooryamoorthy, 2015; van Staden & Visser, 1991). Es gibt auch kritische Beiträge zu diesen Analysen (Botes et al., 1991; Groenewald, 1991), die einen Beitrag zum Verständnis leisten. Van Staden und Visser (1991) untersuchten die Veröffentlichungen in der damals führenden Zeitschrift, dem *South African Journal of Sociology*, in einem Zeitraum von zehn Jahren zwischen 1980 und 1989. Sie untersuchten die Forschungsbeiträge der theoretischen und der empirischen Forschung, die Fragen der Stichprobenziehung in der Forschung, die kulturübergreifende Forschung und die statistischen Verfahren, die in den in der Zeitschrift veröffentlichten Forschungsberichten verwendet wurden. Sooryamoorthy (2015) lieferte eine szientometrische Analyse der in den offiziellen Zeitschriften der Vereinigung südafrikanischer Soziologen veröffentlichten Arbeiten für die Zeit nach der Apartheid. Basson und Prozesky (2015) kartierten die methodischen Trends in der südafrikanischen soziologischen Literatur und untersuchten die zwischen 1990 und 2009 veröffentlichten Arbeiten.

Die Universitäten in Südafrika legen heute den Schwerpunkt auf die Produktion und Verbreitung von afrikanischem Wissen. In den Leitbildern vieler Universitäten des Landes wird die Bedeutung der Afrikanisierung in der Wissensproduktion und deren Nutzung in Lehre und Forschung hervorgehoben. Inwieweit haben diese Werte und Richtungen die südafrikanische Soziologie beeinflusst? Einheimische Soziologen forschen im Großen und Ganzen in ihrer eigenen unmittelbaren Umgebung und zu Themen aus ihrem Umfeld. Das so gewonnene Wissen ist südafrikanisch. Häufig werden bei dieser Produktion von soziologischem Wissen Instrumente – beispielsweise Theorien – verwendet, die nicht afrikanisch sind, sondern an afrikanische Situationen und Kontexte angepasst wurden. Dies schränkt das Programm der Afrikanisierung der Soziologie ein. Die Indigenisierung der Soziologie hat in Südafrika noch einen langen Weg vor sich. In diesem Buch untersuchen wir diesen Aspekt der Soziologie.

Die Soziologie und die Soziologen spielten eine entscheidende Rolle sowohl bei der Unterstützung als auch beim Widerstand gegen die separatistische Ideologie der Apartheid. Dies führte zur Entstehung zweier konkurrierender Soziologieströmungen – der Apartheid- und der Anti-Apartheid-Soziologie. Sogar unter den Wissenschaftlern innerhalb der soziologischen Fakultäten herrschte Rivalität über die von ihnen verfolgte methodische Ausrichtung, was zu vorzeitigen Karriereenden führte (Jubber, 2006). Die Befürworter der Apartheidphilosophie nutzten die Disziplin, um einen Apartheidstaat zu rationalisieren und aufzubauen. Eine Gruppe von ihnen, angeführt von Soziologen wie Hendrik Verwoerd und Geoffrey Cronjé, wandte die Soziologie und soziologische Konzepte an, um die rassische Vorherrschaft und die separatistische Entwicklung, die im Rahmen der Apartheid verfolgt wurde, zu begründen.[10] Die von den Befürwortern der Apartheid vertretenen soziologischen Perspektiven trugen dazu bei, die bürokratischen und politisch ausgerichteten Programme der Apartheidverwaltung voranzutreiben (Pavlich, 2014). Die Soziologie diente den Befürwortern des sozialen Re-Engineerings als theoretische Grundlage für eine rassengetrennte Gesellschaft. Das damals produzierte soziologische Wissen war funktional für die Aufrechterhaltung der bestehenden Machtverhältnisse, was durch die Fragmentierung der Realität, die Verschleierung der realen Produktionsverhältnisse und die Vergegenständlichung ideologischer Kategorien erreicht wurde (Human, 1984). Besorgniserregender ist die Situation, wenn Soziologen ihre wissenschaftliche Tätigkeit und ihre Erklärungen für Positionen im Staat, in Stiftungen, Räten und Gremien aufgeben (Human, 1984). Gab es eine Soziologie, die sich diesen spaltenden Tendenzen entgegenstellte, oder eine, die parallel dazu lief, um die neutrale und objektive Stellung der Soziologie beizubehalten? Während die glühenden Befürworter die Soziologie und ihr wissenschaftliches Instrumentarium nutzten, um die Grundlagen der Apartheidherrschaft herauszuarbeiten, blieben die Aktionen der Soziologen des anderen Lagers im Verborgenen.

Wie bereits erwähnt, stützt sich das Material, auf dem dieses Buch basiert, auf zwei Hauptquellen. Die erste besteht aus dem gesamten verfügbaren und zugänglichen Material, das sich mit historischen und zeitgenössischen Aspekten der südafrikanischen Soziologie befasst. Einiges davon reicht bis ins Jahr 1903 zurück. Berichte, Regierungsblätter, Dokumente und Konferenzprotokolle fallen unter diese Kategorie. Die zweite Quelle ist eine umfangreiche und intensive szientometrische Analyse der Forschungspublikationen südafrikanischer und nichtsüdafrikanischer Soziologen (und Sozialwissenschaftler), die aus einer Reihe von soziologischen oder sozialwissenschaftlichen Zeitschriften und Datenbanken stammen. Dazu gehören die in der WoS-Datenbank gespeicherten Publikationseinträge aus allen verfügbaren Jahren von 1968–2015.

WoS ist eine der am häufigsten verwendeten Datenbanken für szientometrische Analysen.[11] Die WoS-Datenbank, auf die zugegriffen wurde, war die Core

---

[10] So trugen beispielsweise Werke wie ‚*'n Tuiste vir die Nageslag* (Ein Heim für die künftige Generation)' *Afrika Sonder Asiaat* (Afrika ohne die Asiaten), *Regverdige Rasse-apartheid* (Gerechtfertigte Rassentrennung oder Legitime Rassen-Apartheid) und *Voogdyskap en Apartheid* (Vormundschaft und Apartheid) von Geoffrey Cronjé aus den Jahren 1945, 1946, 1947 bzw. 1948 zur Entwicklung der Apartheid als politisches Programm bei (Davenport, 1977; Jubber, 2007).

[11] Sie wurde unter anderem von Adams et al. (2005), Glänzel et al. (1999), Jacobs (2006), Ma und Guan (2005), Narváez-Berthelemot et al. (2002), Pouris (2003), Sooryamoorthy (2009a, b) sowie Wilson und Markusova (2004) verwendet.

Collection des Social Sciences Citation (SSC) Index. Sie enthielt insgesamt 26.118 Artikel (1968–2015) in allen Sprachen (da viele südafrikanische Soziologen auch auf Afrikaans publizierten), die unter verschiedenen sozialwissenschaftlichen Fachkategorien zusammengefasst waren. Aus diesen Datensätzen wurden die soziologischen Veröffentlichungen für die weitere Analyse extrahiert. Die Datenbank erlaubt keine detaillierten statistischen Analysen, die über die Gruppierung nach Ländern der Autoren, Sprache, Jahr, Organisation und Forschungsbereichen der Veröffentlichungen hinausgehen. Nützlichere Informationen können nur dann gewonnen werden, wenn jeder Publikationsdatensatz einzeln heruntergeladen und bearbeitet wird. In Anbetracht des großen Umfangs dieser Datensätze wurden alle Publikationsdatensätze für einige wenige Stichprobenjahre erfasst. So liegen uns Datensätze für die Jahre 1970, 1975, 1980, 1985, 1990, 1995, 2000, 2005, 2010 und 2015 vor. Das Startjahr 1970 wurde gewählt, da es zwischen 1968 und 1970 nicht viele Veröffentlichungen gab. Nach der Erfassung der Daten wurden diese in ein Softwareprogramm eingegeben. Die Analyse dieser Daten folgte den drei Zeitlinien der Kolonial-, Apartheid- und Demokratiezeit und wird in den jeweiligen Kapiteln vorgestellt.

Das Problem mit der WoS-Datenbank ist, dass möglicherweise nicht alle Veröffentlichungen südafrikanischer Soziologen, vor allem in den Anfangsjahren, in ihr gespeichert sind. Diese Situation hat sich in den letzten Jahren geändert, als mehr und mehr südafrikanische Zeitschriften in dieser Datenbank verzeichnet wurden. Eine Möglichkeit, diesem Problem bei der Analyse entgegenzuwirken und repräsentative Daten zu erhalten, besteht darin, die Veröffentlichungen in prominenten soziologischen und sozialwissenschaftlichen Fachzeitschriften selbst zu verwenden. Es ist zu beachten, dass das akademische Publikationswesen von Land zu Land in Abhängigkeit von der spezifischen Entwicklung der Soziologie variiert (Morato, 2006). Eine hoch entwickelte Soziologie in einem Land wird daher eine beträchtliche Anzahl von Veröffentlichungen aufweisen. Dies ist eine mühsame Aufgabe der Datenerhebung, aber für eine Studie wie diese unvermeidlich. Zu diesem Zweck wurden wichtige Zeitschriften ausgewählt, in denen Soziologen ihre Forschungsergebnisse bevorzugt veröffentlichen. Es handelt sich um *Humanitas, Social Dynamics, South African Journal of Sociology, South African Sociological Review, South African Review of Sociology* (früher *Society in Transition*), *Transformation: Critical Perspectives on Southern Africa* und *Development Southern Africa*. Wie bei den WoS-Daten wurden die Variablen aus den Veröffentlichungen dieser Zeitschriften in ein Datenverwaltungsprogramm eingegeben. Ein weiterer Datensatz wurde für die Analyse verwendet. Es handelt sich um *A bibliography of the South African sociology*, in der alle soziologischen Veröffentlichungen für einen bestimmten Zeitraum zusammengestellt sind. Aus dieser Quelle wurden die

Details der Publikationseinträge gesammelt und für die Analyse in Bezug auf die Kolonialzeit aufbereitet.

Das Buch ist in sechs Kapitel gegliedert. Kap. 2 befasst sich mit der Soziologie während der Kolonialzeit, von 1900 bis 1943. Die Soziologie in der Zeit der Apartheid (1948–1993) wird in Kap. 3 behandelt. Kap. 4 konzentriert sich auf die Soziologie im neuen demokratischen Südafrika. Dieses Kapitel fasst die besonderen Merkmale der Soziologie seit 1994 zusammen, als Südafrika eine Demokratie wurde. In all diesen vier Kapiteln liegt der Schwerpunkt sowohl auf der Soziologie als Lehrfach als auch auf der soziologischen Forschung, die in den jeweiligen Analysezeiträumen durchgeführt wurde. Kap. 5 befasst sich mit der zeitgenössischen soziologischen Forschung im Land. Kap. 6 stützt sich auf die Schlussfolgerungen, die aus den Erfahrungen der südafrikanischen Soziologie gezogen wurden, und weitet sie auf eine breitere Basis aus. Dies geschieht, um den Fall der südafrikanischen Soziologie im Blick zu behalten und seine Bedeutung für die Soziologie zu verstehen.

## Anmerkungen

## Literatur

Abbott, A. (2000). Reflections on the future of sociology. *Contemporary Sociology, 29*(2), 296–300.

Abreu, A. R. d. P. (2003). A (strong?) voice from the South: Latin American sociology today. *Current Sociology, 51*(1), 51–72.

Adams, J. D., Black, G. C., Clemmons, J. R., & Stephen, P. E. (2005). Scientific teams and institutional collaborations, evidence from U.S. universities, 1981–1999. *Research Policy, 34*(3), 259–285.

Alexander, P., & Uys, T. (2002). AIDS and sociology: Current South African research. *Society in Transition, 33*(3), 295–311.

Allardt, E. (1977). Sociology in Finland. *Current Sociology, 25*(1), 29–56.

Basson, I., & Prozesky, H. E. (2015). A review of methodological trends in South African sociology, 1990–2009. *South African Review of Sociology, 46*(3), 4–27.

Botes, L. J. S., van Rensburg, H. C. J., & Groenewald, D. C. (1991). Reply to van Staden and Visser: Perhaps something more and something else happened in the SAJS of the 1980s. *South African Journal of Sociology, 22*(2), 50–52.

Burawoy, M. (2004). Public sociology: South African dilemmas in a global context. *Society in Transition, 35*(1), 11–26.

Burawoy, M. (2009). From earth to heaven: South African sociology in the international context. *South African Review of Sociology, 40*(2), 219–224.

Burawoy, M. (2011). Meeting the challenge of global sociology: From Gothenburg to Yokohama. *South African Review of Sociology, 42*(1), 143–147.

Chachage, C. S. L. (2004). Sociology and the future: Resistance, reconstruction and democracy. *Society in Transition, 35*(1), 42–60.
Collyer, F. (2014). Sociology, sociologists and core–periphery reflections. *Journal of Sociology, 50*(3), 252–268.
Connell, R. (2015). Setting sail: The making of sociology in Australia, 1955–75. *Journal of Sociology, 51*(2), 354–369.
Davenport, T. R. H. (1977). *South Africa: A modern history* (2. Aufl.). Macmillan South Africa.
Deflem, M. (2013). The structural transformation of sociology. *Society, 50*(2), 156–166.
Dodoo, F., & Beisel, N. (2005). Africa in American sociology: Invisibility, opportunity and obligation. *Social Forces, 84*(1), 595–600.
Fanning, B., & Hess, A. (2015). Sociology in Ireland: Legacies and challenges. *Irish Journal of Sociology, 23*(1), 3–21.
Farrell, B., VandeVusse, A., & Ocobock, A. (2012). Family change and the state of family sociology. *Current Sociology, 60*(3), 283–301.
Glänzel, W., Schubert, A., & Czerwon, H. J. (1999). A bibliometric analysis of international scientific cooperation of the European Union (1985–1995). *Scientometrics, 45*(2), 185–202.
Groenewald, C. J. (1991). The context of the development of sociology in South Africa: A response to Visser and van Staden. *South African Journal of Sociology, 22*(2), 46–49.
Hare, A. P., & Savage, M. (1979). Sociology of South Africa. *Annual Review of Sociology, 5*, 329–350.
Hendricks, F. (2006). The rise and fall of South African sociology. *African Sociological Review, 10*(1), 86–97.
Human, P. (1984). *The South African crisis: Sociology and reform.* ASSA.
Jacobs, D. (2006). Analysis of scientific research in selected institutions in South Africa: A bibliometric study. *South African Journal of Library and Information Science, 72*(1), 72–77.
Jubber, K. (2006). Reflections on canons, compilations, catalogues and curricula in relation to sociology and sociology in South Africa. *South African Review of Sociology, 37*(2), 321–342.
Jubber, K. (2007). Sociology in South Africa: A brief historical review of research and publishing. *International Sociology, 22*(5), 527–546.
Lachmann, R. (2013). *What is historical sociology?* Polity Press.
Lundborg, T. (2016). The limits of historical sociology: Temporal borders and the reproduction of the 'modern' political present. *European Journal of International Relations, 22*(1), 99–121.
Lyon, E. S. (2015). Sociology and its publics: Fresh perspectives from the history of sociology. *International Sociology, 30*(5), 457–466.
Ma, N., & Guan, J. (2005). An exploratory study on collaboration profiles of Chinese publications in molecular biology. *Scientometrics, 65*(1), 343–355.
Maia, J. M. (2014). History of sociology and the quest for intellectual autonomy in the Global South: The cases of Alberto Guerreiro Ramos and Syed Hussein Alatas. *Current Sociology, 62*(7), 1097–1115.
Mapadimeng, M. S. (2009). *The South African sociology, current challenges and future implications: A review and some empirical evidence from the 2007 national survey of socio-*

*logy departments*. Paper presented at the ISA Conference of the Council for National Associations, Taipai, Taiwan, 23–25 March. www.ios.sinica.edu.tw/cna/download/3b_Mapadimeng_2.pdf. Zugegriffen am 13.03.2013.

Mapadimeng, M. S. (2012). Sociology and inequalities in post-apartheid South Africa: A critical review. *Current Sociology, 61*(1), 40–56.

Masson, P. (2012). French sociology and the state. *Current Sociology, 60*(5), 719–729.

Miguel, J. u. s. M. d, & Moyer, M. G. (1979). Trend report: Sociology in Spain. *Current Sociology, 27*(1), 5–138.

Morato, A. R. (2006). Spanish academic publishing in sociology: A critical view. *International Sociology, 21*(3), 335–348.

Mukherjee, R. (1977). Trends in Indian sociology. *Current Sociology, 25*(3), 1–147.

Narváez-Berthelemot, N., Russel, J. M., Arvanitis, R., Waast, R., & Gaillard, J. (2002). Science in Africa: An overview of mainstream scientific output. *Scientometrics, 54*(2), 229–241.

Osipov, G. V., & Rutkevich, M. N. (1978). Trend report: Sociology in the USSR, 1965–1975. *Current Sociology, 26*(2), 1–82.

Patel, S. (2011). Sociology in India: Trajectories and challenges. *Contributions to Indian Sociology, 45*(3), 427–435.

Pavlich, G. (2014). Administrative sociology and apartheid. *Acta Academica, 46*(3), 151–174.

Phelan, T. J. (2000). Bibliometrics and the evaluation of Australian sociology. *Journal of Sociology, 36*(3), 345–363.

Pouris, A. (2003). South Africa's research publication record: The last ten years. *South African Journal of Science, 99*(9 & 10), 425–428.

RSA (Republic of South Africa). (2015). *Mid year population estimates, 2015*. Statistics South Africa/The Republic of South Africa.

Schutte, G. (2007). Looking to the future: Crossing disciplinary borders in South Africa. *International Sociology, 22*(5), 564–567.

Sooryamoorthy, R. (2009a). Collaboration and publication: How collaborative are scientists in South Africa? *Scientometrics, 80*(2), 419–439.

Sooryamoorthy, R. (2009b). Do types of collaboration change citation? Collaboration and citation patterns of South African science publications. *Scientometrics, 81*(1), 171–193.

Sooryamoorthy, R. (2015). Sociological research in South Africa: Post-apartheid trends. *International Sociology, 30*(2), 119–133.

South African Sociological Review. (1988). Editors introduction. *South African Sociological Review, 1*(1), ii.

van Staden, F., & Visser, D. (1991). The *South African Journal of Sociology* in the eighties: An analysis of theoretical and empirical contributions. *South African Journal of Sociology, 2*(22), 33–43.

Stinchcombe, A. L. (1994). Disintegrated disciplines and the future of sociology. *Sociological Forum, 9*(2), 279–291.

Turner, B. S. (2012). Sociology in the USA and beyond: A half-century decline? *Journal of Sociology, 48*(4), 364–379.

Turner, J. H. (2006). American Sociology in chaos: Differentiation without integration. *The American Sociologist, 37*(2), 15–29.

Welz, F. (2009). 100 Years of Indian sociology from social anthropology to decentring global sociology. *International Sociology, 24*(5), 635–655.

Wilson, C. S., & Markusova, V. A. (2004). Changes in the scientific output of Russia from 1980 to 2000, as reflected in the *Science Citation Index,* in relation to national politico-economic changes. *Scientometrics, 59*(3), 345–389.

Yazawa, S. (2014). Internationalization of Japanese sociology. *International Sociology, 29*(4), 271–282.

# Die Anfänge: Soziologie in der Kolonialzeit 2

> **Zusammenfassung**
>
> Die Soziologie entwickelt sich ursprünglich als Lehrfach im Rahmen anderer Disziplinen während der Kolonialzeit. Die Soziologie hat in den Anfangsjahren keine eigenständige Existenz. Sie dient Disziplinen wie der Sozialarbeit. Es ist schwer für die Soziologie, sich als eigenständige Disziplin zu entwickeln. Gegen Ende dieser Periode löst sich die Soziologie von anderen Fachbereichen und es werden unabhängige soziologische Fachbereiche an den Universitäten eingerichtet. Es gibt erste Versuche, eine soziologische Literatur zu schaffen. Gegen Ende des Kolonialismus erscheinen erste Forschungspublikationen von Soziologen. Die gesellschaftliche Situation nach dem Zweiten Weltkrieg bietet den Soziologen die Möglichkeit, sich zahlreichen sozialen Problemen zuzuwenden. Soziologen befassen sich vor allem mit „Rasse", Armut, Kriminalität, Straffälligkeit und anderen sozialen Problemen.

Die südafrikanische Soziologie ist inzwischen mehr als ein Jahrhundert alt. Die internationale Soziologie blickt auf eine ähnliche 100-jährige Geschichte zurück (Sorokin, 2016). Die Entstehung der südafrikanischen Soziologie fiel mit einer ähnlichen Entwicklung der Disziplin in vielen fortgeschrittenen Ländern zusammen oder ging ihnen in einigen Fällen sogar voraus.[1] Die aufgezeichnete Geschichte der Soziologie in Südafrika reicht bis ins Jahr 1903 zurück. Damals erregte die Soziologie zum ersten Mal die Aufmerksamkeit der Wissenschaftler des Landes auf dem ersten Jahreskongress der South African Association for the Advancement of Science (SAAAS) in Kapstadt (Jubber, 2007). Auf diesem Kongress wurde ein Vortrag über Soziologie gehalten (Fremantle, 1903).[2] Der Vortragende, H. E. S. Fremantle, war kein Soziologe, sondern ein Professor der Philosophie. Seitdem war die Forderung nach dem Studium sozialer Probleme und der Einrichtung der Soziologie an den Universitäten ein wiederkehrendes Thema auf den folgenden Kongressen der SAAAS (Jubber, 2007). In einer 1919 verabschiedeten Resolution forderte die SAAAS eine systematische, ethnografische, philologische, anthropologische und soziologische Untersuchung der indigenen Völker des Landes (Groenewald 1984, zitiert in Jubber, 1983, S. 51).[3]

Dieses Kapitel befasst sich mit der Soziologie in der Kolonialzeit, zwischen 1900 und 1947. Es hat zwei Hauptaspekte: Erstens war die Soziologie eine Lehrdisziplin an den Universitäten, wo sie als Teil anderer verwandter Disziplinen entstand. Zweitens wurde in dieser Zeit soziologische Forschung von Soziologen und anderen Sozialwissenschaftlern betrieben.

---

[1] Der erste Fachbereich für Soziologie in England wurde 1903 an der London School of Economics eingerichtet, während in den USA die Soziologie schon früher begann, als die American Sociological Society 1905 gegründet wurde (Harley, 2012). Japan öffnete seine Universitäten im 19. Jahrhundert für Soziologiekurse und die Japanische Soziologische Gesellschaft wurde 1924 gegründet (Yazawa, 2014). Obwohl soziologische Vereinigungen kein Maßstab sind, um den Ursprung der Soziologie zu beurteilen, vermitteln sie doch ein Verständnis für die institutionalisierte Existenz der Disziplin. Im Jahr 1963 wurde in Australien eine Konferenz abgehalten, um die Disziplin der Soziologie zu diskutieren, und bald darauf wurde die Sociological Association of Australia and New Zealand gegründet (Connell, 2015). Die sowjetische Soziologie entstand in den 1920er-Jahren, obwohl sie erst in den 1950er-Jahren aktiv wurde (Osipov & Rutkevich, 1978). Die indische Soziologie begann 1908 mit dem Angebot von Kursen, obwohl ein Fachbereich für Soziologie erst 1919 an der University of Bombay (heute Mumbai) offiziell gegründet wurde (Mukherjee, 1977). In China wurde die Soziologie in den 1920er-Jahren als Lehr- und Forschungsdisziplin eingeführt; nach der kommunistischen Revolution 1949 verboten, wurden 1952 alle Soziologieprogramme eingestellt, und in den späten 1970er-Jahren erlebte die Disziplin eine Wiedergeburt (Bian & Zhang, 2008).

[2] Dieses lange Papier mit dem Titel „The Sociology of Comte with Special Reference to the Political Conditions of Young Countries" (Die Soziologie von Comte mit besonderem Bezug auf die politischen Bedingungen junger Länder) lieferte eine prägnante Analyse der Soziologie von Auguste Comte, jedoch nicht über ihre Relevanz für die südafrikanische Gesellschaft.

[3] Die Diskrepanz bei den Veröffentlichungsjahren könnte darauf zurückzuführen sein, dass Jubber Zugang zu der in Arbeit befindlichen Arbeit von Groenewald hatte, bevor sie ein Jahr später veröffentlicht wurde.

## Die frühen Jahre: Soziologie in der Kolonialzeit, 1900–1947

Trotz der langen Geschichte der Soziologie in Südafrika wurden in den ersten Jahren nicht viele Anstrengungen unternommen, dieses Wissen anzuwenden (Groenewald, 1989). Die Berichte waren eher deskriptiv als analytisch. Ab den 1920er-Jahren begannen mehrere Colleges in Südafrika, Soziologie als Studienfach anzubieten. Die University of South Africa (UNISA) war als Prüfungsinstitut die erste Institution, die 1918 einen Soziologiekurs einrichtete (Alexander et al., 2006; Cilliers, 1984; Jubber, 2007). Angeregt durch den Aufruf und die Unterstützung der SAAAS bot die UNISA Kurse in ethnografisch orientierter Soziologie an (Jubber, 1983).

Die Soziologie hatte jedoch keine eigenständige Existenz. Soziologische Fachbereiche an Universitäten waren Teil anderer Fachbereiche, vor allem der Sozialarbeit. Sie wurde zusammen mit anderen Sozialwissenschaften angeboten und war mit vielen anderen Disziplinen verbunden. In den 1920er-Jahren wurde Soziologie im Grundstudium an den Universitäten unter der Schirmherrschaft von Disziplinen wie Anthropologie, Philosophie und Sozialarbeit gelehrt (Cilliers, 1984).[4] Seit den 1920er-Jahren wurde die Soziologie an der University of Pretoria (UP) in einem gemeinsamen Fachbereich für Soziologie und Sozialarbeit unterrichtet. Im Jahr 1932 gründete die Stellenbosch University einen gemeinsamen Fachbereich für Soziologie und Sozialarbeit (Miller, 1993). An der University of Witwatersrand wurde 1937 ein gemeinsamer Fachbereich für Soziologie und Sozialverwaltung eingerichtet.

Die Lehre der Soziologie als eigenständige Disziplin an den Universitäten begann erst in den 1930er-Jahren (Cilliers, 1984). Die UP begann zwar Ende der 1920er-Jahre mit dem Angebot von Soziologiekursen, richtete aber erst 1931 einen eigenen Fachbereich für Soziologie ein (Pollak 1968, zitiert in Jubber, 1983, S. 52). Später wurden auch an anderen Universitäten Fachbereiche für Soziologie eingerichtet – in Stellenbosch 1932, Kapstadt 1934, Witwatersrand 1937, Potchefstroom 1937, Natal 1937 und Orange Free State 1939 (Jubber, 2007). Wenig später wurde Soziologie als eigenständiges Fach an den Universitäten Stellenbosch, Pretoria, Kapstadt, Witwatersrand, Potchefstroom, Natal und Orange Free State angeboten (Cilliers, 1984).

Die Soziologie in Südafrika begann nicht mit Soziologen, die dafür ausgebildet waren, Soziologie zu lehren oder soziologische Forschung zu betreiben. Wie be-

---

[4] Dies war auch in einigen anderen afrikanischen Ländern der Fall (Akiwowo, 1980).

reits erwähnt, wurde die erste wissenschaftliche Arbeit über Soziologie von einem Nicht-Soziologen vorgelegt. Damals hatten viele, die für die Lehre der Soziologie eingestellt wurden, einen anderen disziplinären Hintergrund und eine andere Ausbildung. Sie kamen aus Disziplinen wie Psychologie, Wirtschaft und Pädagogik und leiteten Soziologie in den soziologischen Fachbereichen der Universitäten.[5] Als die ersten Kurse in Soziologie an der UNISA angeboten wurden, waren die Dozenten Sozialanthropologen (Jubber, 1983). Diese Tendenz war jedoch nicht nur in Südafrika zu beobachten.[6]

In der Kolonialzeit diente die Soziologie eher der Sozialarbeit als sich selbst. Nach dem Zweiten Weltkrieg und den damit einhergehenden sozialen Bedürfnissen der südafrikanischen Gesellschaft gab es einen großen Bedarf an Sozialarbeitern. Die Inhalte der Soziologiekurse konzentrierten sich hauptsächlich auf soziale Probleme und soziale Fragen. Die Lehrpläne für das Soziologiestudium wurden von anderen Disziplinen und Fächern beeinflusst. Sozialarbeit, Wohlfahrtsfragen und praktische Themen und Probleme prägten die Soziologiekurse zu dieser Zeit (Jubber, 1983). An der University of Cape Town war der erste Studiengang der Soziologie die „primitive Soziologie", die Aspekte der sozialen Morphologie, Familie und Verwandtschaft, soziale Funktionen, Mythologie, Animismus und Totemismus umfasste (Jubber, 1983). An den soziologischen Fakultäten wurden Sozialarbeiter ausgebildet, was den Interessen der Soziologie diente, da ihr Nutzwert anerkannt wurde.

Seit ihren Anfängen in der Kolonialzeit erlangte die Soziologie jedoch Anerkennung für die soziologische Forschung, die an verschiedenen Universitäten und Einrichtungen durchgeführt wurde. Schon bevor Soziologie an den Universitäten gelehrt wurde, war die Bedeutung der soziologischen Forschung bekannt. Im Jahr 1911 veröffentlichte M. S. Evans eine soziologische Studie mit dem Titel *Black and White in South East Africa: A study in sociology* (Ally et al., 2003). In dieser Zeit erschienen auch einige andere soziologische Werke: *The colour problem of South Africa* (1910; C. Philips), *The Blackman's place in South Africa* (1922; P. Nielsen), *Education and the poor white* (1932; E.G. Malherbe) und *The Bantu in the city* (1938; R.E. Philips). Anfang 1918 forderte die SAAAS, die für die Vergabe

---

[5] Hendrick Verwoerd war Psychologe. Edward Batson, der 1936 zum Professor für Soziologie an der University of Cape Town ernannt wurde, studierte Wirtschaftswissenschaften.

[6] Die australische Soziologie verfügte nicht über qualifizierte Soziologen, die Soziologie lehrten, sondern griff auf andere Disziplinen zurück (Connell, 2015). In den Anfangsjahren der Soziologie in Spanien waren die Grenzen zu anderen Disziplinen unklar (Miguel & Moyer, 1979). In Indien wurden die ersten Kurse in Soziologie als Teil des Angebots des Fachbereichs für Politikwissenschaft unterrichtet (Mukherjee, 1977).

von Forschungsaufträgen im sozialen Bereich zuständig war, eine anthropologische oder soziologische Studie über die einheimische Bevölkerung des Landes (Ally et al., 2003).

Auf universitärer Ebene blieb die Produktion soziologischer Forschung in der Kolonialzeit bescheiden. Nach dem Zweiten Weltkrieg wurde das Interesse an der Suche nach neuen Ansätzen zur Untersuchung von Fragen der Entwicklung und des sozialen Wiederaufbaus wichtig (Cilliers, 1984). Die Gründung des Social and Economic Planning Council (SEPC) war zu diesem Zeitpunkt ein Meilenstein. In den späteren Jahren erstellte der SEPC eine Reihe von Berichten über den sozioökonomischen Standard verschiedener Bevölkerungsgruppen im Land (Cilliers, 1984). Auf Veranlassung des SEPC wurden an den Universitäten regional ausgerichtete Studien durchgeführt, an denen Soziologen beteiligt waren (Cilliers, 1984). Das 1946 gegründete Nationale Institut für Personalforschung (NIPR) gehörte ursprünglich zum Rat für wissenschaftliche und industrielle Forschung (CSIR) und führte im Rahmen von Forschungsabteilungen Forschungen auf dem Gebiet der Arbeitspsychologie durch, wobei ein Großteil davon in die Arbeitspsychologie fiel (Hare & Savage, 1979). Die Beteiligung von Studenten an diesen Forschungsstudien an der University of Natal, der Stellenbosch University und der University of Cape Town zog Studenten zur Soziologie hin (Cilliers, 1984).

Der Staat blieb während der Kolonialzeit der wichtigste Geldgeber für die sozialwissenschaftliche Forschung. Zur Unterstützung der sozialwissenschaftlichen Forschung wurden zwei Institutionen gegründet: Ein Research Grant Board im Jahr 1918 und das National Bureau of Educational and Social Research im Jahr 1929 (Welsh, 1981). Die aus diesen Quellen stammenden Forschungsgelder waren für die sozialwissenschaftliche Forschung unzureichend und schränkten sie an den Universitäten ein. Welsh (1981) bestätigt anhand der offiziellen Berichte für die drei aufeinanderfolgenden Jahre von 1938 bis 1940 diesen Zustand der Sozialforschung an den Universitäten. Als Hauptgründe für die geringe Bedeutung der Forschung werden der Personalmangel, die begrenzten Forschungsmittel und die unzureichende Infrastruktur wie gut ausgestattete Bibliotheken genannt (Welsh, 1981). Auf nationaler Ebene gab es für Sozialwissenschaftler und Soziologen keine größeren Publikationsmöglichkeiten, wie z. B. Zeitschriften, in denen sie ihre Forschungsergebnisse veröffentlichen konnten. Alle soziologischen Zeitschriften, die in den folgenden Kapiteln analysiert werden, erschienen erst in den 1970er-Jahren oder danach. Keine einzige Veröffentlichung aus der Kolonialzeit wurde in der umfangreichen Datenbank des Web of Science (WoS) gespeichert. Berufsverbände, die die Publikationsmöglichkeiten vereinheitlichen und fördern könnten, waren zu diesem Zeitpunkt des Lebenszyklus der südafrikanischen Soziologie nicht aktiv.

Der Zweite Weltkrieg und seine Folgen führten zu unerwarteten sozialen Umständen, die die Untersuchung relevanter sozialer Probleme erforderlich machten. Die Soziologen wurden von diesen Problemen angezogen, die ihr Forschungsinteresse und ihre Faszination weckten. Dazu gehörten Probleme wie Demobilisierung, Scheidung, Prostitution, Verstädterung, Industrialisierung, Wohnungsbau, ländliche Entwicklung und andere (Cilliers, 1984). Es gab einige Gelegenheiten für südafrikanische Soziologen, sich zu beruflichen Aktivitäten zu treffen. Das South African Inter-University Committee for Social Studies,[7] das 1938 gegründet wurde, bot Sozialwissenschaftlern, darunter auch Soziologen, die Möglichkeit zu regelmäßigen Treffen und Konferenzen (Cilliers, 1984).

In der Kolonialzeit war die Präsenz der Disziplin nicht sehr beeindruckend. In ihren Anfangsjahren konnte sie sich nicht als Disziplin entwickeln. Cilliers (1984) führt einige stichhaltige Erklärungen für diesen begrenzten Zustand der Soziologie an. Erstens gab es zu dieser Zeit nicht viele Soziologen. Als die Soziologie in eine Phase eintrat, in der sie eine eigenständige akademische Disziplin war und sich von anderen Disziplinen abgrenzte, gab es nur wenige Soziologen, die eine Ausbildung in Soziologie erhalten hatten. Die meisten von ihnen kamen aus anderen Disziplinen wie Psychologie, Pädagogik oder Wirtschaftswissenschaften. Zweitens waren der Zweite Weltkrieg und seine Folgen für südafrikanische Soziologen ungünstig, um ins Ausland zu reisen und sich dort weiterzubilden. Diese Situation blieb bis zu den frühen 1950er-Jahren bestehen, als eine neue Generation von Soziologen mit internationalen Soziologen und der internationalen Soziologie in Berührung kam.

In der Kolonialzeit beschäftigten sich die Soziologen vor allem mit sozialen Problemen wie der Armut. Der Schwerpunkt lag jedoch nicht auf dem Problem der Bevölkerungsmehrheit, nämlich der Afrikaner.[8] Vielmehr beschränkte sich ihr Interesse auf die Armut der Weißen. Die Armut war damals ein ernstes Problem für die weiße Bevölkerung des Landes. Die südafrikanische Niederländisch-Reformierte Kirche wandte sich an die Carnegie Corporation in den USA, um eine Studie über die Armut unter den Weißen zu finanzieren. Sie wurde als Carnegie-Kommission über das Problem der armen Weißen in Südafrika bekannt (Carnegie Kommission, 1932). Der umfangreiche Bericht der Carnegie Poor White Commission war so-

---

[7] Dieser Ausschuss wurde später in Inter-University Commitee for Social Science umbenannt, bevor er in Joint University Commitee for Sociology and Social Work umbenannt wurde (Cilliers, 1984).

[8] Cilliers (1984) widerspricht diesem Standpunkt und fordert eine Untersuchung der Fakten im Lichte der frühen soziologischen Forschung. Er bekräftigt, dass die Bedingungen in den schwarzen Gemeinden und die Beziehungen zwischen den „Rassen" auch in einer frühen Phase der Entwicklung der Soziologie in Südafrika untersucht wurden.

wohl bedeutend als auch umstritten.[9] Die Kommission räumte der Soziologie einen gebührenden Platz ein, da sie sich mit den soziologischen Aspekten der weißen Armut befasste.[10] Sie gab der Disziplin auch einen Impuls, als ein amerikanischer Soziologe, Charles Coulter, der der Kommission angehörte, eine Reihe von Vorträgen hielt. Die Vorlesungsreihe mit dem Titel „The rise of sociology as a college discipline and its application" wurde von der Stellenbosch University organisiert (Miller, 1993). Es folgte eine Reihe von Kongressen, auf denen die Ergebnisse der Kommission erörtert wurden.[11]

Die Carnegie-Kommission war bestürzt über den Mangel an Einrichtungen für die Sozialforschung und das Fehlen von ausgebildeten Soziologen im Land (Ally et al., 2003). Sie empfahl die Einrichtung eines Fachbereichs für Sozialstudien, um Menschen für die Durchführung wissenschaftlicher Studien auszubilden (Miller, 1993). Im Jahr 1937 wurde ein Aufruf zur Einreichung von Anträgen auf Finanzierung veröffentlicht. Die Reaktion auf den Aufruf zur Finanzierung durch die Carnegie Corporation über das National Bureau of Education and Social Science Research war jedoch lauwarm (Welsh, 1981). Die Gründe für diese Gleichgültigkeit waren vielfältig: die relativ neuen Forschungsbereiche, für die Förderanträge gestellt wurden, der Mangel an qualifizierten und ausgebildeten Forschern und der Mangel an statistischen Informationen über die zu untersuchenden Probleme und über afrikanische und *coloured* Bevölkerungsgruppen (Welsh, 1981). Der Mangel an ausreichenden Hintergrundinformationen, insbesondere an statistischen Informationen, war ein großer Nachteil für die sozialwissenschaftliche Forschung.

Die Carnegie-Studien beeinflussten die Sozialforschungsszene auch nach der Kolonialzeit weiter. In dieser Zeit, d. h. nach den 1940er-Jahren, als das Problem der Armut der Weißen untersucht wurde, kam es zu einer Verlagerung des Schwer-

---

[9] Die 1928 gegründete und 1932 abgeschlossene Poor White Commission unter der gemeinsamen Leitung der Carnegie Corporation in den USA, der Niederländisch-Reformierten Kirche und der Regierung untersuchte die wirtschaftlichen, psychologischen, pädagogischen, gesundheitlichen und soziologischen Aspekte des Problems der armen Weißen im Land. Da es keine ausgebildeten Soziologen gab, die diesem Team angehören konnten, wurden zwei amerikanische Soziologen (Kenyon L. Butterfield und Charles W. Coulter) zur Unterstützung der soziologischen Seite dieser Untersuchung eingesetzt (Ally et al., 2003; Jubber, 2007; Miller, 1993).

[10] Stiftungen wie diese hatten einen positiven Einfluss auf das Wachstum und die Entwicklung der Disziplin in anderen Ländern. Laura Spelman Rockefeller Memorial Fund, die Carnegie Corporation und die Russell Sage Foundation spielten eine grundlegende Rolle bei der Entwicklung der amerikanischen Sozialwissenschaften (Masson, 2012).

[11] Zwei herausragende Kongresse waren der Volkskongress im Jahr 1934 und der Wirtschaftskongress im Jahr 1939 (Jubber, 2007).

punkts der soziologischen Forschung (Hare & Savage, 1979). Diese Verlagerung zeigte sich in der Aufspaltung der Forschungsaktivitäten der Soziologen in zwei Richtungen. Die eine Gruppe von Soziologen ließ sich von sozialen Problemen wie Armut, Wohnsituation und Familienpathologien leiten, die bei Afrikanern besonders ausgeprägt waren. Die andere Gruppe von Soziologen interessierte sich für „Rassen" beziehungen und rassistische Einstellungen (Hare & Savage, 1979).

Gelehrte aus dem Ausland beeinflussten die südafrikanische Soziologie. In den ersten Jahren hatten die ersten Soziologieprofessoren, die in Südafrika berufen wurden, ihre Ausbildung in Ländern wie Holland, Deutschland, England und den USA erhalten (Paur 1958, zitiert in Groenewald, 1991, S. 47). Dies wirkte sich auf die Disziplin aus und brachte unterschiedliche Traditionen und Praktiken in die einheimische Soziologie des Landes ein (Groenewald, 1991). Unterschiedliche Traditionen und Praktiken in der soziologischen Forschung waren in den verschiedenen Institutionen zu beobachten. So stand beispielsweise die Sozialökonomie an der University of Cape Town unter Batson im Mittelpunkt, die vergleichende Soziologie an der University of Witwatersrand unter Gray, die Kultursoziologie an der University of Pretoria unter Cronjé und die Wohlfahrts- und Reformsoziologie an der Universität Stellenbosch unter Verwoerd (Groenewald, 1991). Die Soziologie hatte also eine Grundlage für ihre Internationalisierung. Später, sowohl in der Zeit der Apartheid als auch der Demokratie, knüpfte die Soziologie weitere Verbindungen zur internationalen Gemeinschaft.

Schon in den frühen Jahren, als die Soziologie in den 1930er-Jahren erstmals institutionalisiert wurde, erlangte die soziologische Forschung in diesem Land empirische Bedeutung. Frühe Soziologen verwendeten quantitative Ansätze wie soziale Erhebungen, die damals sowohl in Europa als auch in den USA üblich waren (Cilliers, 1984). Die soziologischen Fakultäten in Stellenbosch, Witwatersrand, Natal und Kapstadt forschten aktiv, meist mit Hilfe quantitativer Erhebungen, zu Problemen im Zusammenhang mit wirtschaftlicher Expansion und städtischem Wachstum (Cilliers, 1984).

Die Abtrennung der Soziologie von anderen Fachbereichen und Disziplinen und ihr eigenständiges Bestehen ermutigten die Soziologen, ihre Forschung auf Bereiche von soziologischer Bedeutung auszudehnen und zu diversifizieren. Bis dahin waren die meisten soziologischen Forschungsarbeiten in diesem Land nicht rein soziologisch ausgerichtet, sondern hatten eher einen sozialwissenschaftlichen Charakter (Hare & Savage, 1979). Ausnahmen wie die Forderung nach einer vergleichenden Soziologie, um Lösungen für die Probleme der Gesellschaft zu finden, kamen von Soziologen wie Gray, der der erste Soziologieprofessor an der University of Witwatersrand war (Hare & Savage, 1979). Für Geoffrey Cronjé hingegen hatte die Soziologie eine andere Bedeutung, einen anderen Zweck und einen anderen Nutzen. Cronjé verfolgte mit seinen theoretisch fundierten Arbeiten einen kulturellen Ansatz an der UP, wo er bis zu seiner Pensionierung blieb (Coetzee, 1991). Soziologen wie S. P. Cilliers standen an vorderster Front, wenn es darum ging, die Soziologie von ihren Verbindungen zur Sozialarbeit zu befreien (Ally et al., 2003; Jubber, 2007) und ihren Anwendungsbereich zu erweitern, um neue Horizonte zu erreichen. Er erkannte die Notwendigkeit einer Theorie in der Soziologie, schuf einen theoretischen Rahmen für die Untersuchung der Gesellschaft und schaffte es, die ingenieurwissenschaftliche Soziologie von Verwoerd zu überwinden (Ally et al., 2003).

Die Soziologie, die Hendrik Verwoerd verfolgte und praktizierte, war empirisch und angewandt. Er ließ sich von der amerikanischen Soziologie inspirieren und plädierte für soziologische Forschung, um praktische Lösungen zu finden. Auf der Grundlage seines positivistischen Ansatzes betrachtete Verwoerd die Soziologie als eine angewandte Wissenschaft zur Lösung der sozialen Probleme des Landes. Er hielt sie für nützlich, wenn es um das soziale Wohlergehen der Bevölkerung ging. Geleitet von diesen Präferenzen für die Sozialarbeit, setzte Verwoerd, der an der Stellenbosch University tätig war, die Soziologie zur Untersuchung sozialer Probleme und zur Sammlung von Informationen für soziale Reformen ein (Ally et al., 2003). Er ergriff die Initiative zur Organisation des Nationalkongresses in Kimberley, um über das Problem der armen Weißen zu beraten (Jubber, 1983). Beeinflusst durch seine Arbeit auf dem Gebiet der sozialen Wohlfahrt gründete der Staat das Department of Social Welfare (Jubber, 1983).

## Forschungsveröffentlichungen

Erst nach dem Zweiten Weltkrieg, d. h. zu Beginn der Apartheid (1948–1993), entwickelten die südafrikanischen Universitäten ein stärkeres Forschungsethos (Cresswell, 1992).

Bevor wir zur zweiten Phase übergehen, ist eine Betrachtung des von Soziologen und anderen Personen produzierten soziologischen Wissens angebracht. Es wurde eine szientometrische Analyse der Veröffentlichungen vorgenommen, die in *A bibliography of South African sociology* (Institute for Contemporary History, 1978) aufgeführt sind. Diese Zusammenstellung enthält bibliografische Informationen über alle soziologischen Arbeiten, die von Personen mit unterschiedlichem Hintergrund auf diesem Gebiet verfasst wurden, und umfasst sowohl Veröffentlichungen in Afrikaans als auch in englischer Sprache. Nach Themen gruppiert, sind Zeitschriftenartikel, Berichte, Bücher, Konferenzberichte und an Universitäten eingereichte Dissertationen bis 1975 verfügbar. Als Stichprobe wurden nur die bibliografischen Daten der englischsprachigen Werke erfasst, verarbeitet und analysiert, die bis 1947 (Ende der Kolonialzeit) veröffentlicht wurden.

Die grundlegenden Angaben zu den Veröffentlichungen, die aus der oben genannten Quelle entnommen wurden, zeigen die charakteristischen Merkmale soziologischer Veröffentlichungen während der Kolonialzeit (Tab. 2.1). Nach der Reinigung und Aufbereitung blieben insgesamt 118 Publikationen für die Analyse übrig. Diese Publikationen, ohne Dissertationen, ergaben 3529 Seiten soziologischer Literatur (von einer einzigen Seite bis maximal 452 Seiten).[12] Das bedeutet, dass 301 gedruckte Seiten in Zeitschriften (Mittelwert = 6,5 Seiten, S.D. = 6,8) und 3228 Seiten in Büchern, Berichten und Konferenzberichten (Mittelwert = 92,2 Seiten, S.D. = 86,1) enthalten waren. Bis auf ein paar Veröffentlichungen waren alle Autoren weiß. Bis auf drei waren alle Veröffentlichungen von Einzelautoren verfasst worden. In der Kolonialzeit gab es noch keine Zusammenarbeit unter Soziologen.

**Tab. 2.1** Veröffentlichungen in der Soziologie während der Kolonialzeit, 1900–1947

| Veröffentlichungen | Jahr der Veröffentlichung | | | Alle | |
|---|---|---|---|---|---|
| | Bis zu 1935 | 1936–1940 | 1941–1947 | Nein | % |
| *Themen der Forschung* | | | | | |
| Allgemein: soziale Probleme, Kinder, Jugend und Bildung | 6 | 5 | 11 | 22 | 19 |
| „Rasse" und Bevölkerung | 5 | 3 | 11 | 19 | 16 |
| Klasse, Einkommen und Armut | 3 | 3 | 12 | 18 | 15 |
| Jugendkriminalität und Verbrechen | 4 | 4 | 10 | 18 | 15 |
| Soziale Sicherheit, soziale Dienste, Sozialarbeit und Wohnungswesen | 0 | 5 | 8 | 13 | 11 |
| Stadtforschung, Planung und Entwicklung | 2 | 1 | 5 | 8 | 7 |
| Afrikastudien | 2 | 1 | 4 | 7 | 6 |
| Gesundheit, Medizin und Krankheit | 0 | 0 | 7 | 7 | 6 |
| Familie, Ehe und Scheidung | 0 | 0 | 6 | 6 | 5 |
| *Insgesamt* | *22* | *22* | *74* | *118* | *100* |
| *Arten der Veröffentlichung* | | | | | |
| Bücher, Berichte und Konferenzberichte | 12 | 15 | 28 | 55 | 47 |
| Zeitschriftenartikel | 2 | 6 | 38 | 46 | 39 |
| Thesen | 8 | 1 | 8 | 17 | 14 |
| *Insgesamt* | *22* | *22* | *74* | *118* | *100* |

(Fortsetzung)

---

[12] Sie bezieht sich auf Veröffentlichungen, deren Seitenzahlen angegeben wurden. Bei dieser Variablen fehlten einige Fälle. Für Dissertationen wurden keine Seitenzahlen angegeben.

**Tab. 2.1** (Fortsetzung)

| Veröffentlichungen | Jahr der Veröffentlichung | | | Alle | |
|---|---|---|---|---|---|
| | Bis zu 1935 | 1936–1940 | 1941–1947 | Nein | % |
| *Wichtige Fachzeitschriften* | | | | | |
| South African Journal of Economics | 1 | 0 | 5 | 6 | |
| Race Relations | 1 | 0 | 4 | 5 | |
| SA Outlook | 0 | 0 | 4 | 4 | |
| South African Medical Journal | 0 | 0 | 3 | 3 | |
| *Ort der Veröffentlichung (Bücher, Berichte und Konferenzberichte)* | | | | | |
| Johannesburg | 3 | 6 | 16 | 25 | 49 |
| Kapstadt | 4 | 3 | 7 | 14 | 27 |
| Pretoria | 3 | 2 | 1 | 6 | 12 |
| Durban | 1 | 1 | 2 | 4 | 8 |
| Andere Standorte | 0 | 1 | 1 | 2 | 4 |
| *Insgesamt* | *11* | *13* | *27* | *51* | *100* |
| *Universität (Dissertation)* | | | | | |
| University of Witwatersrand | 3 | 1 | 0 | 4 | |
| University of South Africa (UNISA) | 2 | 0 | 0 | 2 | |
| University of Pretoria | 1 | 0 | 1 | 2 | |
| Stellenbosch University | 1 | 0 | 1 | 2 | |
| Rhodes University | 0 | 0 | 1 | 1 | |
| *Dissertation* | | | | | |
| MA, MSocSc, | 5 | 0 | 6 | 11 | |
| DPhil, PhD | 2 | 1 | 2 | 5 | |

Das Jahr der Veröffentlichung wurde in drei Klassen eingeteilt (bis 1935, 1936–1940 und 1941–1947), um die Entwicklung der soziologischen Forschung zu verfolgen. Bei den Veröffentlichungsjahren zeigte sich, dass die meisten in den letzten Jahren des Kolonialismus, d. h. zwischen 1941 und 1947 (63 %), entstanden sind. Die Prozentsätze für die beiden anderen Zeiträume (vor 1935 und 1936–1940) betrugen jeweils 19. Obwohl die Soziologie in Südafrika bereits 1903 in Erscheinung trat, dauerte es noch eine ganze Weile, bis sie sich durch Veröffentlichungen bemerkbar machte. In den Jahren 1903 und 1910 gab es einige Veröffentlichungen. Aber erst 1922 wurde ein Werk in Buchform wie *The Blackman's place in South Africa* veröffentlicht. Vor allem in den letzten Jahren der Kolonialzeit gab es eine Vielzahl von soziologischen Forschungspublikationen in Form von Büchern, Berichten, Zeitschriftenartikeln und Dissertationen. Bücher und Berichte machten den größten Teil der Arbeiten aus, dicht gefolgt von Zeitschriftenpublikationen.

Etwa die Hälfte der Veröffentlichungen (47 %) gehörte zur ersten Kategorie der Bücher und Berichte und 39 % fielen in die zweite Kategorie der Zeitschriftenveröffentlichungen.

Was die spezifischen Forschungsbereiche anbelangt, so gab es drei große Themenkomplexe, die Soziologen während der Kolonialzeit interessierten. Publikationen zu „Rasse" und Bevölkerung machten 16 % der Gesamtzahl aus; Klasse, Einkommen und Armut machten weitere 15 % aus; die Kategorie Jugendkriminalität und Verbrechen beanspruchte 15 % der Publikationen; und Studien zu sozialer Sicherheit, Sozialdienst und Sozialarbeit hatten einen Anteil von 11 %. Ein Fünftel der Veröffentlichungen konnte den allgemeinen sozialen Problemen zugeordnet werden, die sich mit Alkoholismus, Kindern, Jugend und Bildung befassten. In diesen Bereichen wurden zwischen 1941 und 1947 mehr als 50 % der Publikationen erstellt. Interesse bestand auch an Studien zu städtischen Fragen, Gesundheit und Medizin sowie Familie und Ehe. Ein kleiner Prozentsatz der Veröffentlichungen (6 %) bezog sich auf Fragen der schwarzen Bevölkerung. Diese Ergebnisse stehen im Einklang mit dem zuvor vorgestellten Material, insbesondere zu Studien über Armut und Bevölkerung.

Die Bücher und Berichte stammen aus einigen wichtigen Zentren des Landes: Johannesburg, Kapstadt und Pretoria. Das South African Institute of Race Relations war der führende Herausgeber von Büchern und Berichten. An den Universitäten von Witwatersrand, UNISA, Pretoria, Stellenbosch und Rhodes wurde eine Reihe von Abschlussarbeiten, meist Masterarbeiten, eingereicht. Die meisten dieser Universitäten waren bekannt für ihre starken soziologischen Fachbereiche. Die bevorzugten Zeitschriften, in denen die Wissenschaftler ihre Forschungsergebnisse veröffentlichten, waren das *South African Journal of Economics*, das *South African Medical Journal* und *Race Relations*.

Aus dieser Analyse lassen sich mindestens zwei Schlussfolgerungen ableiten. Zum einen handelt es sich um die jährlichen Trends in der Produktion soziologischer Forschung im Land. Erst gegen Ende der Kolonialzeit scheint die Produktion soziologischer Forschung an Schwung gewonnen zu haben. Mehr als ein Drittel der gesamten Publikationen des Zeitraums wurde in den letzten sieben Jahren des Kolonialismus veröffentlicht. Zweitens zeigt die Analyse die Schwerpunkte der soziologischen Forschung in der Kolonialzeit auf. Wie aus der Literatur hervorgeht, befasste sich die Soziologie vor allem mit Themen wie „Rasse", Armut, Jugendkriminalität, Verbrechen und anderen zeitgemäßen sozialen Problemen.

In Kap. 3 wird die südafrikanische Soziologie im Kontext der Apartheid untersucht.

# Literatur

Akiwowo, A. A. (1980). Trend report: Sociology in Africa today. *Current Sociology, 28*(2), 3–73.

Alexander, P., Basson, L., & Makhura, P. (2006). Sociology research in contemporary South Africa. *South African Review of Sociology, 37*(2), 218–240.

Ally, S., Mooney, K., & Stewart, P. (2003). The state-sponsored and centralised institutionalisation of an academic discipline: Sociology in South Africa, 1920–1970. *Society in Transition, 34*(1), 70–103.

Bian, Y., & Zhang, L. (2008). Sociology in China. *Contexts, 7*(3), 20–25.

Carnegie Commission. (1932). *Carnegie commission of investigation on the poor white question in South Africa: The poor white problem in South Africa.* Pro-Ecclesia-Drukkery.

Cilliers, S. P. (1984). *The origins of sociology in South Africa.* Paper presented at the Association for Sociology in South Africa, Johannesburg, 2–5 July 1984.

Coetzee, J. M. (1991). The mind of apartheid: Geoffrey Cronjé (1907–). *Social Dynamics, 17*(1), 1–35.

Connell, R. (2015). Setting sail: The making of sociology in Australia, 1955–75. *Journal of Sociology, 51*(2), 354–369.

Cresswell, C. F. (1992). Research in an established South African university. *Transformation, 18*, 52–57.

Fremantle, H. E. S. (1903). The sociology of Comte with special reference to the political conditions of young countries'. *South African Journal of Science, 1*, 462–479.

Groenewald, C. J. (1989). Die rol van die Sociologie in die Suid-Afrikaanse samelewing: Die verlded. *South African Journal of Sociology, 20*(2), 67–79.

Groenewald, C. J. (1991). The context of the development of sociology in South Africa: A response to Visser and van Staden. *South African Journal of Sociology, 22*(2), 46–49.

Hare, A. P., & Savage, M. (1979). Sociology of South Africa. *Annual Review of Sociology, 5*, 329–350.

Harley, K. (2012). Sociology's objects, objectivity and objectives: Successes and failures in establishing the discipline in America, England and Australia before 1945. *Journal of Sociology, 48*(4), 410–426.

Institute for Contemporary History. (1978). *A bibliography of the South African sociology.* Institute for Contemporary History, University of Orange Free State.

Jubber, K. (1983). Sociology and its social context: The case of the rise of Marxist sociology in South Africa. *Social Dynamics, 9*(2), 50–63.

Jubber, K. (2007). Sociology in South Africa: A brief historical review of research and publishing. *International Sociology, 22*(5), 527–546.

Masson, P. (2012). French sociology and the state. *Current Sociology, 60*(5), 719–729.

Miguel, J. u. s. M. d, & Moyer, M. G. (1979). Trend report: Sociology in Spain. *Current Sociology, 27*(1), 5–138.

Miller, R. B. (1993). Science and society in the early career of H. F. Verwoerd. *Journal of Southern African Studies, 19*(4), 1–17.

Mukherjee, R. (1977). Trends in Indian sociology. *Current Sociology, 25*(3), 1–147.

Osipov, G. V., & Rutkevich, M. N. (1978). Trend report: Sociology in the USSR, 1965–1975. *Current Sociology, 26*(2), 1–82.

Sorokin, P. (2016). 'Global sociology' in different disciplinary practices: Current conditions, problems and perspectives. *Current Sociology, 64*(1), 41–59.

Welsh, D. (1981). Social research in a divided society: The case of South Africa. In J. Rex (Hrsg.), *Apartheid and social research* (S. 27–44). The Unesco Press.

Yazawa, S. (2014). Internationalization of Japanese sociology. *International Sociology, 29*(4), 271–282.

# Soziologie in Zeiten der Apartheid, 1948–1993

**3**

> **Zusammenfassung**
>
> Die Apartheid trennt die südafrikanische Gesellschaft entlang der „Rassen"grenzen. Die Soziologie ist von dieser Spaltung nicht frei. Einige nutzen die Disziplin, um den Interessen des Staates zu dienen, während andere sich weigern, sich daran zu beteiligen. Unter der Apartheid existieren verschiedene Soziologien nebeneinander. Zwei antagonistische Berufsverbände haben ihre eigenen Publikationskanäle gegründet. An den Universitäten ist die Soziologie in eigenständigen Fachbereichen fest etabliert. Als Lehrfach setzt sie sich im Land durch und entwickelt sich in parallelen Strömungen. Die Universitäten sind unterschiedlich ausgestattet, und die besser ausgestatteten sind die weißen Afrikaans-Universitäten. Die Soziologie wird von Weißen dominiert. Die Forschung unter der Apartheid ist mit großen Herausforderungen verbunden. Wissenschaftler werden verhaftet, eingesperrt oder getötet, weil sie sich der Apartheid widersetzen. Nicht nur Soziologen, sondern auch andere Sozialwissenschaftler tragen zur Produktion von soziologischem Wissen in Südafrika bei.

## Ein Überblick

Die Apartheid machte Südafrika zu einer rassisch geteilten Nation. Die Spaltung zeigte sich in Ungleichheiten in allen Lebensbereichen zwischen Menschen mit unterschiedlichem rassischen Hintergrund. Die von der Nationalen Partei, die 1948 die Parlamentswahlen gewann, verkündete Apartheidspolitik zielte auf eine getrennte und segregierte soziale und wirtschaftliche Entwicklung auf der Grundlage der „Rasse" ab.[1] Die Apartheidpolitik diente mehr dem Schutz und der Förderung der Interessen der Weißen als aller anderen „Rassen". Die Weißen bildeten nur eine Minderheit der Bevölkerung. In dieser Zeit brachte die Soziologie sowohl Befürworter als auch Gegner des Apartheidregimes und seiner Politik hervor.

Einige bahnbrechende Soziologen standen an vorderster Front, um die Apartheid-Ideologie zu rationalisieren und wissenschaftlich zu begründen. Die bekanntesten von ihnen waren Hendrik Frensch Verwoerd (der erste Professor für Soziologie und Sozialarbeit an der Stellenbosch University im Jahr 1932),[2] Jan De Wet Keyter (Professor für Soziologie an der Universität des Oranje-Freistaates) und Geoffrey Cronjé[3] (der erste Professor für Soziologie an der University of Pretoria). Nic J. Rhoodie, Professor für Soziologie an der University of Pretoria, war ein weiterer starker Verfechter der Apartheid. Sie alle hatten an südafrikanischen Universitäten studiert, bevor sie zur weiteren Hochschulbildung ins Ausland gingen. Diese Soziologen, die in einer langgestreckten dreieckigen geografischen Konfiguration (Kapstadt, Oranje-Freistaat und Pretoria) angesiedelt waren, nutzten die Soziologie bewusst als wissenschaftliche Grundlage, um die Theorie und Politik der Apartheid zu unterstützen. Die negativen Auswirkungen auf die Soziologie, insbesondere auf die von Verwoerd eingesetzte Soziologie, sollten in der Geschichte der Soziologie des Landes lange Zeit andauern. Dieser Makel ist bis heute nicht vollständig getilgt worden.

Die Soziologen waren vom Staat abhängig, und der Staat wollte sie für seine eigenen Pläne und Zwecke nutzen. Die Disziplin verdiente sich somit das zweifelhafte Etikett, Diener des Staates zu sein, der sie für sein verdecktes Programm des Social Engineering einsetzte. Die Frage der Abhängigkeit und Unabhängigkeit des Fachs wurde somit zu einem ernsthaften Problem. Die südafrikanische Soziologie war nicht allein. Auch die französische Soziologie durchlief in den späten 1950er-Jahren eine ähnliche Phase. Sie war eng mit dem Staat verbunden, und

---

[1] So lag 1975 das durchschnittliche Pro-Kopf-Einkommen der Weißen bei 182 R pro Monat gegenüber 12,50 R für Schwarze (Orkin et al., 1979).

[2] Verwoerd hatte keine formale Ausbildung in Soziologie. Vor seiner Ernennung zum Professor für Soziologie war Verwoerd Professor für angewandte Psychologie und Psychotechnik (er promovierte 1924 an der Stellenbosch University in Psychologie) (Miller, 1993). Sein akademisches Leben war kurz, aber sehr aktiv. Später, im Jahr 1936, trat er von seiner Position in Stellenbosch zurück (Miller, 1993). Verwoerd wurde 1958 zum Premierminister des Apartheidregimes ernannt.

[3] Cronjé wurde 1934 zunächst als Dozent an die University of Pretoria berufen und 1936 zum Professor ernannt. Er war der erste Südafrikaner, der einen Doktortitel in Soziologie erlangte. Seinen Doktortitel erwarb er an der Universität van Amsterdam (Miller, 1993).

diese Beziehung war ein zentrales Thema für ihre Autonomie und Abhängigkeit (Masson, 2012).

Nicht nur Soziologen, sondern auch andere Akademiker an den Universitäten waren in ihren Ansichten über die Apartheidpolitik des Regimes gespalten. Während die afrikaanssprachigen Universitäten des Landes die intellektuellen Bastionen der Apartheid waren, gehörten die englischsprachigen Universitäten zum gegnerischen Lager (Hugo, 1977). Nicht alle afrikaanssprachigen Wissenschaftler unterstützten das repressive Regime. Es gab afrikaansische Soziologen wie Frederik van Zyl Slabbert und Hendrik W. van der Merwe, die sich der Apartheidideologie widersetzten und konsequent gegen sie arbeiteten.[4]

Wie in den meisten anderen Lebensbereichen führte die Apartheid auch im Bildungswesen zu einer Trennung nach „Rassen". Im Jahr 1959 wurde das Gesetz über die Ausweitung der Universitätsausbildung verabschiedet. Nach diesem Gesetz sollten für die wichtigsten ethnischen Gruppen und auch für die *coloured* Bevölkerung separate Universitäten eingerichtet werden.[5] Einige wenige fielen unter die Kategorie der schwarzen Universitäten, die nach der Verabschiedung des Extension of University Education Act, 1959, gegründet wurden. Diese Änderungen sollten sich positiv auf die Entwicklung der Soziologie auswirken. Alle diese neu gegründeten Universitäten[6] für verschiedene ethnische Gruppen und die *coloured* Bevölkerung führten zur Einrichtung von Fachbereichen für Soziologie. Dies führte zu einem Anstieg der Anzahl der Soziologiestudenten und der Stellen in der Soziologie (Jubber, 2007). Andererseits zeigte eine Untersuchung, dass der Anteil der fortgeschrittenen Abschlüsse in Soziologie an den von den Universitäten insgesamt verliehenen Abschlüssen im Zeitraum 1956–1970 nicht wirklich gestiegen ist (Venter, 1973) (Abb. 3.1).

Das Gesetz über die Ausweitung der Universitätsausbildung von 1959 verhinderte, dass schwarze Studenten Universitäten wie die University of Cape Town und

---

[4] Siehe Liebenberg (2011) für die Beiträge von H. W. van der Merwe.

[5] Die Universitäten von Stellenbosch, Pretoria, Potchefstroom, Rand Afrikaans und Orange Free State waren Afrikaans-Universitäten. Die englischen Universitäten waren Witwatersrand, Kapstadt, Natal und Rhodes. Die University of North, die University of Zululand, die University of Durban-Westville (für Inder), die University of Western Cape (für *Coloureds*), die University of Fort Hare und die University of Transkei waren die schwarzen Universitäten.

[6] Zu den so entstandenen Universitäten gehören das University College of Durban (für Inder), das University College of the North (für Sothos), das University College of Zululand (für Zulus), das University College of the Western Cape (für *Coloureds*), die University of Transkei (für Xhosas), die University of Venda (für Venda) und die University of Bophuthatswana (für Tswana) (Jubber, 2007).

34  3 Soziologie in Zeiten der Apartheid, 1948–1993

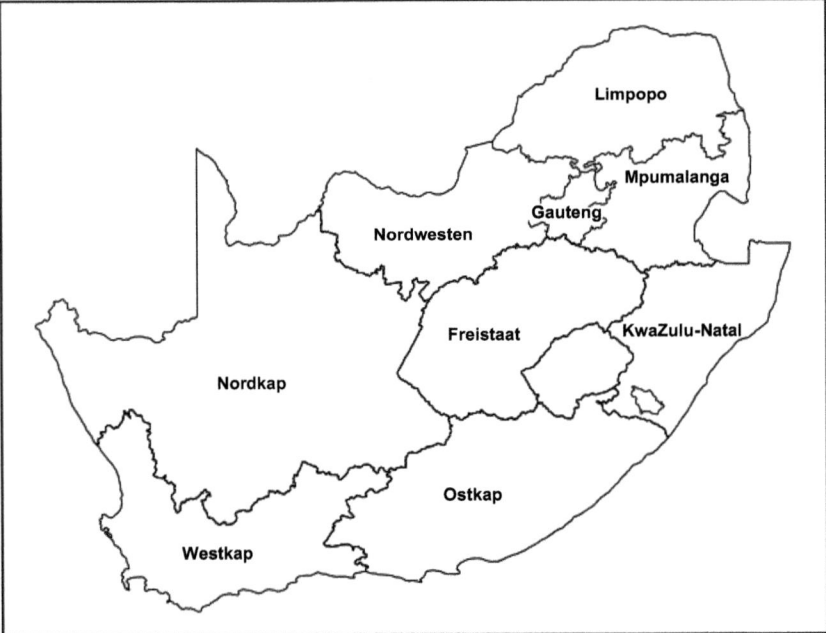

**Abb. 3.1** Karte von Südafrika

die University of Witwatersrand besuchen konnten. Stattdessen empfahl das Gesetz die Einrichtung von separaten Hochschulen für Afrikaner. Diese Einrichtungen (HBUs [historically black universities]) blieben in mehrfacher Hinsicht hinter den weißen Universitäten (HWUs [historically white universities]) zurück. Die Qualität der Ausbildung und die verfügbaren Einrichtungen und Ressourcen waren an den HBUs und HWUs deutlich unterschiedlich. Das segregierte Universitätssystem war in Bezug auf die Lehre der Soziologie und die Durchführung von Forschungsarbeiten eindeutig separatistisch ausgerichtet. Sie unterschieden sich in ihren methodologischen Präferenzen, theoretischen Ausrichtungen und sogar in ihrer Forschung (Alexander et al., 2006). Die afrikaanssprachigen Universitäten orientierten sich an strukturell-funktionalen Theorien und quantitativen Methoden, während die englischsprachigen Universitäten weitgehend von liberalen, neomarxistischen und phänomenologischen Ansätzen und kritischen Methoden geprägt waren (Hare & Savage, 1979; Taylor, 1989; Uys, 2006). Soziologen, die an diesen beiden Universitätstypen tätig waren, forschten vor allem in den Bereichen Kriminologie, Demografie, Migration und Entwicklung (Adam, 1981).

Wie wir in Kap. 2 gesehen haben, war die Soziologie in den ersten Jahren in Südafrika Teil anderer verwandter Disziplinen und erhielt erst in den frühen 1960er-Jahren den Status einer eigenständigen Disziplin. Als die Soziologie den Status eines eigenständigen Fachbereichs erhielt, wuchs die Zahl der ausgebildeten Soziologen und die Produktion von soziologischem Wissen deutlich an (Hare & Savage, 1979). In den 1960er-Jahren lösten sich die Soziologiefachbereiche vieler Universitäten von anderen gemeinsamen Fachbereichen, wie z. B. der Sozialarbeit, und bildeten unabhängige Soziologiefachbereiche (Ally et al., 2003). Schließlich wurden sie zu vollwertigen Instituten, die in der Lage waren, Doktoranden auszubilden. Wie Hare und Savage (1979) berichten, führte dieses Wachstum zu einem Anstieg der Zahl des Klientels für die Soziologie. Auch die Zahl der Soziologiestudenten nahm bald zu (Webster, 2004). Im Jahr 1965 wurde an der University of Natal der erste Doktortitel in Soziologie erworben (Ally et al., 2003).

Die seit den 1970er-Jahren an den englischsprachigen Universitäten eingeführten Soziologie-Studiengänge trugen ebenfalls dazu bei, mehr Studenten für die Soziologie zu gewinnen. Die Soziologie befasste sich mit den Themen Arbeit, Klassenkampf, Organisationen und sozialer Wandel und brachte eine große Zahl von Absolventen der Soziologie hervor (Buhlungu, 2009). Der Soziologieunterricht in dieser Zeit musste sich auf Lehrbücher aus dem Westen stützen, und die Lehrpläne ähnelten denen in anderen Teilen der Welt (Hare & Savage, 1979). Die Soziologie an schwarzen Universitäten wurde jedoch erst spät eingeführt. Bis 1962 wurde Soziologie an schwarzen Universitäten nicht angeboten, was sich änderte, als die University of Fort Hare Soziologie in ihr Lehrangebot aufnahm (Ally et al.,

2003). Afrikanische Universitäten bevorzugten Themen wie Probleme von Entwicklungsgesellschaften, Demografie, Entwicklungssoziologie und politische Soziologie (Hare & Savage, 1979).

Während der Apartheid war die Kluft zwischen den Afrikaans- und den englischsprachigen Universitäten sehr groß. Diese Kluft wurde bis Ende der 1980er-Jahre weiter vertieft. Dies zeigte sich in den Lehrplänen der Soziologie, die an den Universitäten gelehrt wurden. An einigen Universitäten wurde der Forschungsmethodik ein hoher Stellenwert eingeräumt, während der Theorie ein geringerer Stellenwert eingeräumt wurde (Savage, 1981). Theoriekurse an schwarzen Universitäten (die meisten von ihnen wurden von Absolventen afrikanischer Universitäten unterrichtet) waren strukturell-funktional (Savage, 1981). Es gab Kurse in angewandter Soziologie, die sich auf soziale Probleme wie Armut, Wohnen, Migration und andere konzentrierten (Savage, 1981). Die Soziologen an den englischsprachigen Universitäten beschäftigten sich in Lehre und Forschung mit sozialen und politischen Problemen im Zusammenhang mit der rassistisch geprägten Politik und den Programmen der Regierung (Ally et al., 2003).

Die Unterschiede zwischen den verschiedenen Hochschultypen waren offensichtlich in Bezug auf das Verhältnis zwischen Studenten und Personal, die Qualifikation des beschäftigten Personals, die Forschungsleistung, die Forschungspublikationen, die Forschungsfinanzierung, die Teilnahme an Konferenzen und viele andere Aspekte, die die Qualität der Ausbildung bestimmten (South African Sociological Review, 1994). Die Folgen spiegelten sich in der soziologischen Forschung der dort tätigen Soziologen wider. Die Forschung an schwarzen Universitäten war unter der Apartheid-Verwaltung im Bildungswesen unbedeutend. Die weißen Universitäten waren in vielerlei Hinsicht im Vorteil. Sie verfügten über ein geringeres Verhältnis zwischen Studenten und Lehrkräften, eine großzügige Finanzierung durch den Staat, enge Beziehungen zur Industrie und eine bessere Infrastruktur (Pityana, 1992). Bis 1968 gab es im ganzen Land nur 11 schwarze Postgraduierte in Soziologie, von denen nur 2 von lokalen Einrichtungen verliehen wurden (Anonymous, 1981). Im Jahr 1977 gab es unter den 83 Master- und Doktorarbeiten, die an schwarzen Universitäten eingereicht wurden, nur 2 schwarze Absolventen im Fach Soziologie (Anonymous, 1981).[7]

---

[7] Zweiundsechzig von ihnen waren in der Pädagogik, neun in der Psychologie und drei in der Anthropologie. Die Aussichten auf einen Arbeitsplatz waren für Absolventen der Pädagogik hoch und auch auf eine Beförderung in Schulen mit solchen Zusatzqualifikationen (Anonymous, 1981). Im selben Jahr gab es 534 schwarze Absolventen, die einen Abschluss erhielten, bei einer Bevölkerung von 17 Millionen Schwarzen (Wilmot 1979, zitiert in Balintulo, 1981, S. 158).

Die südafrikanische Soziologie wurde in ihren Anfangsjahren von verschiedenen Strömungen der westlichen und amerikanischen Soziologie beeinflusst[8] (Cilliers, 1984; Miller, 1993; Savage, 1981; Taylor, 1989). Je nachdem, welche Methoden die Mitarbeiter verfolgten und bevorzugten, gab es unterschiedliche Auffassungen.[9] Einige von ihnen, die die soziologischen Fachbereiche des Landes leiteten, hatten ihre Ausbildung in den USA erhalten.[10] Der Einfluss der Carnegie-Studie durch ihre amerikanischen Soziologen war ebenfalls beträchtlich.

Während seiner kurzen Tätigkeit in der Soziologie förderte Verwoerd die amerikanische Version der Soziologie, indem er deren empirische Tradition und ihren Nutzen für angewandte Funktionen und die soziale Wohlfahrt nutzte (Ally et al., 2003). In den 1950er-Jahren kam dann der Parsons'sche Strukturfunktionalismus nach Südafrika. Er wurde von einem der Schüler von Talcott Parsons, S. P. Cilliers, eingeführt, der Professor an der Stellenbosch University war (Groenewald, 1991).[11] Die südafrikanische Soziologie wurde auch von den westeuropäischen und angelsächsischen Traditionen beeinflusst (van Eeden, 1984).

Die Entwicklung der Soziologie in Südafrika verlief uneinheitlich und hing von den Soziologen ab, die ihr den Weg wiesen. Die Führung der Soziologen an den englischsprachigen Universitäten übernahm John Gray, der eine Professur für Soziologie an der University of Witwatersrand innehatte (Ally et al., 2003). Er baute die Soziologie an den englischsprachigen Universitäten zu einer Disziplin auf, die einen objektiven und wissenschaftlichen Ansatz für zeitgenössische soziale Probleme verfolgte und sich auf die Tradition des britischen Liberalismus stützte (Gray 1937, zitiert in Ally et al., 2003, S. 77–78). Ein großer Erfolg für die Soziologie war die Durchführung der ersten Sozialstudie, die in Kapstadt durch

---

[8] Dieser amerikanische Einfluss ist auch bei Soziologien aus anderen Teilen der Welt zu beobachten. So wurde beispielsweise die chinesische Soziologie stark von der amerikanischen Soziologie und Soziologen beeinflusst (Bian & Zhang, 2008).

[9] Verwoerd wies Cronjé, den ersten akademisch ausgebildeten Soziologen des Landes, der in Soziologie promoviert hatte und aus den Niederlanden stammte, ab, da er Personen bevorzugte, die in der amerikanischen empirischen Tradition ausgebildet waren (Cilliers, 1984).

[10] S. P. Cilliers, ein 1958 berufener Professor für Soziologie an der Stellenbosch University, war einer von ihnen. Er wurde bei Talcott Parsons in Harvard ausgebildet und führte den Strukturfunktionalismus in die südafrikanische Soziologie ein (Webster, 2004). Cilliers war maßgeblich an der Gründung der ersten soziologischen Vereinigung in Südafrika, SASOV (oder SASA), beteiligt, verließ die Organisation jedoch, als beschlossen wurde, die Mitgliedschaft auf Weiße zu beschränken (Alexander et al., 2006). Später, im Jahr 1971, gründete er zusammen mit anderen den Verband ASSA, der seine Mitgliedschaft für alle öffnete.

[11] Dies war die Zeit, als der Strukturfunktionalismus in der amerikanischen Soziologie seinen Höhepunkt erreichte (Burawoy, 2004).

E. Batson[12] gestartet wurde. Diese Erhebung, bei der wissenschaftliche Verfahren zum Einsatz kamen, stärkte die Position der Soziologie, indem sie zeigte, dass sie die notwendigen Instrumente zur Ermittlung von Bereichen bereitstellen konnte, die der sozialen Fürsorge bedürfen (Ally et al., 2003).

Die Hauptströmung der Soziologie war an den Afrikaans-Universitäten angesiedelt (Taylor, 1989). Im Jahrzehnt zwischen 1950 und 1960 kamen die meisten Soziologieabsolventen aus den afrikaansischen Universitäten. Auf sie entfielen 69 % der Soziologieabsolventen des Landes (Pollak 1968, zitiert in Ally et al., 2003, S. 87). In der frühen Apartheidperiode der 1950er-Jahre umfassten die Soziologiekurse die Themen Armut, Sozialpathologie, Demografie und „Rassen" beziehungen (Jubber, 1983). Auch Theoretiker fanden ihren Platz in den Lehrplänen der Soziologie. Theoretiker wurden in mehreren Soziologiekursen auf verschiedenen Ebenen einbezogen. Auffallend war die Abwesenheit von Marx und den Marx'schen Theoretikern (Jubber, 1983). Dieser Charakter der Soziologie sollte sich später ändern. Im Jahr 1980 wurden Soziologiestudenten in Marxismus und verwandten Theorien unterrichtet (Jubber, 1983). Gegen Ende der 1980er-Jahre, aber noch unter dem Apartheidregime und inmitten der anhaltenden Kämpfe, machte die Soziologie einige bemerkenswerte Fortschritte. Die theoretische Soziologie, insbesondere im Zusammenhang mit Talcott Parsons, kam voran. Einige Zweige der Soziologie, wie die Stadtsoziologie und die politische Soziologie, setzten ausgefeilte Erhebungs- und Datenanalysemethoden ein, die die Aufmerksamkeit der internationalen Gemeinschaft auf sich zogen (Rex, 1981; Waters, 2015).

Die theoretische Entwicklung der Soziologie ist bereits seit den 1960er-Jahren zu beobachten. Auch die positivistische Theorie hatte Einfluss auf die Disziplin. Die Soziologie verzweigte sich in verschiedene theoretische Richtungen. Dies hing wiederum von den Soziologen und den Institutionen (Afrikaans, Englisch oder schwarze Universitäten) ab, an denen sie arbeiteten. Der sich verändernde soziale Kontext unter dem politischen Druck der Apartheid und die wachsende und organisierte Opposition unter den Akademikern waren in diesem Zusammenhang ebenfalls von Bedeutung. Während einige Soziologen an ihren jeweiligen Standorten den Strukturfunktionalismus pflegten, fühlten sich andere an anderen Institutionen zum Marxismus hingezogen. Einige Universitäten wagten den Schritt, Soziologiestudenten den Marxismus aus einer anderen Perspektive zu lehren (Savage, 1981).

Der marxistische Einfluss auf die Sozialwissenschaften in Europa war eher ein intellektuelles Unterfangen als eine Reaktion oder Antwort auf den Beruf oder den akademischen Betrieb (Deflem, 2013). Die marxistische Soziologie an den südafrika-

---

[12] E. Batson war seit 1935 Professor in dem gemeinsamen Fachbereich für Soziologie und Verwaltung an der University of Cape Town (Ally et al., 2003).

nischen Universitäten begann in den 1970er-Jahren zu entstehen, zunächst an den englischsprachigen Universitäten und dann an den schwarzen Universitäten. Der Marxismus sollte in der Folgezeit weitere Wissenschaftler anziehen. Die bestehende Kluft zwischen afrikaans- und englischsprachigen Universitäten verstärkte das Aufkommen der marxistischen Soziologie im Land noch. Der Boden für das Aufkommen und die lokale Entwicklung der marxistischen Soziologie war aufgrund des sozialen Kontextes im Land und auf dem Kontinent fruchtbar. Es war eine Zeit, in der die Opposition gegen die Apartheid und die Kämpfe gegen sie einen Höhepunkt erreichten. Sie fiel mit dem Zusammenbruch des Kolonialismus in vielen Teilen Afrikas zusammen. Gleichzeitig kam es zu einer Radikalisierung der Soziologie auf der internationalen Bühne (Deflem, 2013). Zu dieser Zeit, in den 1970er-Jahren, entstand in Südafrika auch die Black-Consciousness-Bewegung,[13] die Aufstände von 1976, die Schulboykotte der 1980er-Jahre und der Aufstieg der militanten Gewerkschaftsbewegung (Cross, 1986; Jubber, 1983; Webster, 1985, 1997). Dies waren einflussreiche Faktoren für die Soziologie und sie beeinflussten die Art und Weise, wie Soziologen die Gesellschaft betrachteten, was für die Entwicklung der Disziplin von Bedeutung war.

In den 1980er-Jahren gab es eine beträchtliche Anzahl von Soziologen, die denselben Weg (Jubber, 1983) der marxistischen Analyse gesellschaftlicher Fragen verfolgten. Die Entstehung und Entwicklung der marxistischen Soziologie war nicht frei von Herausforderungen, nicht nur innerhalb der Gemeinschaft der Soziologen, sondern auch von anderen gesellschaftlichen Kräften. Einige, die von neomarxistischen Ideen über die Gesellschaft und der Marx'schen Analyse zum Verständnis der südafrikanischen Gesellschaft beeinflusst waren, stellten sich gegen die Strukturfunktionalisten. Der Niedergang des Funktionalismus in der britischen Soziologie, die Unfähigkeit liberalistischer Ansätze, die Probleme des Wandels in Südafrika angemessen zu untersuchen, der gleichzeitige Aufstieg marxistischen Denkens an europäischen und amerikanischen Universitäten, die strukturellen Veränderungen in der südafrikanischen Wirtschaft und der Arbeiterbewegung trugen gemeinsam zu dem neuen Kapitel in der südafrikanischen Soziologie bei (Webster 1991, zitiert in Groenewald, 1991, S. 48).

Die südafrikanische Soziologie entwickelte sich also, wenn auch nicht fortschrittlich, durch verschiedene Strömungen, die oft parallel zueinander existierten.

---

[13] Sie wird definiert als eine Geisteshaltung und eine Lebensweise, wie sie von der South African Students' Organization (SASO) konzipiert wurde, die als erste Organisation die Philosophie des Black Consciousness popularisierte (Pityana, 1981). Diese Bewegung bezieht sich auf die Organisationen, die seit 1968 im Land entstanden sind, und auf das wachsende Gefühl der Schwarzen, nach ihrer Würde und Befreiung von den Kräften zu streben, die sie psychologisch und physisch unterdrücken. Sie wurde 1976 zu einer politischen Bewegung (Pityana, 1981).

Sie begann mit einem theoretischen Rahmen zur Erklärung sozialer Probleme zu Beginn des 20. Jahrhunderts und ging dann zum Strukturfunktionalismus und zum Marxismus über (Groenewald, 1991). Dies war zwar kein einheitlicher internationaler Trend in der Soziologie, aber es kam auch an anderen Orten vor – der Aufstieg dieses Strangs der Soziologie. In Finnland beispielsweise war das Interesse an der marxistisch-leninistischen Philosophie und ihrer Anwendung in der Sozialforschung im selben Zeitraum weit verbreitet (Antikainen, 2008). Die kanadische Soziologie begann in den 1970er-Jahren, trotz innerer Widerstände, marxistische Soziologen aufzunehmen (Brym, 2014). Die sowjetische Soziologie, die sich auf die Ideen von Marx, Engels und Lenin stützte, umfasste den historischen Materialismus, partielle soziologische Theorien (Theorien mittlerer Reichweite) und Forschungen, die empirische Erkenntnisse liefern sollten (Osipov & Rutkevich, 1978). In Irland wurde 1970 ein Lehrstuhl für marxistische Soziologie eingerichtet (Fanning & Hess, 2015).

Wie in der soziologischen Forschung wurden auch in der Soziologie strittige Themen vermieden (Savage, 1981). Zur Untermauerung dieser Ansicht führt Savage (1981) einige Belege an: kein einjähriger Kurs in „Rassen"- und Ethnostudien in der Soziologie wurde von irgendeiner Universität angeboten; der Schwerpunkt der Industriesoziologie lag auf der Ausbildung der Studenten zu Dienern der Macht und auf der Gewinnung von Einsichten in Managementprobleme von Industrieorganisationen.[14] In der politischen Soziologie wurde keine detaillierte empirische Analyse des politischen Systems Südafrikas durchgeführt; wichtige Themen von soziologischer Bedeutung wie Einkommens- und Vermögensverteilung, Gewerkschaften, Arbeitnehmerorganisationen und Unternehmenseigentum wurden offensichtlich vermieden. Ähnliche Tendenzen wurden auch in anderen Disziplinen beobachtet, nämlich in der Psychologie, der Anglistik, der Geschichte und in der Rechtswissenschaft (Savage, 1981).

## Soziologische Forschung

Die Durchführung von Forschungsarbeiten im Südafrika der Apartheid brachte ihre eigenen Herausforderungen mit sich, von denen einige unter schwierigen Bedingungen nur schwer zu bewältigen waren. Die „Rassen"polarisierung warf ihren sichtbaren Schatten auf die Forschung. Ein autoritäres und rassistisch geprägtes politisches System und eine gespaltene Gesellschaft reichten aus, um für Sozial-

---

[14] Die Industriesoziologie war zwischen den 1960er- und 1980er-Jahren eher als Managementsoziologie bekannt, da sie zur Erleichterung und Unterstützung von Managementfragen eingesetzt wurde (Webster, 1981).

wissenschaftler ein unwirtliches Umfeld zu schaffen, um ihre Studien mit der erforderlichen Freiheit und wissenschaftlichen Objektivität durchführen zu können (Savage, 1981). Es war nicht einfach, die schwarze Bevölkerung zu untersuchen oder Zugang zu ihr als Befragte zu erhalten, da sie geografisch isoliert und getrennt war. Die Menschen vermuteten oft die Absichten hinter der Forschung und weigerten sich, an Studien teilzunehmen. Für die Forschung weißer Sozialwissenschaftler in schwarzen Gebieten gab es staatliche Kontrollen. Sie mussten den Staat um Erlaubnis bitten, um in schwarzen Gebieten zu forschen, und vielen von ihnen wurde die Erlaubnis verweigert (Moodie, 1994; Welsh, 1981). Die Apartheid-Machthaber machten es den Sozialwissenschaftlern schwer, Forschung zu betreiben. Die Forscher standen unter den wachsamen Augen der Polizei und staatlicher Informanten. Sozialwissenschaftler wurden schikaniert und verhaftet, und es wurden Daten von Forschern beschlagnahmt, die entweder inhaftiert oder von den Forschungsstandorten entfernt wurden (Rex, 1981).

Nach dem Gesetz zur Unterdrückung des Kommunismus (Suppression of Communism Act) konnten die Herausgeber von Forschungsarbeiten verhaftet oder inhaftiert werden, wenn sie Material veröffentlichten, das die Ideen des Kommunismus förderte (Rex, 1981). Das Gesetz über ungesetzliche Organisationen von 1960 verbot Studien über historische, politische oder soziale Forschungen zu verbotenen Organisationen (Welsh, 1981). Ein verbotener Forscher konnte nicht forschen, da er/sie daran gehindert wurde, sich Informanten zu nähern und mit ihnen in Kontakt zu treten (Rex, 1981). Akademiker wurden verhaftet, inhaftiert, ermordet oder ins Exil geschickt, weil sie gegen die Apartheid auftraten.[15] Sie wurden strafrechtlich

---

[15] Die Liste ist zu lang, um sie hier wiederzugeben. Richard Turner, Dozent für Politikwissenschaften an der University of Natal, wurde am 8. Januar 1978 von der Apartheid-Polizei ermordet. David Webster, ein Sozialanthropologe, wurde am 1. Mai 1989 ermordet. Neil Agget, ein weiterer Soziologe, verlor sein Leben, weil er den Staat ablehnte (Habib, 2008). Harold Wolpe, ein einflussreicher Akademiker, war mit mehreren anderen im Exil. Soziologen wie Fatima Meer, Loet Douws-Decker, Charles Simkins, Mary Simons und Jack Simons gehörten zu denjenigen, die verboten worden waren. Rob Morell und Nico Cloete, die beide an der University of Transkei lehrten, wurden ausgewiesen. Raymond Suttner wurde für zwei Jahre inhaftiert (Hindson, 1989). Der Juraprofessor Barend van Niekerk wurde strafrechtlich verfolgt, weil er seine Forschungsergebnisse über die Todesstrafe veröffentlicht hatte, die eine unterschiedliche Rechtsprechung auf der Grundlage der „Rasse" aufzeigten (Savage, 1981). David Russell wurde für drei Monate inhaftiert, weil er sich weigerte, die Namen seiner Informanten preiszugeben, während Toine Eggenhizen nach seiner kritischen Veröffentlichung über angloamerikanische Minen ausgewiesen wurde (Webster, 1981). Herbert Vilakazi und Thaele-Rivkin wurden von der University of Transkei verwiesen (Jubber, 1983). Leo Kuper und viele andere an der University of Natal verließen das Land aufgrund von Schikanen (Waters, 2015).

verfolgt, weil sie ihre Forschungsergebnisse veröffentlichten, die dem Staat nicht gefielen (Welsh, 1981). Die Staatspolizei hatte ein wachsames Auge auf ausländische Wissenschaftler, die im Land forschten. Der Mangel an Vertrauen und die Desintegration zwischen den „Rassen" erschwerten auch die Erhebung von Primärdaten.

Die Forschungssituation für Soziologen im Land während der Apartheid muss aus verschiedenen Blickwinkeln betrachtet werden. Wie Rex (1981) auflistet, gab es mehrere Hindernisse für die Durchführung von Forschung unter einem politisch repressiven Regime. Dabei handelt es sich um das Konzept der sozialwissenschaftlichen Forschung im Umfeld des Forschers, die Art und Weise, wie das Forschungsproblem konzipiert und formuliert wurde, die Bedingungen, die an die Forschungsressourcen geknüpft waren, einschließlich des Zugangs zu Daten und Informanten, die Möglichkeit, die Ergebnisse zu veröffentlichen, und die Beeinflussung politischer Veränderungen durch die Forschungsergebnisse (Rex, 1981).

Das politische und finanzielle Klima für sozialwissenschaftliche Forschung war in den ersten Jahren der Apartheid nicht sehr gut. Die Finanzierung war nicht einfach. Auf einer Konferenz, die 1954 am Sitz der University of Natal stattfand, wurde die negative Haltung der Regierung gegenüber der sozialwissenschaftlichen Forschung thematisiert (Welsh, 1981). Während die Natur- und Physikwissenschaften den größten Teil der verfügbaren Mittel vom Staat und aus anderen Quellen erhielten, blieb für die Sozialwissenschaften nur eine geringe Summe übrig. Im Jahr 1971 wurde nur 1 % der Gesamtmittel für Forschung und Entwicklung für die Sozialwissenschaften bereitgestellt (Welsh, 1981). Auch wenn diese Zahl nicht für alle Jahre der Apartheid repräsentativ ist, zeigt sie doch, dass die Natur- und Sozialwissenschaften unterschiedlich behandelt wurden und einen unverhältnismäßig hohen Anteil der Mittel erhielten. Die ungleiche Zuteilung von Mitteln an HBUs und HWUs hatte auch Auswirkungen auf die soziologische Forschung, die von Soziologen an diesen Einrichtungen durchgeführt wurde. Die Soziologen an den afrikaanssprachigen Universitäten unterhielten enge Beziehungen zur Apartheidregierung (Taylor, 1989), was sich positiv auf ihr Forschungsportfolio auswirkte.

Die südafrikanische Soziologie während der Apartheid hatte charakteristische Merkmale. Nach van Rensburg (1989) gab es damals eine große Vielfalt an theoretischen und methodischen Orientierungen, eine große Vielfalt an Spezialisierungen in den Bereichen der Soziologie, und die Soziologie wurde weithin für ihre Anwendbarkeit und Nützlichkeit geschätzt. Die Nützlichkeit der Soziologie für die Verbesserung der Lebensbedingungen der Bevölkerung ist seit den ersten Jahren ihres Bestehens in diesem Land belegt. Wissenschaftler forderten die Einbeziehung der Soziologen durch ihre wissenschaftliche Forschung (Bekker, 1990; Kock 1989). Sie spielten eine wichtige Rolle als Meinungsbildner in verschiedenen Bereichen des gesellschaftlichen Lebens (Oosthuizen, 1989). Auf Konferenzen wurde diese Spezialisierung und Verzweigung der Soziologie deutlich. Der Jahreskongress der Association for Sociology in Southern Africa (ASSA) bot eine Vielzahl von Themen und Vorträgen, die von der Klassenanalyse über die Soziologie der Bildung bis hin zur Soziologie der Medien reichten und alle aus der Forschung hervorgingen.[16]

Eine gewisse Klassifizierung der Soziologie nach dem im Land produzierten Wissen ist vorhanden. An den afrikaanssprachigen Universitäten war die Soziologie eher fachlich und politisch ausgerichtet, während sie an den englischsprachigen Universitäten kritisch und öffentlich war (Burawoy, 2004). Auch die empirische Soziologie blühte an einigen Universitäten auf. In den 1950er- und 1960er-Jahren gelang es einer Gruppe von Wissenschaftlern an der University of Natal in Durban, umfangreiche empirische Erkenntnisse zu gewinnen (Waters, 2015). Zu dieser Zeit blühte die empirische Forschung auch auf internationaler Ebene. In Frankreich wurde die empirische Forschung durch Lehr- und Forschungsinstitute wie das Institut des Sciences Sociales du Travail (ISST) gefördert, was zu einer Verbreitung von Erhebungsmethoden führte (Masson, 2012). Die französische Soziologie verfügte über umfangreiche Mittel und trug zur Entwicklung quantitativer Methoden in der Soziologie bei (Masson, 2012).

Von den Soziologen gingen nicht viele Initiativen aus, um in den Bereichen ihrer Wahl zu forschen. Südafrikanische Soziologen waren keine intensiven oder rigorosen Forscher. Sie beschäftigten sich mehr mit der Lehre als mit der Forschung. Die Lehrbelastung der Soziologen an vielen Universitäten des Landes war hoch (Oosthuizen, 1991b). Dies könnte sie daran gehindert haben, gründliche empirische und theoretische Forschung zu betreiben.

In den 1960er- und 1970er-Jahren war die Forschungsleistung der Soziologen begrenzt (Taylor, 1989).[17] Ein Grund dafür ist nach Taylor (1989) die Abwanderung liberaler und radikaler Soziologen in der Zeit der Apartheid. Berichten zufolge erschienen zwischen 1974 und 1977 die meisten Forschungsergebnisse der Soziologen des Landes in südafrikanischen Zeitschriften und in den Berichten der Regierung, und diese wurden von afrikanischen Universitäten erstellt (Hare &

---

[16] Zu den Arbeitsgruppen der Kongresse (1984, 1985 und 1986) gehörten beispielsweise Apartheid- und Sozialforschung, Klassenanalyse, Konflikt- und Friedensforschung, Entwicklungssoziologie, Bildungssoziologie, Wissenssoziologie, Medien- und Kultursoziologie, Rechtssoziologie, Arbeitssoziologie, Gesundheitssoziologie, Kriminalitäts- und Devianzsoziologie, Gesellschaftstheorie, Lehrsoziologie, Gewerkschaften und Arbeitsbeziehungen, Arbeitswissenschaft, Stadt- und Regionalforschung sowie Frauenforschung.

[17] Diese Haltung ist kritisiert worden, während gleichzeitig eingeräumt wurde, dass das Potenzial der kritischen Soziologie nicht ausgeschöpft wurde (Hindson, 1989).

Savage, 1979). In den WoS-Daten, die später in diesem Kapitel analysiert werden, waren nur 14 % der Veröffentlichungen (von der Gesamtzahl für 1970–1990) im Zeitraum 1970–1975 in der Soziologie oder verwandten Bereichen angesiedelt.

1968 stellte Pollak (zitiert in Hare & Savage, 1979, S. 345) fest, dass die Soziologen des Landes sehr grundlegende soziologische Forschung betreiben. Diese Forschung betraf vor allem die Bereiche soziale Erhebungen, Demografie, Familie, Religion, Sozialpolitik und Verwaltung (Pollak 1968, zitiert in Hare & Savage, 1979, S. 345). Später, 1975, wies Rex darauf hin, dass sich die meisten soziologischen Forschungen zu dieser Zeit mit spezifischen Bevölkerungsgruppen, spezifischen Problemen und politikbezogenen Forschungen befassten. Eine bibliografische Zusammenstellung (auf die in Kap. 2 Bezug genommen wird) der von südafrikanischen Sozialwissenschaftlern bis 1975 durchgeführten Forschungen zeigte, dass der Großteil der Forschungen in den Bereichen „Rassen"- und ethnische Beziehungen, soziale Probleme und Industriesoziologie stattfand (Hare & Savage, 1979). Bei den WoS-Daten, die im weiteren Verlauf dieses Kapitels vorgestellt werden, war ein anderer Trend zu erkennen.

Die zweite Carnegie-Studie konzentrierte sich auf Armut und Entwicklung im südlichen Afrika, die 1984 auf einer Konferenz an der University of Cape Town diskutiert wurde (Social Dynamics, 1984).[18] Auch hierdurch wurde die Forschung im Bereich der Armut angeregt. Neben den Hochschullehrern gab es Soziologen, die beim South African Council for Educational Social Research, dem Vorgänger des Human Sciences Research Council (HSRC) bis 1968, angesiedelt waren und zu gesellschaftlich relevanten Themen forschten (Cross, 1986).[19]

In den ersten Jahren erhielt die HSRC Forschungsaufträge unter anderem in den Bereichen Bildung und Soziales. Sie unterstand dem Ministerium für Nationale Bildung, das sich nur um die Bildung der Weißen kümmerte, und arbeitete im Rahmen der Regierungspolitik (Welsh, 1981). Mehrere afrikanische Soziologen schlossen sich zu dieser Zeit der HSRC an. Die HSRC wurde von Afrikaanern dominiert, in ihren Ausschüssen saßen keine schwarzen Akademiker, und schwarze Universitäten waren nicht vertreten (Ally et al., 2003; Moodie, 1994; Savage, 1981; South African Sociological Review, 1990; Taylor, 1989; Welsh, 1981). Es gab Zweifel an der Qualität der von der HSRC durchgeführten Forschung, die zum Teil sehr oberflächlich war (Lever, 1981), und an ihren parteiischen Positionen zu

---

[18] An der sechstägigen Konferenz nahmen mehr als 400 Akademiker, Fachleute, Forscher und Sozialarbeiter teil, und es wurden mehr als 300 Arbeitsunterlagen erstellt (Social Dynamics, 1984).

[19] Die Bezeichnungen sind nicht ganz eindeutig. Webster (1981) schreibt zum Beispiel, dass es sich um den Nationalen Rat für Sozialforschung handelt.

sozialen Fragen. Die HSRC zeichnete sich durch einen ausgeprägten Konservatismus und ein Engagement für die Apartheid aus (Savage, 1981), und Projekte, die sich nicht auf kontroverse Bereiche bezogen, wurden bevorzugt behandelt (Webster, 1981).[20] Die Finanzierung der Universitäten durch die HSRC war nicht vorbehaltlos und blieb begrenzt (Whisson, 1981).

Soziologische Forschung wurde auch vom Nationalen Rat für Sozialforschung (NCSR) betrieben, der neuen Inkarnation des Nationalen Büros für Bildungs- und Sozialforschung (NBESR). Beim NCSR lag der Schwerpunkt der Forschung auf Studien über die Gesellschaft, die sich mit Kindern, Kriminalität, Alkoholismus, Arbeit und Scheidung befassten (Ally et al., 2003). Das Institut für Rassenbeziehungen, Suid-Afrikaanse Bond vir Rassestudies, Rasserverhoudingsbond van Afrikaners, Suid-Afrikaanse Buro vir Rasseaangeleenthede (SABR), NBESR,[21] der Rat für Forschung in den Sozialwissenschaften (CRSS), der Nationale Rat für Sozialforschung (South African Institute of Race Relations [SAIRR]) und das Institut für Sozial- und Wirtschaftsforschung (an der Rhodes University) waren entweder an der Durchführung von Forschungsprojekten oder an der Unterstützung von Forschungsarbeiten beteiligt. Der South African Plan for Research in the Human Sciences (SAPRHS) leitete die Forschung nach den Prioritäten des Ausschusses, der sich hauptsächlich aus Regierungsvertretern und Kandidaten zusammensetzt. Von diesen muss das CRSS besonders erwähnt werden, da es Soziologen dazu anregte, über die Lehre hinauszugehen, und von den Universitäten verlangte, dass sie Forschung betreiben (Ally et al., 2003). Die Forschung am CRSS war sowohl praktisch als auch theoretisch und umfasste Themen wie sozialer Wandel, Kinder, Familie, „Rassen" beziehungen und soziale Pathologie (Ally et al., 2003).

Humans (1984) Analyse der soziologischen Forschung, die zwischen 1969 und 1983 von der HSRC durchgeführt wurde, zeigt die charakteristischen Merkmale der Forschung unter der Apartheid. Auf der Grundlage einer Stichprobe von (laufenden und abgeschlossenen) Forschungsprojekten im Bereich der Humanwissenschaften an der HSRC, von Master- und Doktorarbeiten sowie von Arbeiten anderer Forschungszentren liefert Human (1984) aufschlussreiche Ansichten zur soziologischen Forschung. Die Ergebnisse seiner Analyse lassen sich wie folgt zusammenfassen:

---

[20] Schwarze Akademiker wurden von der HSRC und ihren Projekten ausgeschlossen. Im Bericht der HSRC aus dem Jahr 1977 findet sich unter den Mitarbeitern, Beratern, Ausschussmitgliedern und Forschern nur ein einziger Schwarzer, und in der Liste der 188 Projekte taucht kein einziger schwarzer Name auf (Anonymous, 1981).

[21] Das NBSER initiierte eine Reihe von Kommissionen, die soziale Probleme der Gesellschaft untersuchten (Ally et al., 2003). Außerdem gab es die Zeitschrift *Journal of Social Research* heraus.

Drei Viertel der Studien waren empirisch, darunter sowohl deskriptive als auch erklärende Studien. In den empirischen Studien wurde überwiegend die Methode der Umfrageforschung angewandt. Den Studien mangelte es im Allgemeinen an Theorie und historischer Weitsicht. Bei den Untersuchungen, die sich auf soziale Gruppen bezogen, bezog sich die Mehrheit auf die offiziellen „Rassen" gruppen, nämlich Weiße, gefolgt von städtischen Schwarzen, *Coloureds* und allen „Rassen" gruppen. Die Soziologen untersuchten eher die Symptome des sozialen Lebens als die Ursachen. Die behandelten Forschungsthemen (in der Reihenfolge der Anzahl der Studien) waren Devianz, Industriesoziologie, Arbeit, Familiensoziologie, Gesundheit, Religion, Familienplanung, Freizeit, Wohnen, Demografie, „Rassen" beziehungen, politische Soziologie, Bildung, Gesellschaftsschichten, Arbeitsbeziehungen und andere. Es gab nur wenige Studien, die sich mit Themen wie Armut, Staatspolitik und Wirtschaftssoziologie befassten. Andererseits bevorzugten die Soziologen für ihre Forschung Themen wie Alkoholismus, Drogen und Prostitution. Südafrikanische Soziologen führten Studien zu einer Vielzahl von Themen durch, was ein sehr fragmentiertes und vielfältiges Bild von der Art der soziologischen Forschung zeichnet. Diese Ergebnisse stimmen mit den Daten aus den soziologischen Fachzeitschriften und dem WoS überein, die weiter unten in diesem Kapitel vorgestellt werden.

Einige Bereiche der Soziologie haben sich stärker entwickelt als andere. Die Arbeitswissenschaft, die seit ihren Anfängen in den 1970er-Jahren eine starke Präsenz im Land entwickelte, war während der Apartheid von großer Bedeutung. Ausgelöst wurde das Wachstum der Arbeitswissenschaft durch die historischen Streiks der afrikanischen Arbeiter in Durban im Jahr 1973, die Lohnerhöhungen forderten (Buhlungu, 2009; Sitas, 2014; Webster, 1981).[22] Das in diesem Bereich produzierte Wissen war in Südafrika von großer Bedeutung. Zwischen 1970 und 1990 gab es eine Vielzahl von Schriften zum Thema Arbeit (Buhlungu, 2009), es wurden Konferenzen organisiert und Vortragsreihen über Industrialisierung und menschliche Beziehungen durchgeführt.[23] An den Universitäten wurden Lehrveranstaltungen zur Industriesoziologie eingeführt.[24] Unabhängige oder den Universitäten ange-

---

[22] An diesem Streik, der im Februar 1973 begann, beteiligten sich schätzungsweise 60.000 bis 100.000 schwarze Arbeitnehmer (Webster, 1981).

[23] Auf der Jahreskonferenz des südafrikanischen Instituts für Rassenbeziehungen im Jahr 1968 wurden Vorträge über Industrialisierung und menschliche Beziehungen gehalten, und im selben Jahr veröffentlichte James Irving, Professor für Industriesoziologie, an der Rhodes University eine Reihe von Beiträgen (Webster, 1981).

[24] Die University of Witwatersrand bietet seit 1968 einen Studiengang für Industriesoziologie an; separate Studiengänge wurden an der University of Potchefstroom, der University of Westville-Durban, der Rhodes University, der University of Orange Free State und der University of Cape Town eingeführt (Webster, 1981).

gliederte Forschungszentren und -einheiten führten ebenfalls Studien über Industrie und Arbeit durch.[25] Publikationen wie das *South African Labour Bulletin* und das *Bulletin of Labour Law* wurden ins Leben gerufen, die Themen wie Arbeit, Gewerkschaften, Arbeitsbeziehungen, Streiks und Boykotte, Managementaspekte, Beschäftigung und viele andere behandelten (Webster, 1981). *The Durban Strikes 1973* war eine weitere bemerkenswerte Veröffentlichung aus dieser Zeit.

Die Forschungsschwerpunkte von Soziologen an weißen Afrikaans- und englischsprachigen Universitäten unterschieden sich erheblich. Die Forschungspublikationen der Soziologen an afrikaanssprachigen Universitäten befassten sich hauptsächlich mit Familien- und Religionsstudien und unterstützten die Regierungspolitik (Hare & Savage, 1979). Wie später in der szientometrischen Analyse zu sehen sein wird, machten die Themen Familie, Bevölkerung und Religion einen beträchtlichen Teil der Veröffentlichungen in bedeutenden Zeitschriften dieser Zeit aus. Soziologen an englischsprachigen Universitäten beschäftigten sich mit Fragen der „Rasse" und der Arbeit, die der bestehenden Regierungspolitik gegenüber sehr kritisch waren (Hare & Savage, 1979).

Die Analyse von Human (1984) für den Zeitraum 1969–1984 zeigte, dass die Universitäten und die HSRC unterschiedliche Forschungsprioritäten hatten. Die HSRC und die afrikaanssprachigen Universitäten ähnelten sich in der Auswahl der Forschungsbereiche (Human, 1984). Sowohl die afrikaans- als auch die englischsprachigen Universitäten waren im Vergleich zur HSRC aus Gründen der Marktfähigkeit mehr an Industriesoziologie und Arbeitsstudien interessiert (Human, 1984). In seiner Analyse stellte er fest, dass die industriesoziologische Forschung an den afrikaanssprachigen Universitäten den größten Einzelbereich darstellte. Englischsprachige Universitäten arbeiteten mehr auf dem Gebiet des Arbeitsmarktes als in der Industriesoziologie. Soziologen an afrikaanssprachigen Universitäten forschten ebenfalls auf dem Gebiet der Arbeitsmärkte, jedoch nicht in demselben Umfang wie in der Industriesoziologie. Ein kleiner Prozentsatz der Studien über Arbeitsmärkte stammt auch von der HSRC. An der HSRC befasste sich etwa ein Fünftel der im Untersuchungszeitraum durchgeführten Projekte mit Themen im Zusammenhang mit Devianz. In der Reihenfolge ihrer Beliebtheit waren die Projekte an der HSRC Familiensoziologie, Studien zur Lebensqualität, Wohnen, Frei-

---

[25] Dazu gehörten das Centre of Applied Social Studies (ehemals das Institute for Social Research) und eine Development Studies Group (an der University of Natal), das Institute of Industrial Education (von Akademikern der University of Natal gegründet), das Institute of Labour Studies (an der UNISA), das Institute of Industrial Relations (von der Anglo-American Corporation gegründet), das Centre for Applied Legal Studies (an der University of Witwatersrand), das Institute of Social Development (an der University of Western Cape) und das Institute of Manpower Research (der HSRC) (Webster, 1981).

zeit und Demografie. Dass die Sozialwissenschaftler der HSRC den Schwerpunkt auf Studien zur Devianz legten, könnte nach Human (1984) daran liegen, dass sie sich der anderen gesellschaftlichen Probleme und der „Rassen" vorurteile nicht sehr bewusst waren.

Die Universitäten produzierten weiterhin den größten Teil der Sozialforschung im Land, im Vergleich zum HSRC, dem Nationalen Institut für Personalforschung (NIPR)[26] oder anderen Forschungsinstituten (Savage, 1981). Das NIPR war vor allem auf arbeitspsychologische Forschung spezialisiert und verfügte über die Kompetenz, derartige Forschungen durchzuführen (Savage, 1981). Es befasste sich mit Studien zu Themen wie Auswahl, Ausbildung, Arbeitsbewertung, Produktivität, Einstellung zur Arbeit und Auslastung der Arbeitskräfte und führte Forschungsarbeiten im Auftrag verschiedener Ministerien und anderer Organisationen durch (Webster, 1981). Andere Einrichtungen, die sich mit Sozialforschung befassten, waren das South African Institute of Race Relations (SAIRR), das Africa Institute und Forschungseinheiten an Universitäten (Savage, 1981). Das von Fatima Meer geleitete Institute for Black Research an der University of Natal, Durban, war ein weiteres Institut, das unter den strengen Bedingungen der Apartheid eine prekäre Existenz führte (Anonymous, 1981).

In dieser Zeit fand die quantitative Forschung keinen großen Anklang bei den Sozialwissenschaftlern, die ein Umfeld für ihre Entwicklung schufen. Wie die Analyse der Veröffentlichungen des *South African Journal of Sociology* (*SAJS*) durch J. S. Oosthuizen (1991a) zeigt, waren die methodischen Ansätze der südafrikanischen Soziologen in den 1980er-Jahren überwiegend quantitativ. Trotz der bevorzugten Durchführung quantitativer Forschung stellte sich die Frage nach den Fähigkeiten und Kenntnissen von Soziologen, quantitative Forschung in einer wissenschaftlich akzeptablen Weise durchzuführen und zu präsentieren. Die Kommentare von J. S. Oosthuizen (1991a) zur Analyse der Veröffentlichungen in *SAJS* machen diese Schwäche deutlich. Diejenigen Soziologen, die ihre quantitativen Forschungsarbeiten in der Zeitschrift vorstellten, entschieden sich in vielen Fällen für einfache deskriptive Statistiken zur Analyse der von ihnen erhobenen Daten. Nur 5 % von ihnen zeigten die Fähigkeit, fortgeschrittene statistische Verfahren anzuwenden. In einer großen Anzahl von Veröffentlichungen wurden nicht einmal die Grundannahmen statistischer Tests beachtet (Oosthuizen, 1991a; van Staden & Visser, 1991). Dies wirft die Frage nach den Stärken und Schwächen der damaligen Soziologen auf, methodisch solide Forschung zu betreiben.

---

[26] 1946 wurde das Nationale Büro für Personalforschung gegründet, aus dem später das NIPR hervorging.

Seekings (2001) macht drei Gründe für die langsame Entwicklung quantitativer methodischer Ansätze in Südafrika aus. Erstens war das Apartheidregime nicht daran interessiert, Informationen über die Mehrheit der Bevölkerung zu produzieren, sondern hauptsächlich über die Weißen. Zweitens wurde aufgrund der politischen Differenzen unter den Akademikern nur wenig quantitative Forschung betrieben und diese ignoriert. Dies hing mit der Kluft zwischen den Afrikaans- und den englischsprachigen Universitäten zusammen. Die ersteren verfügten über staatlich finanzierte Forschung, die letzteren aufgrund ihrer Opposition gegen die Apartheid nicht. Es gab nicht genügend quantitative Daten, die vom Staat als Hintergrundressource für die Arbeit von Sozialwissenschaftlern produziert wurden. Drittens, die Ablehnung der quantitativen Forschung, die mit den politischen Ansichten der beteiligten Wissenschaftler und der Vorliebe für die qualitative Forschung zusammenhing (Seekings, 2001). Diese Situation begann sich zu ändern, als sich das Land dem Ende der Apartheid-Ära näherte und auch danach. Es wurde eine Reihe groß angelegter Erhebungen durchgeführt, die den Wissenschaftlern die Daten zur Analyse lieferten und deren Ergebnisse sie auf ihre eigenen Interessengebiete bezogen.[27] Der Bedarf und die Nachfrage nach quantitativen Daten wuchs und wurde für staatliche Maßnahmen und aus weiteren politischen Gründen wichtiger, so dass ein Pool von Erhebungsdaten für weitere Studien zur Verfügung stand. Diese Erhebungen betrafen hauptsächlich Einkommen, Ausgaben, „Rasse", Beschäftigung, politisches Verhalten und Kriminalität. Trotz des Potenzials der quantitativen Forschung und der Verfügbarkeit von quantitativen Daten, die von verschiedenen Stellen erhoben wurden, änderten sich die methodologischen Präferenzen der Soziologen nur langsam.

Die Apartheid als politisches System wirkte sich negativ auf die damalige Sozialforschung aus (Rex, 1981). Rex fügt jedoch schnell hinzu, dass dies kein Einzelfall war. Ein Teil des Grundes für und ein Teil der Wahrheit über das Scheitern der sozialwissenschaftlichen Forschung im Land war nicht nur auf die Einmischung der Regierung und die Unterdrückung zurückzuführen, sondern auch auf den Mangel an Willen seitens der Soziologen (Rex, 1981).[28] Eine große Zahl von Forschern scheute vor umstrittenen Interessengebieten in ihren jeweiligen Disziplinen zurück (Welsh, 1981) und vermied es, diese zu erforschen. Sie waren durch die vorherrschenden sozialen Normen, Werte und Wahrnehmungen der sozialen

---

[27] Das Project for Statistics on Living Standards and Development war die erste groß angelegte landesweite Erhebung, die 1993 von der South African Labour and Development Research Unit durchgeführt wurde. Dabei wurden etwa 8500 Haushalte befragt. Danach folgten weitere Erhebungen (Seekings, 2001).

[28] Er schloss sich damit dem Vorschlag von Harry Lever (1981) zu diesem Thema an.

Struktur eingeschränkt, die sie für die relevanten und wichtigen Fragen blind machten (Savage, 1981). Soziologen gehörten zu dieser Gruppe von Forschern, die problematische Forschungsthemen vermieden. Themen im Zusammenhang mit Rassismus waren ein typisches Beispiel dafür. Akademiker aus der Soziologie vermieden in dieser Zeit weitgehend die Untersuchung von „Rassen" beziehungen (Pollak 1968, zitiert in Welsh, 1981, S. 40). Dies wird auch durch die nachfolgende Analyse der Veröffentlichungen in einigen prominenten Fachzeitschriften belegt. Nur 3 % der Veröffentlichungen befassten sich mit der Frage der „Rasse" (Tab. 3.2).

Wie bereits erwähnt, waren Soziologen unter der Apartheid in ihrer Forschungstätigkeit eingeschränkt. Die akademische Freiheit der Soziologen wurde auf verschiedene Weise beschnitten: Zensur, eingeschränkte Vereinigungs- und Meinungsfreiheit, eingeschränkter Zugang zu geografischen Gebieten und Teilnehmern in den Homelands und schwarzen Stadtgebieten, Beschlagnahme von Forschungsunterlagen durch die Polizei und Schikanen (Hare & Savage, 1979; Savage, 1981; Welsh, 1981; Taylor, 1989). Viele Veröffentlichungen wurden zu dieser Zeit verboten (Hare & Savage, 1979). Dazu gehörten Bücher, Zeitschriften, Berichte und andere Materialien, die für die Forschung von Soziologen wertvoll sind.[29] Es gab viele Fälle, in denen die Polizei wertvolle Forschungsnotizen, transkribierte Interviews und anderes Material von Sozialwissenschaftlern beschlagnahmte. Die vom Apartheidregime auferlegte Zensur hinderte die Wissenschaftler daran, mit internationalen Entwicklungen auf diesem Gebiet in Kontakt zu treten und sich intellektuell zu engagieren (Hare & Savage, 1979; Moodie, 1994). Dies hinderte Akademiker, insbesondere Sozialwissenschaftler, an der Durchführung von Forschungsarbeiten zur Gewinnung neuer Erkenntnisse in ihren jeweiligen Interessengebieten. Einige Forschungseinheiten profitierten von der geheimen Finanzierung durch den Staat, was nach Ansicht von Savage (1981) die freie und unabhängige soziologische Forschung im Land untergrub.[30]

In den Jahren der Apartheid litt die Soziologie unter ihrer Fähigkeit, die Gesellschaft zu verändern, indem sie ihre eigenen theoretischen Konstrukte entwickelte, um die sozialen Realitäten zu verstehen, und sie verlor ihre Unabhängigkeit vom Staat und von den Unternehmen (Human, 1984). Während die Menge der von Soziologen während der Apartheid durchgeführten Forschung bemer-

---

[29] Das Ausmaß dieser Maßnahme wurde deutlich, als schätzungsweise 18.000 Bücher verboten wurden, darunter viele soziologische Klassiker und Schriften über Marxismus und afrikanischen Nationalismus (Savage, 1981).

[30] Mindestens drei Forschungseinheiten erhielten geheime Mittel. Eine davon (das Institute for the Study of Plural Societies) wurde von dem Soziologen Nic Rhoodie geleitet.

kenswert war, gab es Bedenken hinsichtlich der Art und des Schwerpunkts der Forschung. Das soziologische Wissen, das während der Apartheidzeit produziert wurde, war nach Human (1984) fragmentiert, atheoretisch und ideologisch. Nur sehr wenig war von grundlegender Natur und es leistete keinen wesentlichen Beitrag zum Bereich der „Rassen" beziehungen (Pollak 1968, zitiert in Savage, 1981, S. 49). Die kritische soziologische Forschung in diesem Land blieb begrenzt, und es gab nicht viele Soziologen, die diese Art von Forschung betreiben konnten (Taylor, 1989).

In den 1980er-Jahren verstärkte sich das Interesse der Soziologen an einer Reihe aktueller Themen. Diese Themen waren breit gefächert: Arbeitsstudien, Kultur, Geschlecht, „Rasse", Klasse und Gesundheit (Webster, 1997). Wie die Analyse der Veröffentlichungen in der Zeitschrift der *SAJS* zeigt, handelte es sich bei einem großen Teil der Publikationen entweder um Rezensionen oder Kommentare zu Theorien westlicher Soziologen (Oosthuizen, 1991a). Dies veranlasste Oosthuizen zu der Feststellung, dass südafrikanische Soziologen nicht viel unternahmen, um eigene soziologische Theorien zu entwickeln, was ein großes Manko ihrer Forschung darstellte. Die meisten theoretischen Arbeiten südafrikanischer Soziologen waren entweder Interpretationen oder Bewertungen der Theorien anderer Soziologen (Oosthuizen, 1991a). Die Daten aus den Fachzeitschriften und WoS bestätigen dies.

Die Authentizität der Forschung, die unter der Kontrolle und Überwachung des Staates durchgeführt wurde, war in vielen Fällen fragwürdig. Sie war auch dafür bekannt, dass soziale Fragen, insbesondere solche, die schwarze Gemeinschaften betreffen, nicht eingehend analysiert wurden (Zegeye & Motsemme, 2004). Wissen, das unter Missachtung von wissenschaftlicher Strenge, Objektivität und Verfahren produziert wird und von externen Faktoren beeinflusst ist, kann nicht als wertvoll angesehen werden. Sein Nutzen für den Aufbau weiteren Wissens ist minimal, wenn nicht gar unerheblich.

Die Trennung der Universitäten aufgrund von „Rasse" und Sprache behinderte den akademischen Austausch zwischen den Soziologen an diesen Universitäten (Olzak, 1990). Die Soziologen in Südafrika bildeten unterschiedliche Berufsorganisationen (auf der Grundlage der „Rasse") und brachten ihre eigenen Zeitschriften heraus, um soziologische Forschung zu veröffentlichen. In der Zeit der Apartheid gab es unterschiedliche Soziologien. Es gab zwei Berufsverbände, die auf der Grundlage der Rassentrennung gegründet wurden und die die Mitgliedschaft für Soziologen beschränkte, und damit ihre beruflichen Aktivitäten. Der erste Berufsverband, der im Land gegründet wurde, war die Suid Afrikaanse Sociologie Vereniging (SASOV), d. h. die South African Sociological Association (SASA) im

Jahr 1968.³¹ Die Mitgliedschaft in dieser Organisation war auf Weiße beschränkt. Die Rassenklausel wurde schließlich 1977 nach mehreren erfolglosen Versuchen gestrichen. Die Bemühungen zur Gründung dieser Vereinigung gingen von drei prominenten Soziologen aus – E. Batson (University of Cape Town), O. J. M. Wagner (University of Witwatersrand) und S. P. Cilliers (Stellenbosch University) (Ally et al., 2003). Ironischerweise mussten sie die Organisation verlassen, als sie sich auf eine Mitgliedschaft nur für Weiße zubewegte. Die Mitglieder der SASA waren Soziologen von afrikaanssprachigen Universitäten. Drei Jahre später, 1971, wurde auf einer Tagung in Mosambik die Association for Sociology in Southern Africa (ASSA) gegründet, eine nicht-rassische Vereinigung.³² Diese beiden Organisationen – ASSA und SASA – bestanden mit zusammen 70 Mitgliedern (Lever, 1981). Zum Zeitpunkt ihrer Gründung hatten sie zwei Hauptaufgaben. Erstens die Organisation von Konferenzen, auf denen Soziologen zusammentreffen und ihre Arbeiten vorstellen konnten. Zweitens: die Veröffentlichung einer Zeitschrift. Obwohl das *South African Journal of Sociology* nicht die offizielle Zeitschrift der SASA war, arbeitete die Vereinigung eng mit ihrer Produktion zusammen, die vom Department of National Education finanziert wurde, das für die weiße Bildung im Land verantwortlich war (Hare & Savage, 1979). Mit der Gründung von ASSA zog sie eine vielfältige Mitgliedschaft an. Dies wurde auf der ersten ASSA-Konferenz in Mosambik (Lourenco Marques, heute Maputo) deutlich. Obwohl die Teilnehmer überwiegend aus Südafrika stammten, war der Kongress ein bedeutender Erfolg für die Soziologie. Auf diesem Kongress wurde beschlossen, eine neue Vereinigung für alle qualifizierten Soziologen zu gründen, ohne Vorurteile über irgendwelche diskriminierenden Parameter. Auf den frühen Kongressen der ASSA waren auch Teilnehmer aus afrikanischen Nachbarländern wie Malawi, Angola und Rhodesien (heute Simbabwe) vertreten (Lever, 1981).

---

³¹ Jubber (2007) berichtet, dass die Bemühungen der Soziologen um die Gründung eines eigenen Berufsverbandes 1964 begannen, als der Gemeinsame Universitätsausschuss für Soziologie und Sozialarbeit im südlichen Afrika die Möglichkeiten zur Gründung eines soziologischen Verbandes untersuchte. Etwa 18 Soziologen trafen sich 1966 an der Stellenbosch University, und einige von ihnen wollten im Einklang mit der Regierungspolitik einen Verband nur für Weiße gründen (Jubber, 2007).

³² Die ASSA war als regionaler Verband von Soziologen im südlichen Afrika gedacht und organisierte ihre Aktivitäten mit dem Ziel, die regionale Zusammenarbeit von Soziologen zu fördern. Aufgrund der politischen Unruhen im Land verließen viele der regionalen Mitglieder aus anderen Ländern des südlichen Afrikas die Organisation und sie wurde 1988 zu einem Verband für südafrikanische Soziologen, der Association for Sociology in South Africa (Hindson, 1989).

Die Differenzen zwischen den beiden Verbänden hielten unvermindert an und verschärften sich sogar noch bis Anfang der 1990er-Jahre. Sie wurden als „akademische" Soziologen und „ideologische" Soziologen bezeichnet, um ihre Zugehörigkeit zu SASA und ASSA und ihre Zugehörigkeit zu Afrikaans- bzw. englischsprachigen Universitäten zu unterscheiden (van der Merwe, 1983). Sie verfolgten unterschiedliche fachliche, ideologische und politische Richtungen (Jubber, 2007). Sie veranstalteten getrennte Kongresse, gaben unterschiedliche Zeitschriften heraus und verwendeten unterschiedliche Sprachen. Später, 1993, fusionierten SASOV und ASSA zur South African Sociological Association (SASA).[33]

Es wird argumentiert, dass der Status der Soziologie vor dem Zeitraum von 1994 ein Fortschritt war und seitdem ein Rückgang zu verzeichnen ist (Alexander et al., 2006). Dies muss im Licht der Fakten geprüft werden.

Das Wachstum des Fachs hat sich auf das soziologische Wissen ausgewirkt, das es hervorgebracht hat. Zwischen den 1960er- und den 1980er-Jahren war ein deutliches Wachstum des Fachs im Land zu verzeichnen. In diesem Zeitraum stiegen die Zahl der soziologischen Fakultäten, die Zahl der Studenten, die sich für ein Soziologiestudium auf verschiedenen Ebenen einschrieben, und die Zahl der Soziologen an den Universitäten und Forschungszentren (Jubber, 2007). Wie Jubber (2007) feststellt, bot dies der Disziplin die Möglichkeit, ihre Lehre und Forschung zu erweitern und aktuelle Interessengebiete aufzugreifen. Trotz der Aufteilung der Soziologen nach der Art der Universität (Afrikaans oder Englisch), der sie angehörten, expandierte das Fach. Die Ausbreitung der Soziologie als Disziplin in den 1960er-Jahren führte, wie Ally et al. (2003) berichten, auch zu ihrer Institutionalisierung und Professionalisierung. Die Professionalisierung der Soziologie spielte auch in den Köpfen der Soziologen eine Rolle, was sich in der Zeit der Apartheid auf Konferenzen niederschlug.[34] Im *South African Journal of Sociology* wurden Artikel veröffentlicht, die sich mit den Komponenten der Professionalisierung der Soziologie im Land befassten. Damit wurde die Disziplin auf eine solide Grundlage gestellt, um sich zu etablieren. Es gab einige soziologische Hauptforschungsbereiche, die in dieser Zeit florierten: „Rassen"- und ethnische Beziehungen, Arbeitsstudien, die Soziologie der Arbeit und politische Fragen (Jubber, 2007; Webster, 1999).

---

[33] Die Rolle der International Sociological Association (ISA) spielte bei dieser Fusion eine wichtige Rolle. Die ISA lehnte die gemeinsame Mitgliedschaft dieser beiden Vereinigungen ab, was die Diskussionen über eine Fusion erleichterte (Uys, 2006).
[34] Auf dem fünften Jahreskongress der SASA, der im Januar 1973 in Pretoria stattfand, kam dieses Thema zur Sprache.

In einer der Berechnungen zu den Soziologie-Dozenten an einer südafrikanischen Universität berichten Hare und Savage (1979), dass 16 der 106 Dozenten ihren höchsten Abschluss in einem anderen Land als Südafrika erworben haben. Dies entspricht etwa 15 % des gesamten Soziologiepersonals im Jahr 1975, das überwiegend im Vereinigten Königreich studierte. Südafrikanische Soziologen hatten in den 1980er-Jahren nur wenig Kontakt mit der internationalen Gemeinschaft der Soziologen (Oosthuizen, 1991b). Dies waren zwar die potenziellen Keime für die Internationalisierung der Disziplin, aber es gab auch erschwerende Ereignisse, die die Disziplin an solchen Möglichkeiten hinderten. Ein wichtiges Ereignis, das die südafrikanische Soziologie aus dem Rampenlicht der internationalen Szene verdrängte, war der von der internationalen Gemeinschaft verhängte akademische Boykott. Dieser Boykott betraf nicht nur die Soziologie, sondern auch andere Disziplinen und vor allem die wissenschaftlichen Disziplinen.[35] Während der Hochphase der Apartheid wurde die südafrikanische Soziologie durch die geringe Beteiligung an internationalen Debatten geschwächt (Alexander et al., 2006). Die akademische Isolation von der internationalen Gemeinschaft der Soziologen distanzierte die südafrikanischen Soziologen von aktuellen Entwicklungen und wirkte sich negativ auf die soziologische Forschung im Land aus (Olzak, 1990). Dies geschah trotz der besonderen Merkmale der südafrikanischen Gesellschaft, die über eine Fülle von Sozialdaten verfügt.

Die Soziologen waren sehr daran interessiert, mit ihren internationalen Kollegen in Kontakt zu bleiben. Dies wurde auf verschiedene Weise deutlich. Das *South African Journal of Sociology* hat seit seiner ersten Ausgabe Interesse an dieser Verbindung gezeigt. In der ersten Ausgabe der Zeitschrift hieß es, man wolle die Kontakte mit anderen Sozialwissenschaftlern, die außerhalb Südafrikas leben, fortsetzen und aufrechterhalten (South African Journal of Sociology, 1970).

Im folgenden Abschnitt wird eine Analyse soziologischer Veröffentlichungen aus ausgewählten soziologischen Fachzeitschriften durchgeführt.

## Forschungsveröffentlichungen

Während der Apartheid wurden die Arbeiten von Soziologen und anderen Sozialwissenschaftlern in Form von Berichten, Büchern und Zeitschriftenartikeln veröffentlicht. Es gab einige wenige Zeitschriften, in denen Soziologen ihre Forschungsergebnisse veröffentlichten. Das *South African Journal of Sociology* (*Die Suid-Afrikaanse Tydskrif vir Sosiologie*), eine dreisprachige (Afrikaans, Nieder-

---

[35] Für eine Diskussion über den akademischen Boykott siehe Nordkvelle (1990).

ländisch und Englisch) Fachzeitschrift für Soziologie, wurde im November 1970 gegründet. Sie war die offizielle Zeitschrift der 1968 gegründeten soziologischen Vereinigung SASA. Es war die erste Zeitschrift für Soziologen und sollte als Kommunikationsmedium für lokale Soziologen dienen. Sie veröffentlichte soziologische Originalarbeiten und Übersichtsartikel, die Entwicklungen und neue Perspektiven in der Disziplin darstellten, ohne jedoch eine bestimmte methodologische Ausrichtung zu bevorzugen (Oosthuizen, 1991a). Die erste Ausgabe enthielt acht Beiträge von Autoren aus dem In- und Ausland. Einige von ihnen befassten sich mit Soziologie, Theorie und Methodologie, andere mit sozialen Fragen. Die folgenden Ausgaben des Jahres enthielten Beiträge über Urbanisierung, Migration, „rassen" übergreifenden Nationalismus, Volk und Staat, rassistische Einstellungen, Migration, Arbeit, Modernisierung, Armut und Professionalisierung der Soziologie.

Die Zeitschrift *Social Dynamics*, die seit 1975 herausgegeben wird und als Teil der ASSA gilt, war eine weitere Möglichkeit für Soziologen, ihre Forschungsergebnisse zu veröffentlichen. *Social Dynamics* wurde von der Fakultät für Sozialwissenschaften der University of Cape Town herausgegeben. Sie war als Zeitschrift für Beiträge aus allen sozialwissenschaftlichen Disziplinen, einschließlich der Soziologie, und von Autoren aus dem südlichen Afrika gedacht. Sie veröffentlichte Beiträge zu Themen, die von Konflikten über ethnische Fragen bis hin zur Industrialisierung reichten. Die *South African Sociological Review,* die offizielle Zeitschrift der ASSA, brachte ihren ersten Band im Oktober 1988 heraus. Wie in ihrem ersten Leitartikel angekündigt, sollte die Zeitschrift das Problem beheben, dass ein Großteil der Arbeit der soziologischen Gemeinschaft im akademischen und öffentlichen Bereich kaum sichtbar ist (South African Sociological Review, 1988). Die Zeitschrift sollte neue und innovative Vorschläge in allen Bereichen der Disziplin fördern und sich dabei auf die sozialen Probleme Südafrikas konzentrieren. Die ersten Ausgaben der Zeitschrift enthielten Beiträge über Geschlechterfragen, schwarze Arbeitnehmer, Soziologie, Gewerkschaften, Wohnungsbau und Urbanisierung. Obwohl beide Verbände (SASA und ASSA) zu einem einzigen Verband, der South African Sociological Association, zusammengelegt wurden, erschienen beide Zeitschriften, *SATS/SAJS* und *South African Sociological Review*, bis 1995 weiter (Jubber, 2007).

*Transformation: Critical Perspectives on Southern Africa*, die seit 1985 veröffentlicht wird, war keine soziologische Zeitschrift, aber Soziologen fanden es akzeptabel, ihre Forschungsarbeiten in ihr einzureichen. Ziel der Zeitschrift war es, ein Forum für Debatten über die südafrikanische Gesellschaft und die umliegende Region zu bieten. Die 1971 gegründete Zeitschrift *Humanitas* veröffentlichte ebenfalls Beiträge von Soziologen aus dem Land. Eine Reihe soziologischer Arbeiten erschien auch in der Zeitschrift *Development Southern Africa*, die seit 1984 veröffentlicht wird. Alle diese Zeitschriften wurden hier für die szientometrische Analyse herangezogen. Es sei darauf hingewiesen, dass es noch einige andere Zeitschriften gab, in denen Soziologen ihre Forschungsarbeiten veröffentlichen konnten.[36]

Nach der Bereinigung und Aufbereitung standen schließlich 596 Veröffentlichungen (aus dem *South African Journal of Sociology, Social Dynamics, South African Sociological Review, Transformation, Humanitas* und *Development Southern Africa*) für die Analyse der soziologischen Forschung im Zeitraum 1970 bis 1993 zur Verfügung. Um die Trends zu verfolgen, wurden diese Veröffentlichungen in vier gleiche Zeiträume von jeweils sechs Jahren eingeteilt. Es wurden nur Forschungsarbeiten in die Analyse einbezogen. Die Veröffentlichungen wurden entweder von Soziologen oder von anderen Personen verfasst, die mit ihrer Arbeit zur soziologischen Forschung beigetragen haben. Die ersten Merkmale dieser Veröffentlichungen sind in Tab. 3.1 dargestellt.

Bis 1975 gab es nicht viele Veröffentlichungen von Soziologen oder Sozialwissenschaftlern, die sich mit soziologischen Themen befassten. In den Jahren 1970–1975 waren es nur 18 % der Veröffentlichungen, die in den Folgejahren schrittweise zunahmen. Bis zum Ende der Apartheid stieg die Zahl der Veröffentlichungen um 33 %, was einen Anstieg von 83 % gegenüber dem ersten Zeitraum 1970–1975 bedeutet. Ein großer Teil (zwei Drittel) der für die Analyse berücksichtigten soziologischen Veröffentlichungen wurde im *South African Journal of Sociology* veröffentlicht. Die zweithöchste Zahl an Veröffentlichungen wies *Social Dynamics* auf.

Im Durchschnitt waren 1,19 Autoren pro Veröffentlichung an diesen Zeitschriften beteiligt. In den vier untersuchten Zeiträumen variierte diese Zahl nicht signifikant, wie der ANOVA-Test zeigt. Ein leichter Anstieg der Anzahl der Autoren pro Veröffentlichung wurde in den Jahren 1982–1987 festgestellt. Die „Rasse" aller Autoren wurde für jede Veröffentlichung zusammengefasst und für jede „Rassen"gruppe gezählt. Die Durchschnittszahlen waren 1,09 weiße, 0,05 afrikanische und 0,05 indische Autoren. Während der Anteil der weißen Autoren in all diesen Jahren gleich blieb, gab es bei den afrikanischen Autoren in den untersuchten Zeiträumen erhebliche Veränderungen. Von einem Durchschnittswert von Null stieg der Anteil afrikanischer Autoren bis 1993 schrittweise auf 0,1 Autoren an. Bei den

---

[36] Dazu gehören *Acta Academia, Annual Review of Sociology, Journal of Black Studies, Indicator, Industrial and Labour Relations Review, Industrial Relations Journal of South Africa, Tydskrif vir Geesteswetenskappe (Zeitschrift für die Geisteswissenschaften), South African Journal of Labour Relations, South African Labour Bulletin* und *Work in Progress*.

Forschungsveröffentlichungen 57

**Tab. 3.1** Veröffentlichungen in ausgewählten Fachzeitschriften, 1970–1993

| Eigenschaften | 1970–1975 | | 1976–1981 | | 1982–1987 | | 1988–1993 | | Alle | |
|---|---|---|---|---|---|---|---|---|---|---|
| | Nein. | % | Nein. | % | Nein. | % | Nein. | % | Nein. | % |
| Anzahl der Veröffentlichungen | 109 | 18,3 | 127 | 21,3 | 164 | 27,5 | 196 | 32,9 | 596 | 100 |
| *Veröffentlichungen in Fachzeitschriften* | | | | | | | | | | |
| *South African Journal of Sociology* | 67 | 61,5 | 75 | 59,1 | 96 | 58,5 | 120 | 61,2 | 358 | 60,1 |
| *South African Sociological Review* | 0 | 0,0 | 0 | 0,0 | 0 | 0,0 | 22 | 11,2 | 22 | 3,7 |
| *Development Southern Africa* | 0 | 0,0 | 0 | 0,0 | 26 | 15,9 | 21 | 10,7 | 47 | 7,9 |
| *Social Dynamics* | 9 | 8,3 | 31 | 244 | 41 | 25,0 | 20 | 10,2 | 101 | 16,9 |
| *Transformation* | 0 | 0,0 | 0 | 0,0 | 1 | 0,6 | 13 | 6,6 | 14 | 2,3 |
| *Humanitas* | 33 | 30,3 | 21 | 16,5 | 0 | 0,0 | 0 | 0,0 | 54 | 9,1 |
| | Mittlere | S. D. | Mittlere | S. D. | Mittlere | S. D. | Mittlere | S. D. | Mittlere | S. D. |
| Anzahl der Autoren (ANOVA: F = 1,359, df = 3, p = 0,254) | 1,17 | 0,40 | 1,13 | 0,40 | 1,23 | 0,56 | 1,20 | 0,47 | 1,19 | 0,47 |
| *„Rasse" der Autoren* | | | | | | | | | | |
| Anzahl aller weißen Autoren (ANOVA: F = 1,489, df = 3, p = 0,217) | 1,13 | 0,45 | 1,08 | 0,43 | 1,15 | 0,58 | 1,04 | 0,59 | 1,09 | 0,53 |
| Anzahl aller afrikanischen Autoren (ANOVA: F = 5,215, df = 3, p = 0,001) | 0,00 | 0,00 | 0,02 | 0,13 | 0,04 | 0,19 | 0,10 | 0,36 | 0,05 | 0,24 |
| Anzahl aller indischen Autoren (ANOVA: F = 1,388, df = 3, p = 0,246) | 0,03 | 0,16 | 0,02 | 0,15 | 0,05 | 0,22 | 0,07 | 0,31 | 0,05 | 0,23 |
| *Sektor der Zugehörigkeit der Autoren* | | | | | | | | | | |
| Anzahl der Hochschulbereiche (ANOVA: F = 0,888, df = 3, p = 0,447) | 0,94 | 0,59 | 0,88 | 0,59 | 0,90 | 0,68 | 0,98 | 0,65 | 0,93 | 0,63 |

(Fortsetzung)

**Tab. 3.1** (Fortsetzung)

| Eigenschaften | 1970–1975 | | 1976–1981 | | 1982–1987 | | 1988–1993 | | Alle | |
|---|---|---|---|---|---|---|---|---|---|---|
| | Nein. | % | Nein. | % | Nein. | % | Nein. | % | Nein. | % |
| Anzahl der Forschungsinstitute (ANOVA: $F = 0{,}406$, df = 3, $p = 0{,}749$) | 0,10 | 0,38 | 0,12 | 0,37 | 0,14 | 0,38 | 0,15 | 0,40 | 0,13 | 0,38 |
| Anzahl der anderen Sektoren (ANOVA: $F = 1{,}314$, df = 3, $p = 0{,}269$) | 0,11 | 0,31 | 0,05 | 0,21 | 0,09 | 0,31 | 0,06 | 0,26 | 0,08 | 0,28 |
| *Umfang der Veröffentlichungen* | | | | | | | | | | |
| Seitenlänge der Veröffentlichungen (ANOVA: $F = 1{,}122$, df = 3, $p = 0{,}340$) | 11,5 | 5,90 | 12,52 | 5,30 | 11,36 | 6,02 | 12,32 | 8,01 | 11,95 | 6,60 |

indischen Autoren schwankte der Mittelwert um 0,05, ohne signifikante Veränderungen zwischen den Analysejahren.

Auffällig ist, dass die Autoren der Veröffentlichungen zwei Arten von Organisationen angehören, nämlich Universitäten und Forschungsinstituten. Die meisten Autoren kamen von Universitäten, gefolgt von Forschungsinstituten und anderen Sektoren. Einige wenige gehörten auch der Regierung und der Industrie an, die zu den anderen Sektoren gezählt wurden. Über die Jahre hinweg waren keine besonderen Trends zu erkennen. Das in diesen Zeitschriften während des gesamten Zeitraums veröffentlichte Material entsprach 7024 Druckseiten unterschiedlichen Umfangs (da die Zeitschriften nicht den gleichen Umfang hatten). Der durchschnittliche Umfang der Veröffentlichung betrug etwa 12 Seiten. Die Länge der Veröffentlichungen wird in der Regel von der Zeitschrift vorgegeben, was hier jedoch nicht der Fall zu sein scheint. Die Bandbreite des Umfangs der Veröffentlichungen lag zwischen 2 und 50 Seiten. Der statistische Test ergab keine charakteristische Veränderung im Laufe des Zeitraums.

Die Forschungsbereiche der Veröffentlichungen in diesen Zeitschriften wurden für die Analyse in überschaubare Gruppen zusammengefasst (Tab. 3.2). Einige Bereiche waren zahlenmäßig auffälliger als andere. Etwa 17 % der Veröffentlichungen befassten sich mit soziologischen, sozialwissenschaftlichen und methodischen Themen. Nahezu gleichauf lagen Veröffentlichungen, die sich mit den Themen Arbeit, Industrie, Migration und Beruf befassten. Auf großes Interesse stießen die Themen Familie, Ehe, Bevölkerung, Kinder und Jugend. Dies waren die drei anderen großen Forschungsbereiche in dieser Zeit. Weitere Untersuchungsbereiche waren Apartheid, Entwicklung, städtische Probleme, Gemeindestudien, „Rasse", Religion, Kriminalität, Einstellungen und soziale Probleme. Die meisten Veröffentlichungen (71 %) befassten sich mit südafrikanischen Themen, Fragen und Problemen.

**Tab. 3.2** Forschungsgebiete der Veröffentlichungen in ausgewählten Zeitschriften, 1970–1993

| Forschungsbereiche | 1970–1975 | | 1976–1981 | | 1982–1987 | | 1988–1993 | | Alle | |
|---|---|---|---|---|---|---|---|---|---|---|
| | Nein. | % | Nein. | % | Nein. | % | Nein. | % | Nein. | % |
| Soziologie, Sozialwissenschaften und Methodologie | 10 | 9,2 | 27 | 21,3 | 36 | 22,0 | 29 | 14,9 | 102 | 17,1 |
| Arbeit, Arbeitsbeziehungen, Migration und Beschäftigung | 28 | 25,7 | 16 | 12,6 | 21 | 12,8 | 30 | 15,4 | 95 | 16,0 |

(Fortsetzung)

**Tab. 3.2** (Fortsetzung)

| Forschungsbereiche | 1970–1975 Nein. | % | 1976–1981 Nein. | % | 1982–1987 Nein. | % | 1988–1993 Nein. | % | Alle Nein. | % |
|---|---|---|---|---|---|---|---|---|---|---|
| Familie, Haushalte, Ehe, Scheidung, Bevölkerung, Kinder und Jugendliche | 15 | 13,8 | 9 | 7,1 | 19 | 11,6 | 35 | 17,9 | 78 | 13,1 |
| Staat, Apartheid und Demokratie | 2 | 1,8 | 7 | 5,5 | 7 | 4,3 | 15 | 7,7 | 31 | 5,2 |
| Entwicklung, Urbanisierung, Planung und Industrialisierung | 11 | 10,1 | 6 | 4,7 | 4 | 2,4 | 7 | 3,6 | 28 | 4,7 |
| Gemeinschaftsstudien, informelle Siedlungen, Entwicklung von Städten und Gemeinden | 5 | 4,6 | 13 | 10,2 | 2 | 1,2 | 4 | 2,1 | 24 | 4,0 |
| Rennen | 4 | 3,7 | 6 | 4,7 | 8 | 4,9 | 2 | 1,0 | 20 | 3,4 |
| Religion und Kultur | 2 | 1,8 | 3 | 2,4 | 8 | 4,9 | 5 | 2,6 | 18 | 3,0 |
| Geschlecht, Sexualität und Frauenstudien | 0 | 0,0 | 2 | 1,6 | 4 | 2,4 | 11 | 5,6 | 17 | 2,9 |
| Kriminalität und Gewalt | 2 | 1,8 | 2 | 1,6 | 3 | 1,8 | 9 | 4,6 | 16 | 2,7 |
| Einstellung | 2 | 1,8 | 3 | 2,4 | 2 | 1,2 | 8 | 4,1 | 15 | 2,5 |
| Soziale Probleme (Drogen, Alkoholismus, Prostitution, Selbstmord usw.) | 3 | 2,8 | 3 | 2,4 | 5 | 3,0 | 3 | 1,5 | 14 | 2,4 |
| Gesundheit und medizinische Soziologie | 0 | 0,0 | 2 | 1,6 | 6 | 3,7 | 5 | 2,6 | 13 | 2,2 |
| Armut und Arbeitslosigkeit | 1 | 0,9 | 3 | 2,4 | 9 | 5,5 | 0 | 0,0 | 13 | 2,2 |
| Andere (Globalisierung, Technologie, Sport, usw.) | 24 | 22,0 | 25 | 19,7 | 30 | 18,3 | 32 | 16,4 | 111 | 18,7 |
| Südafrikanisches Forschungsthema | 78 | 73,6 | 83 | 66,9 | 104 | 65,8 | 150 | 77,3 | 415 | 71,3 |

Die institutionelle Zugehörigkeit der Autoren (bezogen auf den Erstautor) zeigt, dass die meisten Veröffentlichungen (13 %) von der HSRC und anderen Forschungsinstituten stammen. Etwa 11 % der Veröffentlichungen wurden von Wissenschaftlern der University of Cape Town verfasst. Weitere wichtige Einrichtungen waren die Universitäten von Natal, Rand Afrikaans University, Südafrika, Pretoria,

Witwatersrand, Stellenbosch und Durban-Westville, die 5–6 % der Veröffentlichungen produzierten. Eine beträchtliche Anzahl von Veröffentlichungen (8 %) stammte von Wissenschaftlern aus ausländischen Universitäten und Einrichtungen. Dieser Prozentsatz war höher als bei vielen anderen südafrikanischen Einrichtungen. Wissenschafter der Universitäten von Vista, Zululand, Free State, Port Elizabeth, Western Cape und Rhodes waren mit jeweils 1–2 % beteiligt.

Die Zählung der Institutionen für alle Autoren zeigt weitere Einzelheiten (Tab. 3.3). Wie bei den Erstautoren der Veröffentlichungen stehen die HSRC und die Forschungsinstitute bei der Anzahl der Veröffentlichungen an der Spitze der anderen Einrichtungen des Landes. Sie erreichten einen Mittelwert von 0,13 für alle Jahre. Zwischen den Jahresgruppen war der Beitrag stabil, ohne dass ein statistischer Unterschied erkennbar war. Die Reihenfolge der Produktion umfasste die Universitäten von Kapstadt, Free State, Südafrika, Pretoria, Witwatersrand, Natal, Rand Afrikaans, Durban-Westville und Stellenbosch. Einige wenige HBUs (Bophuthatswana, Transkei, Vista, Venda und Zululand) produzierten gemeinsam Publikationen mit einem Mittelwert von 0,03. Ausländische Einrichtungen leisteten, wie bereits festgestellt, einen wichtigen Beitrag zum soziologischen Wissen, allerdings nicht speziell zu südafrikanischen Themen. Der Mittelwert für ausländische Wissenschaftler lag bei 0,06 für südafrikanische Themen gegenüber 0,17 für andere Themen.

**Tab. 3.3** Institutionelle und fachbereichsspezifische Anzahl (Mittelwert) aller Autoren in den ausgewählten Zeitschriften, 1970–1993

| Zählung auf Ebene der Einrichtung/Dienststelle | 1970–1975 | | 1976–1981 | | 1982–1987 | | 1988–1993 | | Alle | |
|---|---|---|---|---|---|---|---|---|---|---|
| | Mittlere | S. D. | Mittlere | S. D. | Mittlere | S. D. | Mittlere | S. D. | Mittlere | S. D. |
| *Einrichtung* | | | | | | | | | | |
| HSRC und andere Forschungseinrichtungen (ANOVA: $F = 0{,}802$, df = 3, $p = 0{,}493$) | 0,09 | 0,15 | 0,12 | 0,35 | 0,16 | 0,41 | 0,15 | 0,40 | 0,13 | 0,39 |
| University of Cape Town (ANOVA: $F = 3{,}195$, df = 3, $p = 0{,}023$) | 0,09 | 0,29 | 0,09 | 0,32 | 0,18 | 0,42 | 0,08 | 0,28 | 0,11 | 0,34 |
| University of Free State (ANOVA: $F = 1{,}112$, df = 3, $p = 0{,}344$) | 0,04 | 0,19 | 0,09 | 0,29 | 0,10 | 0,34 | 0,08 | 0,35 | 0,08 | 0,31 |
| University of South Africa (ANOVA: $F = 0{,}725$, df = 3, $p = 0{,}537$) | 0,10 | 0,33 | 0,05 | 0,25 | 0,07 | 0,31 | 0,06 | 0,27 | 0,07 | 0,29 |

(Fortsetzung)

**Tab. 3.3** (Fortsetzung)

| Zählung auf Ebene der Einrichtung/Dienststelle | 1970–1975 | | 1976–1981 | | 1982–1987 | | 1988–1993 | | Alle | |
|---|---|---|---|---|---|---|---|---|---|---|
| | Mittlere | S. D. | Mittlere | S. D. | Mittlere | S. D. | Mittlere | S. D. | Mittlere | S. D. |
| University of Pretoria (ANOVA: $F = 1{,}596$, df = 3, $p = 0{,}189$) | 0,12 | 0,40 | 0,06 | 0,24 | 0,05 | 0,22 | 0,06 | 0,26 | 0,07 | 0,28 |
| University of Witwatersrand (ANOVA: $F = 2{,}292$, df = 3, $p = 0{,}077$) | 0,07 | 0,30 | 0,06 | 0,24 | 0,03 | 0,17 | 0,10 | 0,32 | 0,07 | 0,27 |
| University of Natal (ANOVA: $F = 0{,}563$, df = 3, $p = 0{,}640$) | 0,08 | 0,28 | 0,09 | 0,28 | 0,07 | 0,27 | 0,05 | 0,22 | 0,07 | 0,26 |
| Rand Afrikaans University (ANOVA: $F = 1{,}445$, df = 3, $p = 0{,}229$) | 0,08 | 0,31 | 0,08 | 0,27 | 0,04 | 0,19 | 0,10 | 0,39 | 0,07 | 0,30 |
| University of Durban-Westville (ANOVA: $F = 5{,}178$, df = 3, $p = 0{,}002$) | 0,00 | 0,00 | 0,01 | 0,09 | 0,09 | 0,33 | 0,10 | 0,37 | 0,06 | 0,27 |
| Stellenbosch University (ANOVA: $F = 1{,}874$, df = 3, $p = 0{,}133$) | 0,07 | 0,30 | 0,03 | 0,18 | 0,04 | 0,19 | 0,08 | 0,29 | 0,06 | 0,24 |
| Bophuthatswana, Transkei, Vista, Venda und Zululand Universitäten (ANOVA: $F = 4{,}006$, df = 3, $p = 0{,}008$) | 0,02 | 0,14 | 0,00 | 0,00 | 0,02 | 0,16 | 0,08 | 0,35 | 0,03 | 0,22 |
| Potchefstroom University of CHE (ANOVA: $F = 1{,}929$, df = 3, $p = 0{,}124$) | 0,00 | 0,00 | 0,04 | 0,20 | 0,01 | 0,11 | 0,02 | 0,13 | 0,02 | 0,13 |
| Alle Einrichtungen (ANOVA: $F = 3{,}913$, df = 3, $p = 0{,}009$) | 1,07 | 0,42 | 1,00 | 0,33 | 1,08 | 0,43 | 1,16 | 0,48 | 1,09 | 0,43 |
| Ausländische Einrichtungen (ANOVA: $F = 1{,}185$, df = 3, $p = 0{,}314$) | 0,09 | 0,37 | 0,13 | 0,36 | 0,07 | 0,28 | 0,07 | 0,26 | 0,09 | 0,31 |
| *Fachbereich* | | | | | | | | | | |
| Fachbereich Soziologie für alle Autoren (ANOVA: $F = 13.407$, df = 3, $p = 0{,}000$) | 0,17 | 0,44 | 0,12 | 0,39 | 0,34 | 0,54 | 0,45 | 0,60 | 0,29 | 0,53 |

(Fortsetzung)

**Tab. 3.3** (Fortsetzung)

| Zählung auf Ebene der Einrichtung/Dienststelle | 1970–1975 | | 1976–1981 | | 1982–1987 | | 1988–1993 | | Alle | |
|---|---|---|---|---|---|---|---|---|---|---|
| | Mittlere | S. D. | Mittlere | S. D. | Mittlere | S. D. | Mittlere | S. D. | Mittlere | S. D. |
| Andere Fachbereiche für alle Autoren (ANOVA: $F = 21.782$, df = 3, $p = 0{,}000$) | 0,17 | 0,46 | 0,24 | 0,50 | 0,62 | 0,65 | 0,55 | 0,59 | 0,43 | 0,60 |
| Alle Fachbereiche für alle Autoren (ANOVA: $F = 68.300$, df = 3, $p = 0{,}000$) | 0,33 | 0,60 | 0,36 | 0,59 | 0,96 | 0,54 | 1,01 | 0,46 | 0,73 | 0,62 |
| Forschungseinheiten für alle Autoren (ANOVA: $F = 2{,}989$, df = 3, $p = 0{,}031$) | 0,12 | 0,40 | 0,14 | 0,37 | 0,26 | 0,52 | 0,22 | 0,43 | 0,19 | 0,44 |

Von den Institutionen wenden wir uns den Fachbereichen zu, um zu sehen, woher diese Wissenschaftler kamen. 40 % der Veröffentlichungen wurden von Wissenschaftlern in den soziologischen Fachbereichen verschiedener Einrichtungen im In- und Ausland verfasst. Dabei wurde nur der Erstautor berücksichtigt. Bei den Zweitautoren war der Prozentsatz mit 44 % für die soziologischen Fachbereiche etwas höher. Auch wenn nicht davon ausgegangen werden kann, dass es sich bei den Befragten um reine Soziologen handelte, so gab es doch viele, die einen anderen disziplinären Hintergrund hatten. Dies war aus den vorliegenden Daten nicht ersichtlich. Die Mehrheit (60 %) stammte aus anderen Fachbereichen als der Soziologie. Zwischen 1970 und 1975 stammten 52 % der Veröffentlichungen von Wissenschaftlern aus soziologischen Fakultäten, was bis zum Ende der Apartheid allmählich auf 43 % zurückging. In den Jahren 1976–1981 erreichte der Prozentsatz der Veröffentlichungen einen historischen Tiefstand von 31 %. Die kombinierte Kennzahl für alle Autoren zeigt außerdem, dass Soziologie-Autoren bei der Wissensproduktion hinter anderen Nicht-Soziologie-Wissenschaftlern zurückliegen (0,29 bzw. 0,43). Gleichzeitig stieg der Anteil der Soziologiefachbereiche an der Wissensproduktion an (von 0,17 in den Jahren 1970–1975 auf 0,45 in den Jahren 1988–1993, was jedoch bei der Zählung der Erstautoren von Veröffentlichungen nicht berücksichtigt wurde. Auch die Forschungsinstitute hatten einen großen Anteil (Tab. 3.3).

Die Einrichtungen hatten Präferenzen für bestimmte Forschungsbereiche. Diese Dimension der Forschung wurde bei einigen größeren Einrichtungen festgestellt (Tab. 3.4). Die Forschung im Bereich der Gesundheits- und Medizinsoziologie wurde an der HSRC und anderen Forschungsinstituten sowie an der University of

**Tab. 3.4** Forschungsbereiche in den wichtigsten Einrichtungen bei Veröffentlichungen in ausgewählten Zeitschriften, 1970–1993

| Forschungsbereiche | N | HSRC & andere Mittlere | S. D. | U of CapeTown Mittlere | S. D. | U of Natal Mittlere | S. D. | RandAfrikaans U Mittlere | S. D. | UNISA Mittlere | S. D. | University of Pretoria Mittlere | S. D. | Ausländische Mittlere | S. D. | Alle Mittlere | S. D. |
|---|---|---|---|---|---|---|---|---|---|---|---|---|---|---|---|---|---|
| Gesundheit Medizinische Soziologie | 13 | 0,15 | 0,38 | 0,15 | 0,38 | 0,00 | 0,00 | 0,00 | 0,00 | 0,08 | 0,28 | 0,08 | 0,28 | 0,00 | 0,00 | 1,38 | 0,65 |
| Einstellung | 15 | 0,33 | 0,62 | 0,07 | 0,26 | 0,07 | 0,26 | 0,00 | 0,00 | 0,13 | 0,35 | 0,00 | 0,00 | 0,07 | 0,26 | 1,33 | 0,49 |
| Armut, Arbeitslosigkeit | 13 | 0,00 | 0,00 | 0,31 | 0,48 | 0,31 | 0,48 | 0,00 | 0,00 | 0,00 | 0,00 | 0,00 | 0,00 | 0,15 | 0,38 | 1,23 | 0,60 |
| Geschlecht, Sexualität, Frauenforschung | 15 | 0,13 | 0,35 | 0,12 | 0,33 | 0,06 | 0,24 | 0,27 | 0,80 | 0,20 | 0,41 | 0,07 | 0,26 | 0,07 | 0,26 | 1,20 | 0,56 |
| Gemeinschaftsstudien, informelle Siedlung, Township, Gemeinschaftsentwicklung | 24 | 0,54 | 0,72 | 0,13 | 0,34 | 0,17 | 0,48 | 0,04 | 0,20 | 0,00 | 0,00 | 0,00 | 0,00 | 0,00 | 0,00 | 1,17 | 0,38 |
| Kriminalität, Gewalt | 15 | 0,27 | 0,46 | 0,07 | 0,26 | 0,00 | 0,00 | 0,07 | 0,26 | 0,07 | 0,26 | 0,20 | 0,41 | 0,07 | 0,26 | 1,13 | 0,35 |
| Familie, Haushalte, Ehe, Scheidung, Bevölkerung, Kinder, Jugend | 78 | 0,31 | 0,59 | 0,03 | 0,16 | 0,06 | 0,25 | 0,12 | 0,36 | 0,05 | 0,22 | 0,03 | 0,16 | 0,00 | 0,00 | 1,08 | 0,48 |

(Fortsetzung)

# Forschungsveröffentlichungen

| Forschungsbereiche | N | HSRC & andere Mittlere | S. D. | U of CapeTown Mittlere | S. D. | U of Natal Mittlere | S. D. | RandAfrikaans U Mittlere | S. D. | UNISA Mittlere | S. D. | University of Pretoria Mittlere | S. D. | Ausländische Mittlere | S. D. | Alle Mittlere | S. D. |
|---|---|---|---|---|---|---|---|---|---|---|---|---|---|---|---|---|---|
| Andere (Globalisierung, Technologie, Sport, usw.) | 107 | 0,06 | 0,23 | 0,12 | 0,36 | 0,06 | 0,23 | 0,08 | 0,31 | 0,07 | 0,28 | 0,12 | 0,38 | 0,11 | 0,37 | 1,08 | 0,39 |
| Soziologie, Sozialwissenschaften, Methodologie | 99 | 0,06 | 0,24 | 0,07 | 0,26 | 0,06 | 0,24 | 0,06 | 0,24 | 0,07 | 0,30 | 0,06 | 0,24 | 0,13 | 0,36 | 1,07 | 0,29 |
| Soziale Probleme (Drogen, Alkoholismus, Prostitution, Selbstmord) | 14 | 0,21 | 0,43 | 0,14 | 0,36 | 0,07 | 0,27 | 0,00 | 0,00 | 0,07 | 0,27 | 0,36 | 0,63 | 0,00 | 0,00 | 1,07 | 0,30 |
| Religion, Kultur | 17 | 0,06 | 0,24 | 0,06 | 0,24 | 0,00 | 0,00 | 0,00 | 0,00 | 0,18 | 0,53 | 0,06 | 0,24 | 0,12 | 0,33 | 1,06 | 0,24 |
| Arbeit, Arbeitsbeziehungen, Migration, Beruf | 89 | 0,09 | 0,29 | 0,17 | 0,41 | 0,11 | 0,31 | 0,07 | 0,29 | 0,11 | 0,38 | 0,06 | 0,28 | 0,04 | 0,21 | 1,04 | 0,54 |
| Entwicklung, Urbanisierung, Planung, Industrialisierung | 28 | 0,00 | 0,00 | 0,07 | 0,26 | 0,00 | 0,00 | 0,21 | 0,42 | 0,04 | 0,19 | 0,04 | 0,19 | 0,07 | 0,38 | 1,04 | 0,43 |
| Staat, Apartheid, Demokratie | 26 | 0,12 | 0,33 | 0,19 | 0,40 | 0,08 | 0,27 | 0,04 | 0,20 | 0,00 | 0,00 | 0,04 | 0,20 | 0,27 | 0,45 | 1,00 | 0,40 |
| „Rasse" | 20 | 0,10 | 0,31 | 0,25 | 0,55 | 0,05 | 0,22 | 000 | 0,00 | 0,00 | 0,00 | 0,00 | 0,00 | 0,25 | 0,55 | 1,00 | 0,46 |

Cape Town ernsthafter betrieben. Bis zu einem gewissen Grad waren solche Studien auch für die UNISA und die University of Pretoria von Bedeutung. Studien über Einstellungen fanden bei der HSRC und den Forschungsinstituten mehr Anklang als bei anderen Einrichtungen. Studien über Armut und Arbeitslosigkeit konzentrierten sich auf zwei Einrichtungen, die University of Cape Town und die University of Natal. Auch ausländische Einrichtungen zeigten ihr Interesse an diesem Forschungsbereich. Geschlechter- und Frauenfragen fanden an der Rand Afrikaans University und der UNISA mehr Beachtung als an allen anderen Einrichtungen.

Studien im Bereich Gemeinden und Townships wurden hauptsächlich an der HSRC und ähnlichen Forschungsinstituten durchgeführt. Kriminalität und verwandte Bereiche waren für die Wissenschaftler an der HSRC und den Forschungsinstituten sowie an der University of Pretoria von Interesse. Die University of Cape Town war im Bereich der Arbeitsstudien führend. Die University of Natal und die UNISA lagen dicht hinter der University of Cape Town. An der UNISA wurden mehr Forschungsarbeiten im Bereich Religion und Kultur durchgeführt als an allen anderen Einrichtungen. Neben der Geschlechter- und Frauenforschung spezialisierte sich die Rand Afrikaans University auf einen weiteren Bereich, nämlich auf städtische Fragen, Entwicklung und Industrialisierung. Die University of Cape Town und die University of Natal beschäftigten sich mit soziologischen Fragen der „Rasse". Auch ausländische Einrichtungen interessierten sich für Studien zu „Rasse" wie die über den Staat und die Apartheid. Zwei Institutionen (die University of Pretoria und die HSRC) brachten eine große Anzahl von Studien zu einer Vielzahl sozialer Probleme heraus.

Bei den Forschungsschwerpunkten zeigte sich, dass die soziologischen Fakultäten mehr Forschung im Bereich der Gesundheits- und Medizinsoziologie betrieben als andere Fakultäten (Mittelwerte von 0,69 bzw. 0,46). Ein weiterer Bereich, in dem die soziologischen Fachbereiche einen Vorsprung gegenüber anderen Fachbereichen hatten, war die Soziologie, Sozialwissenschaften und Methodologie (0,43 gegenüber 0,25). Ein höherer Prozentsatz der Arbeitsstudien gehörte zu anderen Fachbereichen als zur Soziologie (0,41 und 0,33). Auch die Bereiche Familie und Bevölkerung, Entwicklung und Verstädterung, Staat und Apartheid, Gemeinschaftsstudien, „Rasse", Verbrechen und Gewalt, Geschlecht, soziale Probleme sowie Armut und Beschäftigung wurden größtenteils von Wissenschaftlern aus nicht-soziologischen Fachbereichen bearbeitet. Die wichtigsten nicht-soziologischen Fachbereiche waren Psychologie, Wirtschaftswissenschaften und Geografie, die einen Anteil von 0,05, 0,03 bzw. 0,03 hatten.

Die Soziologen verfolgten unterschiedliche methodologische Ansätze. Diese Ansätze waren auch charakteristisch für die Forschungsbereiche. In der Reihenfolge der Zahlen lassen sich drei Hauptansätze ausmachen: theoretische Arbeiten

(55 %), Arbeiten, die qualitative Daten verwendeten (24 %), und Arbeiten, die auf primären oder sekundären quantitativen Daten basierten (20 %). Ein vernachlässigbarer Prozentsatz entfiel auf eine gemischte Methodik. In den Forschungsbereichen war eine große Anzahl von Arbeitsstudien eher qualitativ (42 %) und theoretisch (36 %) als quantitativ. Es gab einige Veröffentlichungen (22 %), die sich bei der Untersuchung der Arbeit auf quantitative Informationen stützten. Etwa 90 % der Veröffentlichungen, die sich mit Fragen der Soziologie, der Sozialwissenschaften und der Methodik befassten, waren theoretisch. Studien über Einstellungen waren größtenteils quantitativ (80 %), und dasselbe galt für soziale Probleme (64 %). Die meisten Studien über Familie, Fruchtbarkeit und Bevölkerung waren entweder theoretisch (45 %) oder quantitativ (30 %). Ein Viertel der im Bereich Geschlecht und Frauen durchgeführten Untersuchungen waren quantitativ, während die Untersuchungen zur Kriminalität größtenteils unter qualitative Methoden fielen (44 %).

Die methodischen Ausrichtungen der Einrichtungen sind aus den Daten in Tab. 3.5 ersichtlich. Quantitative methodische Ansätze wurden von der HSRC und den Forschungszentren in hohem Maße bevorzugt, mehr noch als von anderen einzelnen Einrichtungen im Land. Die durchschnittliche Anzahl der Institutionen, die quantitative Methoden bevorzugten, war bei der HSRC und anderen Forschungsinstituten am höchsten (0,25). Der Unterschied zwischen den Methoden für die HSRC und die Forschungsinstitute war statistisch signifikant, was die Stärke der HSRC in der quantitativen Forschung zeigt. Die Rand Afrikaans University hatte einen Wert von 0,12 für quantitative Veröffentlichungen. Qualitative Studien wurden eher mit der University of Cape Town in Verbindung gebracht und dann mit der HSRC und den Forschungsinstituten. An der University of Cape Town wurden auch die meisten theoretischen Arbeiten veröffentlicht. Aus diesen Daten lassen sich auch methodische Präferenzen oder Stärken dieser ausgewählten Einrichtungen ablesen. So produzierte die University of Cape Town mehr qualitative und theoretische Veröffentlichungen als solche, die quantitative Daten und Methoden verwendeten, die University of Natal hatte einen kleinen Vorsprung bei quantitativen gegenüber qualitativen und theoretischen Studien, die Rand Afrikaans University und die UNISA waren stark bei quantitativen und theoretischen Veröffentlichungen, und die University of Pretoria zog qualitative Studien anderen Methoden vor.

Ein weiterer Datensatz aus dem WoS wurde verwendet, um diese Analyse für denselben Zeitraum der Apartheid zu ergänzen. Die Analyse stützt sich auf die Veröffentlichungen südafrikanischer Wissenschaftler, die in der WoS-Datenbank in der Kernsammlung aufgeführt sind. Der Unterdatensatz des Social Sciences Citation Index (1956-gegenwärtig) ist für die Analyse der soziologischen For-

**Tab. 3.5** Methodische Ausrichtung und Institutionen der Veröffentlichungen in ausgewählten Zeitschriften, 1970–1993

| Methodik | N | HSRC & andere[a] Mittlere | S. D. | U of Cape Town Mittlere | S. D. | U of Natal[c] Mittlere | S. D. | Rand Afrikaans U[d] Mittlere | S. D. | UNISA[e] Mittlere | S. D. | U of Pretoria[f] Mittlere | S. D. | Ausländische[g] Mittlere | S. D. |
|---|---|---|---|---|---|---|---|---|---|---|---|---|---|---|---|
| Quantitativ | 119 | 0,25 | 0,49 | 0,08 | 0,32 | 0,08 | 0,28 | 0,12 | 0,44 | 0,09 | 0,35 | 0,08 | 0,34 | 0,04 | 0,20 |
| Qualitativ | 141 | 0,14 | 0,41 | 0,16 | 0,37 | 0,07 | 0,28 | 0,04 | 0,19 | 0,06 | 0,24 | 0,10 | 0,32 | 0,09 | 0,34 |
| Theoretisch | 321 | 0,10 | 0,33 | 0,12 | 0,33 | 0,07 | 0,25 | 0,08 | 0,28 | 0,07 | 0,29 | 0,05 | 0,24 | 0,11 | 0,34 |
| Alle | 581 | 0,14 | 0,39 | 0,12 | 0,34 | 0,07 | 0,26 | 0,30 | 0,01 | 0,07 | 0,29 | 0,07 | 0,28 | 0,09 | 0,32 |

*Anmerkungen*: ANOVA-Ergebnisse: a = ($F = 4{,}054$, df = 3, $p = 0{,}007$), b = ($F = 1{,}372$, df = 3, $p = 0{,}250$); c = ($F = 0{,}190$, df = 3, $p = 0{,}903$); d = ($F = 1{,}512$, df = 3, $p = 0{,}210$); e = ($F = 0{,}325$, df = 3, $p = 0{,}807$); f = ($F = 1{,}003$, df = 3, $p = 0{,}391$); und g = ($F = 2{,}436$, df = 3, $p = 0{,}064$)

schung geeignet. Es wurden alle von südafrikanischen Wissenschaftlern verfassten Artikel in allen Sprachen für den Zeitraum von 1966–2015 verwendet. Die Datensätze wurden nach den Themenkategorien sortiert. Alle relevanten Themen,[37] die mit soziologischen Bereichen in Verbindung stehen, wurden vor der Analyse gruppiert. Im Einklang mit der vorherigen Analyse wurden die Veröffentlichungen für die Zeit der Apartheid kategorisiert.

Für den Zeitraum 1966–2015 gab es insgesamt 11.578 Veröffentlichungen südafrikanischer Wissenschaftler zu den ausgewählten Themen. Obwohl der Datensatz Veröffentlichungen ab 1956 enthielt, gab es bis 1965 keine Veröffentlichungen von südafrikanischen Wissenschaftlern. Da es nicht möglich ist, alle diese Datensätze zu analysieren (da jeder Datensatz einzeln in ein Softwareprogramm eingegeben werden muss), wurde eine Stichprobe von Jahren ausgewählt. Ausgehend von 2015 wurde für jedes der fünf Jahre (2015, 2010, 2005, 2000, 1995, 1990, 1985, 1980, 1975 und 1970) ein Stichprobenjahr ausgewählt. Für die Zeit der Apartheid wurden Veröffentlichungen für die Jahre 1990, 1985, 1980, 1975 und 1970 verwendet.

Tab. 3.6 zeigt die Merkmale der WoS-Daten im Hinblick auf die Veröffentlichungen während der Apartheid. Insgesamt 174 Veröffentlichungen entsprechen den Auswahlkriterien. In den Anfangsjahren gab es nicht viele Veröffentlichungen, was sich jedoch in den späteren Jahren änderte. Die durchschnittliche Anzahl der Autoren pro Publikation lag über den gesamten Zeitraum bei 1,45. Im Laufe der Jahre stieg die durchschnittliche Anzahl der Autoren pro Veröffentlichung an (von 1,2 im Jahr 1970 auf 1,6 im Jahr 1990). In den letzten Jahren der Apartheid arbeiteten die südafrikanischen Wissenschaftler stärker zusammen als zuvor. Die durchschnittliche Anzahl der Autoren pro Publikation stieg 1990 auf 1,6, das ist mehr als ein Drittel des Wertes von 1970. Der ANOVA-Test ergab für diese Variable einen signifikanten Unterschied für alle ausgewählten Jahre. Diese Zahlen sind mit denen des ersten Datensatzes ausgewählter Zeitschriften vergleichbar, der bereits vorgestellt wurde. Im ersten Datensatz der ausgewählten Zeitschriften lag die durchschnittliche Anzahl der Autoren pro Veröffentlichung bei 1,19 und damit in einem Bereich von 1,13 bis 1,23. Zwischen den für die Analyse ausgewählten Jahren gab es keine statistisch signifikanten Unterschiede. Mit anderen Worten, die Veröffent-

---

[37] Zu den Fächern gehörten Regionalstudien, Kriminologie, Kulturwissenschaften, Kommunikation, Demografie, Pädagogik, Umweltwissenschaften, Familienstudien, ethnische Studien, Gesundheitswissenschaften, Gesundheitspolitik, Geschichte der Sozialwissenschaften, Informationswissenschaften, öffentliche Gesundheit, Umwelt- und Arbeitsmedizin, Religion, soziale Fragen, Sozialwissenschaften, Soziologie, Urbanistik und Frauenstudien.

**Tab. 3.6** Veröffentlichungen im Web of Science, 1970–1990

| Eigenschaften | 1970 Nein. | 1970 % | 1975 Nein. | 1975 % | 1980 Nein. | 1980 % | 1985 Nein. | 1985 % | 1990 Nein. | 1990 % | Alle Nein. | Alle % |
|---|---|---|---|---|---|---|---|---|---|---|---|---|
| Anzahl der Veröffentlichungen | 5 | 2,9 | 19 | 10,9 | 23 | 13,2 | 47 | 27,0 | 80 | 46,0 | 174 | 100 |
|  | Mittlere | S. D. | Mittlere | S. D. | Mittlere | S. D. | Mittlere | S. D. | Mittlere | S. D. | Mittlere | S. D. |
| Mittlere Anzahl von Autoren (ANOVA: $F = 1{,}074$, df = 4, $p = 0{,}371$) | 1,20 | 0,45 | 1,26 | 0,73 | 1,22 | 0,52 | 1,43 | 1,25 | 1,60 | 0,95 | 1,45 | 0,97 |
| *Sektor der Zugehörigkeit* | | | | | | | | | | | | |
| Anzahl der Hochschulbereiche der Autoren (ANOVA: $F = 4{,}823$, df = 4, $p = 0{,}001$) | 0,80 | 0,45 | 0,79 | 0,54 | 1,00 | 0,60 | 1,17 | 0,60 | 1,45 | 0,84 | 1,22 | 0,75 |
| Anzahl der Forschungsinstitute der Autoren (ANOVA: $F = 1{,}705$, df = 4, $p = 0{,}151$) | 0,00 | 0,00 | 0,32 | 0,95 | 0,00 | 0,00 | 0,11 | 0,43 | 0,08 | 0,27 | 0,10 | 0,43 |
| Anzahl der anderen Autorenbereiche (ANOVA: $F = 1{,}032$, df = 4, $p = 0{,}392$) | 0,00 | 0,00 | 0,11 | 0,32 | 0,13 | 0,34 | 0,04 | 0,20 | 0,04 | 0,19 | 0,06 | 0,23 |
| Mittlere Anzahl der Branchenzugehörigkeit der Autoren (ANOVA: $F = 6{,}657$, df = 4, $p = 0{,}000$) | 0,40 | 0,89 | 0,05 | 0,23 | 0,04 | 0,21 | 0,00 | 0,00 | 0,00 | 0,00 | 0,02 | 0,19 |
| *Umfang der Veröffentlichungen* | | | | | | | | | | | | |
| Mittlere Seitenlänge der Veröffentlichungen (ANOVA: $F = 1{,}644$, df = 3, $p = 0{,}165$) | 14,00 | 8,46 | 17,63 | 14,75 | 11,30 | 10,48 | 14,23 | 7,15 | 15,86 | 7,83 | 14,96 | 9,11 |
| Mittlere Anzahl von Zitaten (ANOVA: $F = 0{,}627$, df = 3, $p = 0{,}644$) | 4,00 | 5,79 | 3,79 | 7,83 | 8,61 | 23,33 | 5,64 | 11,10 | 8,14 | 13,38 | 6,93 | 13,92 |

lichungen in den WoS-Zeitschriften hatten mehr Autoren pro Veröffentlichung als die Veröffentlichungen in den ausgewählten Zeitschriften.

Die institutionelle Zugehörigkeit der Autoren dieser Veröffentlichungen in WoS ging, wie im Falle des vorherigen Datensatzes (ausgewählter Zeitschriften), stark zugunsten der Universitäten. Auf die Universitäten folgten Forschungsinstitute, andere Sektoren (Behörden, Museen und Krankenhäuser) und die Industrie. Im Hochschulsektor gab es im Durchschnitt 1,22 Autoren, verglichen mit 0,1 für Forschungsinstitute und 0,06 für andere Sektoren (Tab. 3.6).

Die durchschnittliche Länge der Veröffentlichungen in den in der WoS-Datenbank indexierten Zeitschriften betrug 14,96 Seiten. Die Veröffentlichungen umfassten während des gesamten Analysezeitraums insgesamt 2603 Seiten. Diese Veröffentlichungen wurden insgesamt 1206 Mal zitiert, mit einem Durchschnitt von 6,93 pro Veröffentlichung, der zwischen null und 112 liegt. Dies entspricht etwa der Hälfte des Umfangs der Veröffentlichungen, die im vorherigen Datensatz der ausgewählten Zeitschriften veröffentlicht wurden.

Zu den Fachgebieten dieser Veröffentlichungen gehörten Regionalstudien (44 %), Erziehungswissenschaften (22 %), Umweltstudien (8 %), öffentliche Gesundheit, Umwelt- und Arbeitsmedizin (8 %), Informationswissenschaften (5 %) und Kriminologie (3 %). Darüber hinaus gab es Veröffentlichungen in den Fachbereichen Kommunikation, Demografie, Ethnologie, Gesundheitswissenschaften, Frauenforschung, Sozialwissenschaften und Familienstudien.

## Zusammenfassung

Die obige Analyse der beiden Datensätze (spezifische Zeitschriften und WoS-Zeitschriften) zeigt die charakteristischen Merkmale der soziologischen Forschung in Südafrika während der Apartheidzeit. Die Ergebnisse dieser Analyse stützen einige der in der Literatur vertretenen Ansichten und Argumente, während andere nicht vollständig mit ihnen übereinstimmen. Die aus den beiden Datensätzen gewonnenen Erkenntnisse weisen sowohl Ähnlichkeiten als auch Unähnlichkeiten auf. Die Publikationstrends für den Zeitraum zeigten, dass die Produktion von Publikationen in beiden Datensätzen anstieg. Gegen Ende der Apartheid gab es deutliche Anzeichen für dieses Wachstum in der soziologischen Literatur, die sich hauptsächlich mit südafrikanischen Themen befasste. In einem Datensatz, in dem der „rassische" Hintergrund der Autoren bekannt war, war die Vorherrschaft einer bestimmten „Rassen" gruppe offensichtlich. Die Soziologie und die soziologische Forschung waren in den Händen weißer Gelehrter. Auffällig ist auch, dass kurz vor dem Ende der Apartheid andere „rassische" Gruppen, insbesondere Afrikaner, stärker in den Vordergrund traten und sich an der Durchführung soziologischer Forschung beteiligten, wenn auch nicht in nennenswerter Zahl. In beiden Datensätzen wurde der institutionelle Ursprung des soziologischen Wissens in Südafrika deutlich. Die Universitäten standen bei der Wissensproduktion an vorderster Front. Während des Untersuchungszeitraums wurde eine beträchtliche Menge an soziologischem Wissen produziert, wobei die Anzahl der Veröffentlichungen eine Besonderheit darstellte.

Die Interessengebiete, die die Wissenschaftler anzogen, waren eher verstreut. Inmitten der Vielfalt der Themen und Fragestellungen waren jedoch einige Schwerpunkte erkennbar. Im ersten Datensatz war der vorherrschende Forschungsbereich die Soziologie und methodologische Debatten in den Sozialwissenschaften. Die Arbeits- und Betriebswirtschaftslehre stand an zweiter Stelle bei der Gesamtproduktion von Veröffentlichungen in den ausgewählten Soziologiezeitschriften. Weitere Interessengebiete waren Familie, Fruchtbarkeit, Bevölkerung, Kinder, „Rasse", Religion, Kriminalität, Einstellungen und soziale Probleme. Für den zweiten Datensatz von WoS war eine andere Kategorisierung verfügbar. Die am häufigsten untersuchten Bereiche in den WoS-Veröffentlichungen waren Regionalstudien, Bildung, Umweltstudien und Gesundheit.

Das Interesse und die Beteiligung von Wissenschaftlern aus dem Ausland an soziologischen Fragen Südafrikas waren in den hier analysierten Veröffentlichungen sehr ausgeprägt. Sie haben in diesem Zeitraum einen bedeutenden Beitrag zur Entwicklung des soziologischen Wissens geleistet. Obwohl einige ihrer Arbeiten keinen direkten Bezug zu südafrikanischen Fragen hatten, waren sie von soziologischer Bedeutung und behandelten soziologische Themen. Dies hat Bedeutung für die Internationalisierung der südafrikanischen Soziologie, die in den folgenden Kapiteln aufgegriffen wird.

Für die Veröffentlichungen im ersten Datensatz ausgewählter Zeitschriften waren genaue Informationen über die Institutionen und Fachbereiche bekannt. Dies ermöglichte Einblicke in die institutionellen Dimensionen bei der Produktion soziologischer Literatur. Einige Einrichtungen bevorzugten bestimmte Bereiche, was sich auf die von ihnen verfolgten methodischen Ansätze auswirkte. Die Produktion von soziologisch relevantem Wissen im Land war nicht nur auf Soziologen beschränkt. Es gab auch Wissenschaftler, die nicht an soziologischen Fachbereichen von Universitäten und Forschungsinstituten tätig waren und in dieser Zeit einen wichtigen Beitrag zur soziologischen Forschung leisteten.

Methodische Spezialisierungen und Präferenzen wurden bei der Analyse in beiden Datensätzen deutlich. Die Veröffentlichungen in diesen Datensätzen waren überwiegend qualitativ und theoretisch. Die Mitarbeiter von Forschungsinstituten zeigten mehr Interesse an quantitativer Forschung als an qualitativer Forschung.

Die Ansicht, dass die quantitative Forschung in dem Land schwach ist, wird durch die Ergebnisse beider Datensätze bestätigt.

In Kap. 4 wird die Stellung der Soziologie in der Zeit nach der Apartheid erörtert.

## Literatur

Adam, H. (1981). The vocation of a sociologist in South Africa. In J. Rex (Hrsg.), *Apartheid and social research* (S. 115–127). The Unesco Press.

Alexander, P., Basson, L., & Makhura, P. (2006). Sociology research in contemporary South Africa. *South African Review of Sociology, 37*(2), 218–240.

Ally, S., Mooney, K., & Stewart, P. (2003). The state-sponsored and centralised institutionalisation of an academic discipline: Sociology in South Africa, 1920–1970. *Society in Transition, 34*(1), 70–103.

Anonymous. (1981). Social research and the black academic in South Africa. In J. Rex (Hrsg.), *Apartheid and social research* (S. 129–140). The Unesco Press.

Antikainen, A. (2008). Finnish academic publishing in sociology: A critical review. *International Sociology, 35*(5), 649–664.

Balintulo, M. M. (1981). The black universities in South Africa. In J. Rex (Hrsg.), *Apartheid and social research* (S. 141–159). The Unesco Press.

Bekker, S. (1990). Sosiologiese navorsing in die derde wereld: probleme, uitadagings en prioriteite. *South African Review of Sociology, 21*(4), 206–208.

Bian, Y., & Zhang, L. (2008). Sociology in China. *Contexts, 7*(3), 20–25.

Brym, R. (2014). Our first 50 Years: A note on the University of Toronto's Department of Sociology. *Canadian Review of Sociology, 15*(3), 288–292.

Buhlungu, S. (2009). South Africa: The decline of labor studies and the democratic transition. *Work and Occupations, 36*(2), 145–161.

Burawoy, M. (2004). Public sociology: South African dilemmas in a global context. *Society in Transition, 35*(1), 11–26.

Cilliers, S. P. (1984). *The origins of sociology in South Africa*. Paper presented at the Association for Sociology in South Africa, Johannesburg, 2–5 July 1984.

Cross, M. (1986). A historical review of education in South Africa: Towards an assessment. *Comparative Education, 22*(3), 185–200.

Deflem, M. (2013). The structural transformation of sociology. *Society, 50*(2), 156–166.

van Eeden, I. J. (1984). The paradigmatic status of contemporary sociology in South Africa. *South African Journal of Sociology, 15*(1), 1–4.

Fanning, B., & Hess, A. (2015). Sociology in Ireland: Legacies and challenges. *Irish Journal of Sociology, 23*(1), 3–21.

Groenewald, C. J. (1991). The context of the development of sociology in South Africa: A response to Visser and van Staden. *South African Journal of Sociology, 22*(2), 46–49.

Habib, A. (2008). Speaking 'truth' to all forms of power: Reflections on the role of the public sociologist in South Africa. *Current Sociology, 56*(3), 389–398.

Hare, A. P., & Savage, M. (1979). Sociology of South Africa. *Annual Review of Sociology, 5*, 329–350.

Hindson, D. (1989). Putting the record straight: The association for sociology in South Africa. *South African Sociological Review, 2*(1), 69–73.

Hugo, P. J. (1977). Academic dissent and apartheid in South Africa. *Journal of Black Studies, 7*(3), 243–262.

Human, P. (1984). *The South African crisis: Sociology and reform.* ASSA.

Jubber, K. (1983). Sociology and its social context: The case of the rise of Marxist sociology in South Africa. *Social Dynamics, 9*(2), 50–63.

Jubber, K. (2007). Sociology in South Africa: A brief historical review of research and publishing. *International Sociology, 22*(5), 527–546.

Kock, C. P. d. (1989). Sosiologie in Suid-Afrika: Die toekoms? *South African Review of Sociology, 20*(2), 99–113.

Lever, H. (1981). Sociology of South Africa: Supplementary comments. *Annual Review of Sociology, 7*, 249–262.

Liebenberg, I. (2011). Sociology in practice: H. W. van der Merwe's contribution to conflict resolution and mediation in South Africa. *Acta Academica, 43*(1), 1–38.

Masson, P. (2012). French sociology and the state. *Current Sociology, 60*(5), 719–729.

van der Merwe, H. W. (1983). Ideological and academic polarization: The challenge to sociologists in Southern Africa. *South African Review of Sociology, 14*(3), 100–106.

Miller, R. B. (1993). Science and society in the early career of H.F. Verwoerd. *Journal of Southern African Studies, 19*(4), 1–17.

Moodie, G. C. (1994). The state and the liberal universities in South Africa: 1948–1990. *Higher Education, 27*(1), 1–40.

Nordkvelle, Y. (1990). The academic boycott of South Africa debate: Science and social practice. *Studies in Higher Education, 15*(3), 253–275.

Olzak, S. (1990). Report to the Human Sciences Research Council. *South African Sociological Review, 3*(1), 62–68.

Oosthuizen, J. S. (1989). Die sosioloog as meningsvormer. *South African Review of Sociology, 20*(4), 209–215.

Oosthuizen, J. S. (1991a). South African Sociology during the eighties as mirrored in the South African Journal of Sociology. *South African Journal of Sociology, 2*(22), 43–46.

Oosthuizen, K. (1991b). The state of sociology in South Africa. *South African Sociological Review, 3*(2), 93–99.

Orkin, F. M., Nicolaysen, L. O., & Price, M. (1979). The future of the urban university in South Africa: Some practical considerations. *Social Dynamics, 5*(1), 26–37.

Osipov, G. V., & Rutkevich, M. N. (1978). Trend report: Sociology in the USSR, 1965–1975. *Current Sociology, 26*(2), 1–82.

Pityana, N. (1981). The Black Consciousness movement and social research. In J. Rex (Hrsg.), *Apartheid and social research* (S. 161–183). The Unesco Press.

Pityana, S. M. (1992). Research and racial domination in South Africa. *Transformation, 18*, 72–77.

Rensburg, H. C. J. v. (1989). Sosiologie in Suid-Afrika: Profiel van die huidige. *South African Review of Sociology, 20*(2), 80–98.

Rex, J. (1981). Introduction. In J. Rex (Hrsg.), *Apartheid and social research* (S. 11–26). The Unesco Press.

Savage, M. (1981). Constraints on, and functions of, research in sociology and psychology in contemporary South Africa. In J. Rex (Hrsg.), *Apartheid and social research* (S. 45–65). The Unesco Press.

Seekings, J. (2001). The uneven development of quantitative social science in South Africa. *Social Dynamics, 27*(1), 1–36.
Sitas, A. (2014). Rethinking Africa's sociological project. *Current Sociology, 62*(4), 457–471.
Social Dynamics. (1984). Editorial notes. *Social Dynamics, 10*(2), 2.
South African Journal of Sociology. (1970). Editorial. *South African Journal of Sociology, 1*(1), 1–2.
South African Sociological Review. (1988). Editors introduction. *South African Sociological Review, 1*(1), ii.
South African Sociological Review. (1990). Editorial. *South African Sociological Review, 3*(1), 1–2.
South African Sociological Review. (1994). Editorial. *South African Sociological Review, 6*(2), ii–iii.
van Staden, F., & Visser, D. (1991). The *South African Journal of Sociology* in the eighties: An analysis of theoretical and empirical contributions. *South African Journal of Sociology, 2*(22), 33–43.
Taylor, R. (1989). Sociology in South Africa: Tool or critic of apartheid. *South African Sociological Review, 2*(1), 65–74.
Uys, T. (2006). South African sociology in transition: Continental and global engagement. *Sociological Bulletin, 55*(1), 78–90.
Venter, D. (1973). Die Vraag na en Aanbod van Sosioloë. *South African Journal of Sociology, 6*, 40–49.
Waters, G. (2015). Liberalism interruptus: Leo Kuper and the Durban School of oppositional empirical sociology of the 1950s and 1960s. *Transformation, 88*, 43–61.
Webster, E. (1981). Servants of apartheid? A survey of social research into industry in South Africa. In J. Rex (Hrsg.), *Apartheid and social research* (S. 86–113). The Unesco Press.
Webster, E. (1985). Competing paradigms: Towards a critical sociology in Southern Africa. *Social Dynamics, 11*(1), 44–48.
Webster, E. (1997). Democratic transition: South African sociology. *Contemporary Sociology, 26*(3), 279–282.
Webster, E. C. (1999). Race, labour process and transition: The sociology of work in South Africa. *Society in Transition, 30*(1), 28–42.
Webster, E. C. (2004). Sociology in South Africa: Its past, present and future. *Society in Transition, 35*(1), 27–41.
Welsh, D. (1981). Social research in a divided society: The case of South Africa. In J. Rex (Hrsg.), *Apartheid and social research* (S. 27–44). The Unesco Press.
Whisson, M. (1981). Anthropological research in contemporary South Africa. In J. Rex (Hrsg.), *Apartheid and social research* (S. 67–83). The Unesco Press.
Zegeye, A., & Motsemme, N. (2004). Editorial: South Africa's past in the present. *Current Sociology, 52*(5), 749–753.

# Soziologie im demokratischen Südafrika, 1994–2015

**4**

---

### Zusammenfassung

Der Übergang Südafrikas von der Apartheid zur Demokratie bringt Veränderungen im Hochschulbereich mit sich. Dies betrifft auch das Fach Soziologie. Im Zuge der Umstrukturierung werden die soziologischen Fachbereiche zu interdisziplinären Studiengängen. Die beiden rivalisierenden Berufsverbände lösen sich auf und bilden eine neue Einheit. Mit dem Ende der Apartheid wird die Soziologie für die internationale Gemeinschaft geöffnet. Die Produktion von soziologischem Wissen bringt bedeutende Fortschritte und Entwicklungen mit sich. Einige Zweige der Soziologie entwickeln sich im demokratischen Südafrika im Vergleich zu anderen. Sowohl Soziologen als auch Nicht-Soziologen beteiligen sich an der Generierung soziologischen Wissens. Weiße und Männer dominieren nach wie vor in der Soziologie. Einige Institutionen sind anderen in der soziologischen Forschung voraus. Die Rolle von Wissenschaftlern, die mit Institutionen außerhalb des Landes verbunden sind, ist erheblich.

---

Im April 1994 brach in Südafrika eine völlig neue Welt der Freiheit an. Das Land nahm an den ersten allgemeinen Wahlen der neuen demokratischen Ära teil und ließ die turbulente Apartheid-Vergangenheit von fast einem halben Jahrhundert hinter sich. Die südafrikanische Gesellschaft bot Soziologen immense Möglichkeiten zum Studieren, Lehren und Forschen. Dies war zweifellos die neue Phase und das neue Gesicht der südafrikanischen Soziologie, die nach der Kolonial- und der Apartheidzeit in die dritte Phase ihres Lebens eintrat. Für die Soziologie standen Veränderungen in vielerlei Form, Gestalt und Ausmaß bevor.

Die einzigartige Geschichte und die Erfahrungen der Gesellschaft waren in der Lage, neue Einsichten, Ansichten und Perspektiven zu gesellschaftlichen Fragen zu vermitteln. Dies galt nicht nur für südafrikanische Soziologen, sondern auch für andere Sozialwissenschaftler, die außerhalb des Landes arbeiten. Die in Südafrika gewonnenen Erkenntnisse halfen Soziologen aus anderen Ländern, ihre jeweiligen Gesellschaften in einem anderen Licht zu sehen. Soziologen aus anderen Ländern schauten auf Südafrika, um Themen wie Migration und Arbeitskräfteangebot zu verstehen (Seidman, 1999). Durch die Erfahrungen in Südafrika lernten sie neue Denkansätze zu Themen wie Arbeit und „Rasse" kennen (Seidman, 1999). Der Reichtum der sozialen Bedingungen, ob gut oder schlecht, veraltet oder relevant, historisch oder zeitgenössisch, legte den Rahmen für soziologische Studien in Südafrika fest. Es galt, Herausforderungen zu bewältigen und Korrekturmaßnahmen zu ergreifen. Es herrschte der Eindruck, dass die neue Demokratie über einen Wissensbestand verfügte, der mangelhaft und verzerrt war und größtenteils von einer Minderheit geschaffen worden war (Schutte, 2007). Was bedeutete das für die Soziologie unter der neuen Ordnung?

## Was ist jetzt? Soziologie heute

Obwohl die demokratische Ära offiziell mit den ersten allgemeinen Wahlen vom 27. April 1994 begann, hatte der Übergang von der Apartheid zur Demokratie bereits Ende der 1980er-Jahre eingesetzt. Die Hochschullandschaft Südafrikas begann sich zu verändern. Als das Land zur Demokratie überging, gab es 36 Hochschuleinrichtungen (21 Universitäten und 15 Technikons), die entlang rassischer und ethnischer Linien strukturiert waren (CHE, 2004). Es wurde ein Fusionsprozess eingeleitet, um neue Einrichtungen zu schaffen.[1] Heute erstreckt sich der Hoch-

---

[1] Im Rahmen des Umstrukturierungs- und Fusionsprozesses wurden Universitäten und Technikons zusammengelegt und zu neuen Einrichtungen geformt. Die University of Johannesburg entstand aus dem Zusammenschluss der Rand Afrikaans University, des Technikon Witwatersrand und der Vista University (East Rand und Soweto). Die Nelson Mandela University entstand aus dem Zusammenschluss der University of Port Elizabeth, des Port Elizabeth Technikon und der Vista University (Port Elizabeth). Die University of South Africa (UNISA) wurde mit der Technikon South Africa und dem Vista University Distance Education Centre zusammengelegt. Die Water Sisulu University of Technology of Science wurde nach der Auflösung der University of Transkei, des Border Technikon und des Eastern Technikon gegründet. Die University of Durban-Westville fusionierte mit der University of Natal zur University of KwaZulu-Natal, die University of North und die Medical University of South Africa schlossen sich zur University of Limpopo zusammen, und die Potchefstroom University of Christian Higher Education schloss sich mit der University of North-West und

schulsektor auf 26 öffentliche Hochschulen[2] und 124 private Hochschuleinrichtungen (Stand: 25. September 2015, CHE, 2015). Die Einschreibungszahlen stiegen, und der Zugang zur Hochschulbildung verbesserte sich drastisch. So stieg die Zahl der Studierenden in den Geistes- und Sozialwissenschaften von 215.250 im Jahr 2008 auf 247.131 im Jahr 2013 (CHE, 2015). Das war ein Anstieg von etwa 15 %. Die Soziologie sollte von diesem Wachstum profitieren. Die meisten der 30 Soziologiefachbereiche, die es 1997 im Land gab, boten vielfältige Soziologieprogramme an, auch wenn einige nur kleine Programme hatten (Crothers, 1997). Im selben Jahr lag die durchschnittliche Zahl der Studierenden in Soziologie-Studiengängen bei 1300 und die durchschnittliche Zahl der Mitarbeiter bei sieben (Crothers, 1997). Im Jahr 2015 hatten die meisten Soziologie-Studiengänge an südafrikanischen Universitäten zwischen 300 und 1400 Studierende im ersten Jahr des Grundstudiums. An den südafrikanischen Universitäten lehrten und forschten etwa 152 Soziologie-Mitarbeiter.[3]

Seit 1994 hat sich der Hochschulsektor des Landes auf natürliche Weise gewandelt, um sich den neuen Schwerpunkten, Anforderungen und Strategien der neuen demokratischen Regierung anzupassen. Wie in den vorangegangenen Kapiteln dargelegt, waren die Universitäten während der Kolonialzeit und der Apartheid mit unterschiedlichen Mitteln ausgestattet, was zu einer Aufteilung in schlecht finanzierte historische schwarze Universitäten (HBUs) und gut ausgestattete weiße Uni-

---

der Vista University (nur das Personal und die Studenten von Sebokeng) zur North-West University zusammen. Die Central University of Technology entstand durch den Zusammenschluss mit der Technikon Free State und der Vista University (Welkom). Die Vaal University of Technology entstand aus dem Zusammenschluss des Vaal Triangle Technikon und der Vista University (Infrastruktur und Einrichtungen von Sebokeng). Die Cape Peninsula University of Technology entstand aus dem Zusammenschluss des Cape Technikon und des Peninsula Technikon (Pentech). Die Durban University of Technology entstand aus der Fusion mit dem Mangosuthu Technikon, wobei die Infrastruktur und Einrichtungen des Umlazi-Campus der Zululand University übernommen wurden. Die Tshwane University of Technology entstand aus dem Zusammenschluss der Technikon Pretoria, der Technikon Northern Gauteng und der Technikon North-West.

[2] Es handelt sich um die 11 traditionellen Universitäten (Kapstadt, Free State, Fort Hare, KwaZulu-Natal, Limpopo, Nordwest, Pretoria, Rhodes, Stellenbosch, Westkap und Witwatersrand), 8 Gesamthochschulen (Johannesburg, Nelson Mandela Metropolitan, Walter Sisulu, University of South Africa, Venda, Zululand, Sol Plaatje und Mpumalanga), 1 Universität für Gesundheitswissenschaften (Sefako Makgatho Health Sciences übernahm MEDUNSA) und 6 technische Universitäten (Cape Peninsula, Central, Durban, Tshwane, Vaal und Mangosuthu).

[3] Diese Zahl wurde aus den Fachbereichs-Websites der Universitäten am 10. März 2016 errechnet. Für zwei Fachbereiche der Walter Sisulu University und der Zululand University fehlen Informationen.

versitäten (HWUs) führte. Die erste Herausforderung bestand darin, diese Ungleichheit auszugleichen. Im ersten Jahrzehnt des 21. Jahrhunderts begann die Regierung mit der Umsetzung ihrer Fusionspläne zur Zusammenlegung unterschiedlich ausgestatteter Universitäten, um die Ungleichheiten im Hochschulwesen zu beseitigen. Die landesweite Umstrukturierung war Teil dieses Fusionsplans, der mit einigem Erfolg und einigen Misserfolgen umgesetzt wurde. Infolgedessen wurden Soziologiefachbereiche an vielen Universitäten geschlossen und in disziplinäre Studiengänge umstrukturiert, um den marktorientierten Anforderungen besser gerecht zu werden (Adésinà, 2006; Webster, 2008).[4] Der so genannte Programm- und Qualifikationsmix (PQM) in der neuen Ordnung sollte den geeigneten Mix für jede öffentliche Hochschuleinrichtung und jeden Studiengang bestimmen. Dies geschah auf der Grundlage des bestehenden Programmprofils, der Relevanz des Profils für den Standort und den Kontext der Einrichtung, der regionalen und nationalen Prioritäten und der Fähigkeit der Einrichtung, neue Programme anzubieten (CHE, 2004).

Die Schließung der Soziologieinstitute,[5] um sie in schul- oder studiengangsbezogenen Einheiten im Rahmen des neuen Konzepts von Programm und PQM zu organisieren, sollte dem demokratischen Projekt des Hochschulsektors für Interdisziplinarität entsprechen (Adésinà, 2006).[6] Die Auswirkungen dieser programmorientierten Ausbildung sollten sich in der Funktionsweise der Soziologie als Disziplin in der neuen demokratischen Periode widerspiegeln. Diese programmatische Umgestaltung führte teilweise zu einer Benachteiligung der Soziologen sowohl in Bezug auf ihre Demografie als auch auf ihre Forschungsergebnisse (Hendricks, 2006). Das PQM-Modell war wohl Teil der Korporatisierung und des Managerialismus im Einklang mit der globalen Marktwirtschaft. Im Weißbuch zur Hochschulbildung wird dieser neue Plan klar als „ein programmorientiertes Hochschulsystem", „das als ein einziges, kohärentes nationales System geplant, verwaltet und finanziert wird, das viele notwendige Veränderungen ermöglichen wird" (RSA, 1997, S. 18) beschrieben. Der im Weißbuch skizzierte Nationale Plan für die Hochschulbildung von 2001 schlug einen institutionellen und einen Programm-Mix

---

[4] Diese Art des neuen Managerialismus war an mehreren soziologischen Fakultäten wie der University of Cape Town, der University of Fort Hare und der University of Western Cape zu beobachten (Oloyede, 2006). An einigen Fakultäten gab es Widerstand von führenden Soziologen wie Jacklyn Cock (Webster, 2008).

[5] So wurde beispielsweise das Institut für Soziologie an der University of Port Elizabeth aufgelöst, als es in eine Reihe verschiedener Programme umgewandelt wurde (Hendricks, 2006).

[6] Der programmorientierte Ansatz ist im *Education White Paper* (RSA, 1997) und im Nationalen Plan für die Hochschulbildung (RSA, 2001) dargelegt.

sowie eine Umstrukturierung der institutionellen Landschaft des Hochschulsystems vor. Der Programm-Mix, der weitreichende Auswirkungen auf Disziplinen wie die Soziologie hatte, sollte auf der Grundlage des aktuellen Programmprofils festgelegt werden, das den Standort der Einrichtungen, den Kontext und die Berücksichtigung regionaler und nationaler Prioritäten umfasst (RSA, 2001). Der Plan sollte sicherstellen, dass die Absolventen der höheren Bildungseinrichtungen des Landes mit den notwendigen Fähigkeiten und Kompetenzen ausgestattet sind, um in der modernen Gesellschaft erfolgreich zu sein (RSA, 2001).

Diese strukturellen Veränderungen wirkten sich auch auf das Fach Soziologie aus. Der 2005 eingeführte ergebnisorientierte Lehrplan und die Einrichtung der South African Qualifications Authority (SAQA) veränderten die Stellung der Soziologie im Land. Wie viele andere Disziplinen verlor die Soziologie ihren Status als Fachbereich und wurde stattdessen zu einem Programm, das den Studierenden die notwendigen Fähigkeiten vermittelt, die von den Anforderungen des Marktes abhängen. Die programmorientierte Lehre an den Universitäten untergrub die Bedeutung der Soziologie. Einige Universitäten gaben ihre Fachbereiche ganz auf und versetzten Akademiker, um sich in die Programmgestaltung einzufügen (Uys, 2006). Die Soziologie musste sich auf dieses Umfeld einstellen und anpassen, als sie in ihre dritte Phase der demokratischen Ära eintrat.

An der Forschungsfront sollten Veränderungen stattfinden. Das demokratische Südafrika war besorgt über die an den Hochschulen durchgeführte Forschung. Wie im Weißbuch zur Bildung (RSA, 1997) dargelegt, sind die Forschungskapazitäten an den Hochschulen unzureichend und unausgewogen. Es wurden Bedenken hinsichtlich der Verbindung zwischen den verschiedenen Elementen der Forschung und den nationalen Erfordernissen des sozialen, wirtschaftlichen, kulturellen und geistigen Wiederaufbaus geäußert (RSA, 1997). Dies war eine echte Chance für die Soziologen.

Im Jahr 2001 (RSA, 2001, 2003) führte die Regierung mit dem Higher Education Act, 1997, Blockzuschüsse für Forschungsleistungen,[7] Lehrleistung, Lehrinput und einen institutionellen Faktor ein. Wie im Nationalen Plan vorgeschlagen, wurden drei Punkte hervorgehoben, die für die Forschung im Land von Bedeutung sind. Er besagt, dass die Forschungsressourcen auf die Einrichtungen konzentriert werden sollten, die ihre Kapazität und ihr Potenzial, eine größere Verantwortlichkeit für die Verwendung der Forschungsmittel und die Fähigkeit zur Steigerung der Forschungsproduktivität unter Beweis gestellt haben. Die Zuschüsse werden auf

---

[7] Die Einheit „Forschungsleistung" bezieht sich auf den Umfang der produzierten Forschung und wird für die Berechnung der Subventionen herangezogen. Sie basiert auf der Anzahl der Veröffentlichungen und der Anzahl der Absolventen innerhalb eines bestimmten Jahres.

der Grundlage von Forschungspublikationen und der Erstellung von Master- und Doktorarbeiten festgelegt. Im Rahmen des neuen Nationalen Plans für die Hochschulbildung (RSA, 2001) wurde eine separate Forschungskomponente auf der Grundlage von Forschungsergebnissen (Master, Doktoranden und Veröffentlichungen) in die Finanzierungsformel aufgenommen. Forschungspublikationen von Akademikern wurden durch ein Anreizsystem gefördert, das 1982–1983 zunächst an den HWUs eingeführt wurde. Die unter dem Namen SAPSE (South African Post Secondary Education) bekannte Finanzierungsformel enthielt eine Komponente für Publikationszuschüsse, die auf der Anzahl der von Akademikern an Universitäten in anerkannten, von Fachleuten begutachteten Fachzeitschriften erstellten Veröffentlichungen basierte.

Vor dem politischen Übergang zur Demokratie begannen sich in der südafrikanischen Soziologie Veränderungen abzuzeichnen. Der Übergang zur Demokratie war in der akademischen Welt und ihren Forschungsaktivitäten deutlich spürbar. Ein wichtiger Meilenstein für die Soziologie im neuen Südafrika war der Zusammenschluss der beiden rivalisierenden soziologischen Vereinigungen, die zuvor ähnliche Aufgaben übernommen hatten. SASOV und ASSA einigten sich darauf, ihre Differenzen beizulegen und eine einzige Organisation zu bilden. Die South African Sociological Association (SASA) war somit geboren. Das war 1993, ein Jahr vor der offiziellen Befreiung Südafrikas von der Apartheid. Auf der fachlichen Ebene war dies ein bemerkenswertes Kapitel in der Geschichte der südafrikanischen Soziologie.

Die neue Vereinigung eröffnete das Potenzial für Interaktion und Austausch zwischen den beiden gegensätzlichen Strömungen der Soziologie im Land. Es wurde erwartet, dass diese neuen Zeiten für die südafrikanische Soziologie „eine Vielfalt philosophischer, theoretischer, empirischer und politischer Traditionen" auf einer gemeinsamen professionellen Plattform zusammenführen würden, was der Soziologie in Südafrika zugutekäme (James, 1993). Der Zusammenschluss brachte keine plötzliche Verbesserung der Position der Soziologie mit sich, aber er legte den Grundstein dafür, dass sich die Soziologie auf einer soliden Basis entwickeln konnte.

Die Universitäten des Landes blieben, getreu dem Erbe der Vergangenheit, das Epizentrum der Wissensproduktion. Im Jahr 1994 produzierten die Universitäten 70 % der südafrikanischen indexierten Forschungspublikationen, und 80 % davon kamen von fünf Universitäten[8] (CHE, 2004). In Bezug auf den Forschungsoutput an Veröffentlichungen (Zeitschriften, Bücher und Konferenzberichte) war das

---

[8] Es handelt sich um die Universitäten von Kapstadt, Natal, Pretoria, Stellenbosch und Witwatersrand (CHE, 2004).

Wachstum offensichtlich. Die CREST-Studie (2014) ergab, dass der Forschungsoutput in Südafrika gestiegen ist. Zwischen 1993 und 2012 hat sich die Forschungskapazität der sozialwissenschaftlichen Forschung im Land versechsfacht (CREST, 2014). Im Jahr 2008 betrug der gesamte Forschungsoutput 8353 Einheiten, der 2013 auf 14.008 Einheiten anstieg. In den Geistes- und Sozialwissenschaften betrug der gesamte Forschungsoutput 34 % im Jahr 2010 und 33 % im Jahr 2013. Den Geistes- und Sozialwissenschaften wurden 38 % des jährlichen Forschungsoutputs zugeschrieben (ASSAf, 2011).

In den ersten Jahren der neuen Phase reichten die Forschungsinteressen der Soziologen, um das Jahr 1997 als Beispiel zu nehmen, von der Industriesoziologie (10 %) bis zur Entwicklungssoziologie (8 %) (Crothers, 1997). Auf institutioneller Ebene gab es eine Heterogenität bei den Forschungsschwerpunkten der soziologischen Fachbereiche. Dies war jedoch auch schon in der Vergangenheit der Fall gewesen. 1997 behielten die afrikaanssprachigen Universitäten im Großen und Ganzen ihr Interesse an angewandten Themen wie Demografie und Kriminologie bei (Crothers, 1997). Die Soziologen an den englischsprachigen Universitäten richteten ihr Interesse auf die politischen Themen, die ihnen nach wie vor Kontext, Raum und Material für ihre Studien boten.

Einige Zweige der Soziologie haben sich nicht so stark entwickelt wie andere. So entwickelte sich beispielsweise die Industriesoziologie (zu der auch die Arbeitswissenschaft gehört) wesentlich schneller als andere Teilbereiche. Die Religionssoziologie ist aufgrund der disziplinären Priorisierung fast verschwunden, obwohl sie während der Apartheid-Ära einen hohen Stellenwert hatte (Venter, 1998). Die Medizinsoziologie hat in Südafrika stark zugenommen, wie die Analyse der Veröffentlichungen in soziologischen Fachzeitschriften zeigt. HIV/AIDS zog soziologische Untersuchungen auf verschiedenen Ebenen an (Alexander, 2004; Alexander & Ichharam, 2002).

Um die Entwicklungen in der Disziplin in der demokratischen Periode zu verstehen, muss man sich die empirischen Daten ansehen. Was die soziologische Forschung anbelangt, so besteht der bevorzugte Weg darin, die Forschungspublikationen von südafrikanischen Soziologen und anderen zu Themen der südafrikanischen Gesellschaft oder Soziologie zu analysieren. Eine vorläufige Analyse der soziologischen Forschung für den Zeitraum 1995–2012, die aus der offiziellen Zeitschrift der SASA entnommen wurde, zeigte deren hervorstechende Merkmale (Sooryamoorthy, 2015). Es zeigte sich, dass die Forschungsinteressen der Soziologen des Landes spürbare Veränderungen erfahren haben. Sie sind weit verteilt und verstreut, was sich an der breiten Palette der für die Forschung gewählten Themen zeigt. So gibt es zum Beispiel nicht viele, die Publikationen in den Bereichen Gesundheit, insbesondere HIV/AIDS, oder Arbeits- und Industriestudien vorgelegt haben.

Wie die obige Analyse zeigt, konzentrierte sich die Produktion von soziologischem Wissen auf nur fünf Universitäten des Landes (Sooryamoorthy, 2015). Darüber hinaus wirft eine weitere aktuelle Analyse der Forschungspublikationen von Soziologen aus den Jahren 1990–2009 ein Licht auf einige relevante Aspekte der südafrikanischen Soziologie in der demokratischen Periode. Basson und Prozesky (2015) konzentrierten sich bei ihrer Analyse auf Fragen zu den von südafrikanischen Wissenschaftlern angewandten Forschungsmethoden, die Dimensionen der Zusammenarbeit in den Veröffentlichungen und die Auswirkungen der (nationalen und internationalen) Zusammenarbeit auf die in ihren Studien angewandte Methodik. In diesem Zeitraum wurden sowohl quantitative als auch qualitative Methoden eingesetzt, und zwar mehr oder weniger gleichermaßen. Ein neuer Trend in der Zusammenarbeit wurde auch festgestellt, wenn sowohl die lokale als auch die internationale Zusammenarbeit berücksichtigt wird. Die Verbindung zwischen der Anwendung quantitativer Methoden und der internationalen Zusammenarbeit war eindeutig (Basson & Prozesky, 2015). Dies hat offensichtlich Bedeutung für die Fähigkeiten der heutigen südafrikanischen Soziologen.

Mit der Befreiung der Gesellschaft öffnete sich die südafrikanische Soziologie der internationalen Gemeinschaft der Soziologen. Der akademische Boykott und die Isolation hatten ein Ende gefunden. Kurz vor dem Ende der Apartheid begannen südafrikanische Soziologen, sich der Welt zuzuwenden und sich durch Reisen, Konferenzen, Austauschprogramme, Kooperationen und die Mitarbeit in internationalen Organisationen intellektuell zu engagieren. Organisationen wie der Rat für die Entwicklung der Sozialwissenschaften in Afrika (CODESRIA) beteiligten sich an diesem Prozess, der es südafrikanischen Wissenschaftlern ermöglichte, das Ausland zu besuchen und Forschungsprogramme mit ihren Kollegen in Afrika zu initiieren (Webster, 1997).

Die Ziele des HSRC, der in der Apartheidzeit eine zweifelhafte Vergangenheit hatte, wurden überarbeitet und neu gestaltet. Der Human Sciences Research Council Act 17/2008 (RSA, 2008) sah die Förderung der Forschung in den Humanwissenschaften vor, um das Verständnis der sozialen Bedingungen und des sozialen Wandels zu verbessern. Das Nationale Institut für Geistes- und Sozialwissenschaften (National Institute for the Humanities and Social Sciences, NIHSS) wurde[9] gemäß

---

[9] Das NIHSS wurde am 5. Dezember 2013 als unabhängige gesetzliche Einrichtung mit dem Ziel gegründet, die Wissenschaft und Forschung in den Geistes- und Sozialwissenschaften zu fördern und zu koordinieren. Das Institut hat seinen Ursprung in der Charta der Geisteswissenschaften, die vom Ministerium für Hochschul- und Berufsbildung unter dem Minister Blade Nzimande, einem ausgebildeten Soziologen, in Auftrag gegeben wurde. Die Charta sollte Mittel und Wege zur Rettung der im Niedergang begriffenen Geistes- und Sozialwissenschaften im Land aufzeigen. Ein bekannter Soziologe, Ari Sitas, war der Hauptarchitekt dieser Charta. Siehe Sitas et al. (2011).

dem Higher Education Act von 1997 im Jahr 2013 (RSA, 2013) gegründet, um „Wissenschaft, Forschung und ethische Praxis in den Geistes- und Sozialwissenschaften zu fördern". In Zusammenarbeit mit der South African Humanities Deans' Association (SAHUDA) bietet das NIHSS Promotionsstipendien an. Mit dem Ziel, die Zahl der Forschungsabsolventen im Land im Bereich der Geistes- und Sozialwissenschaften zu erhöhen, richten sich diese Promotionsstipendien an Südafrikaner, die zu den zuvor benachteiligten Gruppen unter 45 Jahren gehören. Diese voll finanzierten Stipendien sind in Schlüsselbereichen angesiedelt.[10] Dies hat auch der Soziologie geholfen, obwohl diese nicht auf der Liste der bevorzugten Bereiche stand.

Die Nationale Forschungsstiftung (NRF), die 1998 durch das Nationale Forschungsstiftungsgesetz von 1998 gegründet wurde, sollte auch den Interessen der Sozialwissenschaftler dienen. Ziel der NRF ist die Unterstützung und Förderung der Forschung durch Finanzierung, um zur Verbesserung der Lebensqualität aller Menschen in der Republik beizutragen (RSA, 1998, S. 4). Die Förderprogramme der RSA haben mehreren Soziologen geholfen, in ihrem bevorzugten Bereich zu forschen.

## Produktion von soziologischem Wissen

Es wurde eine detaillierte szientometrische Analyse durchgeführt, um die Wissensproduktion in der südafrikanischen Soziologie in der Zeit der Demokratie abzubilden, und die Ergebnisse werden in diesem Kapitel vorgestellt. Dabei wurden zwei Datensätze verwendet: die Veröffentlichungen in der *South African Review of Sociology* (SARS) von 1995–2015 und die Veröffentlichungen in der Datenbank Web of Science (WoS) für den Zeitraum 1995–2015.

Die Analyse bezog sich auf die Veröffentlichungen von *SARS*, das früher den Titel *Society in Transition* trug (von 1997 bis 2005), sowie auf das *South African Journal of Sociology* (1975–1996). Die Analyse dieser Zeitschrift beschränkt sich auf den 21-Jahres-Zeitraum von 1995–2015, also auf die Zeit der Demokratie. Alle Veröffentlichungen in diesem Zeitraum wurden erfasst und in relevante Variablen für die szientometrische Analyse umgewandelt. Insgesamt waren 359 Forschungsarbeiten verfügbar. Bei der Analyse wurden Kommentare, Antworten, Briefe, Nachrufe, Einleitungen zu Sonderausgaben, Debatten und Diskussionen nicht be-

---

[10] Bevorzugt werden Disziplinen wie bildende und darstellende Kunst, afrikanische Sprachen, Geschichte, Anthropologie, Wirtschaftswissenschaften, Heritage Studies, Sozialarbeit, indigene Wissenssysteme sowie afrikanische Musik und Musikwissenschaft, nicht jedoch Soziologie.

rücksichtigt. Die Daten wurden über vier 5-Jahres-Zeiträume tabellarisch erfasst, mit Ausnahme der letzten Klasse, die aufgrund des letzten Jahres 2015 eine 6-Jahres-Klasse bildete: 1995–1999, 2000–2004, 2005–2009 und 2010–2015. Die Unterteilung der Daten in kleine Klassen ist nützlich, um Trends im Laufe der Jahre im demokratischen Zeitraum zu erkennen.

Tab. 4.1 zeigt die Grundzüge der Veröffentlichungen. Im Durchschnitt gab es 17 Veröffentlichungen pro Jahr, wobei der höchste Durchschnitt für den letzten Zeitraum 2010–2015 verzeichnet wurde (durchschnittliche Veröffentlichungen pro Jahr: 12 Veröffentlichungen im Zeitraum 1995–1999, 19,6 für 2000–2004, 14,4 für 2005–2009 und 21,2 für 2010–2015). Diese Veröffentlichungen hatten einen Umfang von etwa 16 Druckseiten, was etwa 48 % mehr ist als der durchschnittliche Umfang der Veröffentlichungen in den ersten Jahren (1995–1999). Der Unterschied über die vier Zeiträume hinweg war im ANOVA-Test statistisch signifikant. Einige der Veröffentlichungen hatten einen Umfang von mehr als 40 Seiten. Insgesamt wurden im Rahmen von *SARS* seit Beginn der Veröffentlichung 5812 Seiten an soziologischem Forschungsmaterial erstellt. Die durchschnittliche Anzahl der Autoren pro Publikation lag über den gesamten Zeitraum bei 1,39, wobei es keine signifikanten Unterschiede zwischen den Jahren gab.

**Tab. 4.1** Veröffentlichungen in der *South African Review of Sociology*, 1995–2015

| Veröffentlichungen | 1995–1999 | | 2000–2004 | | 2005–2009 | | 2010–2015 | | Alle | |
|---|---|---|---|---|---|---|---|---|---|---|
| | Nein. | % | Nein. | % | Nein. | % | Nein. | % | Nein. | % |
| Anzahl der Veröffentlichungen | 62 | 17,3 | 98 | 27,3 | 72 | 20,1 | 127 | 35,4 | 359 | 100 |
| | Mittlere | S. D. | Mittlere | S. D. | Mittlere | S. D. | Mittlere | S. D. | Mittlere | S. D. |
| Mittlere Anzahl der Autoren (ANOVA: $F = 0,249$, df = 3, $p = 0,862$) | 1,35 | 0,70 | 1,45 | 0,88 | 1,39 | 0,87 | 1,37 | 0,71 | 1,39 | 0,78 |
| *„Rasse" der Autoren* | | | | | | | | | | |
| Mittlere Anzahl aller weißen Autoren (ANOVA: $F = 2,94$, df = 3, $p = 0,033$) | 1,13 | 0,84 | 1,19 | 0,85 | 1,01 | 1,00 | 0,87 | 0,76 | 1,03 | 0,86 |
| Mittlere Anzahl aller afrikanischen Autoren (ANOVA: $F = 2,567$, df = 3, $p = 0,054$) | 0,19 | 0,47 | 0,17 | 0,59 | 0,10 | 0,34 | 0,31 | 0,68 | 0,21 | 0,57 |

(Fortsetzung)

**Tab. 4.1** (Fortsetzung)

| Veröffentlichungen | 1995–1999 | | 2000–2004 | | 2005–2009 | | 2010–2015 | | Alle | |
|---|---|---|---|---|---|---|---|---|---|---|
| | Nein. | % | Nein. | % | Nein. | % | Nein. | % | Nein. | % |
| Mittlere Anzahl aller indischen Autoren (ANOVA: $F = 2{,}941$, df = 3, $p = 0{,}033$) | 0,05 | 0,28 | 0,05 | 0,22 | 0,18 | 0,42 | 0,13 | 0,36 | 0,10 | 0,33 |
| Mittlere Anzahl anderer „Rassen" (ANOVA: $F = 2{,}638$, df = 3, $p = 0{,}049$) | 0,00 | 0,00 | 0,03 | 0,17 | 0,10 | 0,29 | 0,06 | 0,23 | 0,05 | 0,21 |
| *Geschlecht der Autoren* | | | | | | | | | | |
| Mittlere Anzahl aller männlichen Autoren (ANOVA: $F = 1{,}176$, df = 3, $p = 0{,}338$) | 0,85 | 0,72 | 0,77 | 0,67 | 0,64 | 0,70 | 0,71 | 0,76 | 0,74 | 0,72 |
| Mittlere Anzahl aller Autorinnen (ANOVA: $F = 0{,}714$, df = 3, $p = 0{,}544$) | 0,48 | 0,67 | 0,55 | 0,72 | 0,64 | 0,76 | 0,61 | 0,67 | 0,58 | 0,70 |
| *Sektor der Zugehörigkeit* | | | | | | | | | | |
| Mittlere Anzahl der Hochschulbereiche der Autoren (ANOVA: $F = 1{,}523$, df = 3, $p = 0{,}208$) | 1,27 | 0,75 | 1,33 | 0,84 | 1,11 | 0,90 | 1,35 | 0,69 | 1,28 | 0,79 |
| Mittlere Anzahl der Forschungsinstitute der Autoren (ANOVA: $F = 2{,}79$, df = 3, $p = 0{,}040$) | 0,03 | 0,25 | 0,10 | 0,58 | 0,19 | 0,57 | 0,02 | 0,20 | 0,08 | 0,43 |
| *Umfang der Veröffentlichungen* | | | | | | | | | | |
| Mittlere Seitenlänge der Veröffentlichungen (ANOVA: $F = 3{,}955$, df = 3, $p = 0{,}000$) | 10,88 | 3,66 | 15,32 | 5,60 | 18,72 | 5,83 | 18,02 | 5,48 | 16,19 | 5,98 |

Die Variable der „Rasse" der Autoren wurde für jede Veröffentlichung und für alle Autoren gezählt, bevor sie in afrikanische, weiße, indische und andere umgewandelt wurde. Die höchste durchschnittliche Größe (1,03) wurde für weiße Autoren gefunden und die niedrigste für indische Autoren (0,1). Die mittlere Größe der „Rasse" aller Autoren in absteigender Reihenfolge war weiß, afrikanisch, indisch und andere „Rassen". Zwischen den beiden erstgenannten (weiß und afrikanisch) betrug der Unterschied (1,03 und 0,21) fast das Fünffache, und zwischen afrikanischen und indischen Autoren (0,21 und 0,1) betrug der Unterschied das Zweifache. Dieses Verhältnis hat sich im Laufe der Jahre verändert, wie aus den signifikanten *p-Werten* der verwendeten statistischen Tests hervorgeht. Die durchschnittliche Gesamtgröße für weiße Autoren ist in den letzten sechs Jahren von 1,19 (2004–2009) auf 1,03 gesunken. Bei schwarzafrikanischen Autoren stieg sie von ihrem Tiefststand von 0,1 (2005–2009) auf 0,21 (2005–2010). Indische Autoren hatten ihren Höchststand von 0,18 in den Jahren 2005–2009, sind aber in den letzten sechs Jahren um 80 % zurückgegangen.

Bei den Veröffentlichungen zu *SARS* dominierten Männer. Im Laufe der Zeit haben sie jedoch deutlich an Stärke verloren ($p = <0{,}05$), insbesondere seit 2000–2004. Autorinnen verbesserten ihren Anteil an den Veröffentlichungen von einem Mittelwert von 0,48 (1995–1999) auf 0,61 im Zeitraum 2010–2015. In den Jahren 2005–2009 war er für sie noch höher. Ein höherer Prozentsatz der Autoren war an Universitäten angeschlossen. Die zweite Kategorie, die sich aus Forschungsinstituten zusammensetzt, liegt deutlich hinter den Universitäten zurück (1,28 bzw. 0,08).

Die Veröffentlichungen in *SARS* weisen eine große Vielfalt von Forschungsbereichen auf. Die erste Zählung ergab 74 solcher Forschungsbereiche, die von Arbeits- und Industriestudien bis zu militärischen Studien reichen. Diese Bereiche wurden in 17 Kategorien ähnlicher Bereiche eingeteilt. Eine große Mehrheit (89 %) der Veröffentlichungen befasste sich mit südafrikanischen Themen. Drei Bereiche hatten einen Anteil von mehr als 10 % an allen Veröffentlichungen: Arbeit, Soziologie und Gesundheit (Tab. 4.2). Studien mit geschlechtsspezifischem Schwerpunkt machten 8 % aus, ähnlich wie derselbe Prozentsatz an Veröffentlichungen im Bereich Kriminalität und Gewalt. Zwei weitere Bereiche mit einem bedeutenden Anteil an der Gesamtzahl waren die großen Bereiche Familie und Staat. Die geringste Anzahl von Veröffentlichungen entfällt auf Studien in den Kategorien soziale Probleme, Kultur und Identitätsprobleme.

Bei den Veröffentlichungen über die Jahre hinweg ist ein Muster zu erkennen (Tab. 4.2). Im Zeitraum 1995–1999 entfielen 16 % der Gesamtveröffentlichungen auf den Bereich Arbeit und Industrie, der im Zeitraum 2000–2004 auf 10 % und im Zeitraum 2005–2009 auf 3 % zurückging. In den letzten sechs Jahren konnte dieser Bereich seine Position wieder ausbauen und erreichte 17 %. Das Interesse an The-

**Tab. 4.2** Forschungsbereiche der Veröffentlichungen in der *South African Review of Sociology*, 1995–2015

| Forschungsbereiche | 1995–1999 | | 2000–2004 | | 2005–2009 | | 2010–2015 | | Alle | |
|---|---|---|---|---|---|---|---|---|---|---|
| | Nein. | % | Nein. | % | Nein. | % | Nein. | % | Nein. | % |
| Arbeit, Arbeitsbeziehungen, Migration und Beschäftigung | 10 | 16,1 | 10 | 10,2 | 2 | 2,8 | 21 | 16,5 | 43 | 12,0 |
| Soziologie, Sozialwissenschaften und Methodologie | 9 | 14,5 | 13 | 13,3 | 7 | 9,7 | 8 | 6,3 | 37 | 10,3 |
| Gesundheit, HIV/AIDS und medizinische Soziologie | 3 | 4,8 | 21 | 21,4 | 6 | 8,3 | 6 | 4,7 | 36 | 10,0 |
| Geschlecht, Sexualität und Frauenstudien | 0 | 0,0 | 2 | 2,0 | 5 | 6,9 | 22 | 17,3 | 29 | 8,1 |
| Kriminalität, Gewalt, Polizeiarbeit und Sicherheit | 4 | 6,5 | 8 | 8,2 | 10 | 13,9 | 7 | 5,5 | 29 | 8,1 |
| Familie, Haushalte, Ehe, Scheidung, Bevölkerung, Kinder und Jugendliche | 5 | 8,1 | 3 | 3,1 | 4 | 5,6 | 11 | 8,7 | 23 | 6,4 |
| Staat, Apartheid und Demokratie | 6 | 9,7 | 9 | 9,2 | 3 | 4,2 | 2 | 1,6 | 20 | 5,6 |
| Gemeinschaftsstudien, informelle Siedlungen, Entwicklung von Städten und Gemeinden | 1 | 1,6 | 1 | 1,0 | 4 | 5,6 | 10 | 7,9 | 16 | 4,5 |
| Bildung, Hochschulbildung und Lehrpläne | 3 | 4,8 | 5 | 5,1 | 3 | 4,2 | 3 | 2,4 | 14 | 3,9 |
| Armut und Arbeitslosigkeit | 2 | 3,2 | 2 | 2,0 | 2 | 2,8 | 6 | 4,7 | 12 | 3,3 |
| Entwicklung, Urbanisierung, Planung und Industrialisierung | 2 | 3,2 | 1 | 1,0 | 6 | 8,3 | 2 | 1,6 | 11 | 3,1 |
| Zivilgesellschaft, Bewegungen und NGOs | 3 | 4,8 | 1 | 1,0 | 5 | 6,9 | 1 | 0,8 | 10 | 2,8 |
| Militärstudien und Kriegsstudien | 2 | 3,2 | 4 | 4,1 | 2 | 2,8 | 2 | 1,6 | 10 | 2,8 |
| „Rasse" | 0 | 0,0 | 1 | 1,0 | 2 | 2,8 | 6 | 4,7 | 9 | 2,5 |

(Fortsetzung)

**Tab. 4.2** (Fortsetzung)

| Forschungsbereiche | 1995–1999 Nein. | % | 2000–2004 Nein. | % | 2005–2009 Nein. | % | 2010–2015 Nein. | % | Alle Nein. | % |
|---|---|---|---|---|---|---|---|---|---|---|
| Soziale Probleme (Drogen, Alkoholismus, Prostitution, Selbstmord, Fremdenfeindlichkeit, usw.) | 0 | 0 | 1 | 1,0 | 1 | 1,4 | 5 | 3,9 | 7 | 1,9 |
| Kultur, Sozialstruktur und Afrikastudien | 4 | 6,5 | 3 | 3,1 | 0 | 0,0 | 0 | 0,0 | 7 | 1,9 |
| Identität und Modernität | 0 | 0,0 | 1 | 1,0 | 1 | 1,4 | 1 | 0,8 | 3 | 0,8 |
| Andere (Globalisierung, Technologie, Sport, usw.) | 8 | 12,9 | 12 | 12,2 | 9 | 12,5 | 14 | 11,0 | 43 | 12,0 |
| Südafrikanisches Forschungsthema | 51 | 82,3 | 74 | 75,5 | 50 | 71,4 | 112 | 88,9 | 287 | 80,6 |

men, die sich auf die Soziologie beziehen, ging von 15 % auf 6 % zurück. Ein Bereich, in dem die Zahl der Veröffentlichungen zunahm, war die Geschlechter- und Frauenforschung, die von 0 % auf 17 % anstieg. Das Interesse an Staat, Apartheid und Demokratie ging von 10 % auf 2 % zurück.

Die institutionelle Aufschlüsselung der Veröffentlichungen ist in Tab. 4.3 dargestellt. Die Daten enthalten die bereits erwähnten fusionierten Einrichtungen und ihre neuen Namen. Was die Erstautoren betrifft, so trugen vier Einrichtungen zur höchsten Zahl der Veröffentlichungen in der Zeitschrift bei: University of Johannesburg (UJ), University of KwaZulu-Natal (UKZN), University of Witwatersrand (Wits) und Stellenbosch University (SU). Gemeinsam wurden hier fast die Hälfte der gesamten Veröffentlichungen in der Zeitschrift (46 %) verfasst. Auch Autoren an Forschungsinstituten wie der HSRC haben einen Beitrag geleistet. Mit am wenigsten vertreten waren die Universitäten von Limpopo, Fort Hare, Pretoria, Western Cape und Free State. Während UJ seine Position zwischen dem ersten und dem letzten Analysezeitraum drastisch verbessern konnte (7 %–21 %), verlor UKZN seinen Status, nachdem es zwischen 1995 und 1999 der führende Herausgeber der Zeitschrift war. UKZN verzeichnete nach 1995 einen rückläufigen Trend in der Produktion. Wits und der BLB hatten ihre jeweiligen Beiträge zur Zeitschrift im Laufe der Jahre verstärkt. Bezeichnenderweise stammte ein Fünftel der Veröffentlichungen von Institutionen aus Übersee. Dieser Anteil war höher als der Einzelbeitrag einer südafrikanischen Einrichtung während des gesamten Untersuchungszeitraums.

**Tab. 4.3** Institutionelle Zugehörigkeit der Erstautoren von Veröffentlichungen in der *South African Review of Sociology*, 1995–2015

| Einrichtung | 1995–1999 Nein. | % | 2000–2004 Nein. | % | 2005–2009 Nein. | % | 2010–2015 Nein. | % | Alle Nein. | % |
|---|---|---|---|---|---|---|---|---|---|---|
| University of Johannesburg (UJ) | 4 | 6,8 | 8 | 8,2 | 12 | 17,4 | 27 | 21,3 | 51 | 14,4 |
| University of KwaZulu-Natal (UKZN) | 14 | 23,7 | 16 | 16,3 | 5 | 7,2 | 9 | 7,1 | 44 | 12,5 |
| University of Witwatersrand (Wits) | 4 | 6,8 | 11 | 11,2 | 5 | 7,2 | 17 | 13,4 | 37 | 10,5 |
| Stellenbosch University (SU) | 4 | 6,8 | 6 | 6,1 | 5 | 7,2 | 15 | 11,8 | 30 | 8,5 |
| Rhodes University (RU) | 4 | 6,8 | 8 | 8,2 | 3 | 4,3 | 4 | 3,1 | 19 | 5,4 |
| University of Cape Town (UCT) | 2 | 3,4 | 6 | 6,1 | 7 | 10,1 | 3 | 2,4 | 18 | 5,1 |
| University of South Africa (UNISA) | 2 | 3,4 | 2 | 2,0 | 1 | 1,4 | 13 | 10,2 | 18 | 5,1 |
| University of North-West (UNW) | 3 | 5,1 | 0 | 0,0 | 1 | 1,4 | 8 | 6,3 | 12 | 3,4 |
| Human Sciences Research Council (HSRC) | 1 | 1,7 | 1 | 1,0 | 5 | 7,2 | 1 | 0,8 | 8 | 2,3 |
| University of Free State (UFS) | 2 | 3,4 | 3 | 3,1 | 1 | 1,4 | 2 | 1,6 | 8 | 2,3 |
| University of Western Cape (UWC) | 1 | 1,7 | 3 | 3,1 | 2 | 2,9 | 1 | 0,8 | 7 | 2,0 |
| University of Pretoria (UP) | 1 | 1,7 | 1 | 1,0 | 2 | 2,9 | 2 | 1,6 | 6 | 1,7 |
| University of Fort Hare (UFH) | 0 | 0,0 | 1 | 1,0 | 0 | 0,0 | 1 | 0,8 | 2 | 0,6 |
| University of Limpopo (UL) | 0 | 0,0 | 0 | 0,0 | 1 | 1,4 | 1 | 0,8 | 2 | 0,6 |
| Ausländische Universität/Institution | 14 | 23,7 | 21 | 21,4 | 17 | 24,6 | 20 | 15,7 | 72 | 20,4 |
| Andere | 3 | 5,1 | 11 | 11,2 | 2 | 2,9 | 3 | 2,4 | 19 | 5,4 |

Um ein ganzheitliches Bild des institutionellen Anteils an den Veröffentlichungen aller Autoren zu erhalten, wurde eine kombinierte Variable für die Institution aller Autoren erstellt (Tab. 4.4). Wie die Berechnung zeigt, war der Mittelwert aller Autoren für Publikationen sowohl für UKZN als auch für UJ für den gesamten Zeitraum 1995–2015 hoch. Wits und SU folgten diesen beiden Einrichtungen. In Übereinstimmung mit dem vorherigen Ergebnis hatte UJ den höchsten Mittelwert

**Tab. 4.4** Anzahl der Institutionen (Mittelwert und für ausgewählte Institutionen) aller Autoren von Veröffentlichungen in der *South African Review of Sociology*, 1995–2015

| Einrichtung | 1995–1999 | | 2000–2004 | | 2005–2009 | | 2010–2015 | | Alle | |
|---|---|---|---|---|---|---|---|---|---|---|
| | Mittlere | S. D. | Mittlere | S. D. | Mittlere | S. D. | Mittlere | S. D. | Mittlere | S. D. |
| University of KwaZulu-Natal (ANOVA: $F = 1{,}712$, df = 3, $p = 0{,}16$) | 0,32 | 0,79 | 0,23 | 0,66 | 0,14 | 0,66 | 0,13 | 0,47 | 0,19 | 0,63 |
| University of Johannesburg (ANOVA: $F = 3{,}29$, df = 3, $p = 0{,}21$) | 0,06 | 0,25 | 0,12 | 0,44 | 0,22 | 0,56 | 0,26 | 0,49 | 0,18 | 0,46 |
| University of Witwatersrand (ANOVA: $F = 1{,}070$, df = 3, $p = 0{,}36$) | 0,08 | 0,33 | 0,14 | 0,50 | 0,07 | 0,26 | 0,16 | 0,41 | 0,12 | 0,40 |
| Stellenbosch University (ANOVA: $F = 1{,}21$, df = 3, $p = 0{,}31$) | 0,10 | 0,35 | 0,07 | 0,26 | 0,08 | 0,33 | 0,16 | 0,46 | 0,11 | 0,37 |
| University of Cape Town (ANOVA: $F = 2{,}08$, df = 3, $p = 0{,}10$) | 0,03 | 0,18 | 0,11 | 0,55 | 0,17 | 0,58 | 0,03 | 0,22 | 0,08 | 0,42 |
| Rhodes University (ANOVA: $F = 0{,}567$, df = 3, $p = 0{,}64$) | 0,08 | 0,33 | 0,08 | 0,28 | 0,06 | 0,29 | 0,04 | 0,23 | 0,06 | 0,27 |
| Ausländische Einrichtungen (ANOVA: $F = 0{,}806$, df = 3, $p = 0{,}49$) | 0,27 | 0,55 | 0,33 | 0,72 | 0,31 | 0,52 | 0,21 | 0,51 | 0,27 | 0,58 |

(0,26) für die jüngsten Jahre (2010–2015). Der UKZN-Wert für denselben Zeitraum war nur halb so hoch wie der von UJ (0,13) und niedriger als der von Wits und SU. Die Ergebnisse des ANOVA-Tests ($p = 0{,}1$) bestätigen den rückläufigen Anteil der Veröffentlichungen für UKZN. Die Produktion von soziologischem Wissen, das von der University of Cape Town (UCT) ausgeht, stagnierte ebenfalls nach

**Tab. 4.5** Fachbereich der Autoren von Veröffentlichungen in der *South African Review of Sociology*, 1995–2015

| Fachbereich | 1995–1999 | | 2000–2004 | | 2005–2009 | | 2010–2015 | | Alle | |
|---|---|---|---|---|---|---|---|---|---|---|
| | Nein. | % | Nein. | % | Nein. | % | Nein. | % | Nein. | % |
| *Erster Autor* | | | | | | | | | | |
| Soziologie | 32 | 61,5 | 45 | 54,2 | 34 | 56,7 | 55 | 47,8 | 166 | 53,5 |
| Andere | 20 | 38,5 | 38 | 45,8 | 26 | 43,3 | 60 | 52,2 | 144 | 66,5 |
| *Zweiter Autor* | | | | | | | | | | |
| Soziologie | 8 | 57,1 | 7 | 50,0 | 5 | 33,3 | 12 | 50,0 | 32 | 47,8 |
| Andere | 6 | 42,9 | 7 | 50,0 | 10 | 66,7 | 12 | 50,0 | 35 | 52,2 |
| | Mittlere | S. D. | Mittlere | S. D. | Mittlere | S. D. | Mittlere | S. D. | Mittlere | S. D. |
| Fachbereich Soziologie für alle Autoren (ANOVA: $F = 0{,}623$, df = 3, $p = 0{,}6$) | 0,68 | 0,79 | 0,55 | 0,68 | 0,60 | 0,76 | 0,54 | 0,66 | 0,58 | 0,71 |
| Anderer Fachbereich für alle Autoren (ANOVA: $F = 0{,}401$, df = 3, $p = 0{,}75$) | 0,47 | 0,82 | 0,54 | 0,92 | 0,54 | 0,80 | 0,61 | 0,79 | 0,55 | 0,83 |
| Alle Fachbereiche für alle Autoren (ANOVA: $F = 0{,}094$, df = 3, $p = 0{,}96$) | 1,15 | 0,85 | 1,09 | 0,86 | 1,14 | 0,88 | 1,14 | 0,66 | 1,13 | 0,80 |

1995. Autoren, die ausländischen Universitäten und Institutionen angehören, blieben die Hauptproduzenten soziologischer Literatur mit einem höheren Mittelwert als alle südafrikanischen Institutionen.

Offensichtlich stammen die Beiträge in *SARS* nicht nur von Soziologen, was aus den Angaben zu den Fachbereichen der Autoren[11] hervorgeht(Tab. 4.5). Es gab Autoren aus den Bereichen Geografie, Anthropologie, Politik, Pädagogik, Philosophie, Psychologie, Geschichte, Entwicklungsstudien, Sozialarbeit, Sprachen, Wirtschaft und anderen. Zwei Drittel der Erstautoren stammten aus anderen Fachbereichen als der Soziologie, bei den Zweitautoren sank der Anteil auf die Hälfte. Eine genauere Zahl ergibt sich, wenn die Fachbereiche für alle Autoren zusammengefasst werden. Der Mittelwert für alle Autoren betrug für die Soziologie 0,58 gegenüber 0,55

---

[11] An mehreren Universitäten sind die soziologischen Fachbereiche zu soziologischen Studiengängen geworden. Der Begriff „Fachbereich" umfasst auch den Studiengang.

für die anderen Fachbereiche, was einen leichten Vorteil für die Soziologen bedeutet. Bezeichnend für diesen Datensatz ist, dass der Mittelwert für die Soziologie von 0,68 (1995–1999) auf 0,54 (2010–2015) gesunken ist. Die Zahlen für andere Fachbereiche als die Soziologie stiegen in denselben Bezugszeiträumen von 0,47 auf 0,61.

Die Produktionszahlen der Institutionen und Fachbereiche nach Forschungsbereichen sind in den Tab. 4.6 und 4.7 dargestellt. Innerhalb der südafrikanischen Institutionen lag Wits bei den Arbeits- und Industriestudien vorn, gefolgt von UKZN (Tab. 4.6). Bei den Veröffentlichungen zu soziologischen und methodologischen Themen lagen die Autoren der UJ vor den anderen. Zwei Institutionen in absteigender Reihenfolge der Veröffentlichungen im Bereich Gesundheit und HIV/AIDS waren UKZN und UJ. Militärische Studien stammen größtenteils vom BLB. Geschlechterstudien waren für mindestens drei große Einrichtungen (UKZN, UJ und BLB) gleichermaßen wichtig. Studien über das Gemeinwesen und das Bildungswesen wurden hauptsächlich von Wissenschaftlern des UKZN und weniger von Wissenschaftlern anderer Einrichtungen des Landes durchgeführt. Untersuchungen zur Armut wurden hauptsächlich von UJ und UKZN durchgeführt. UJ war auch führend bei der Erstellung von Publikationen im Bereich der zivilgesellschaftlichen Organisationen und NGOs. UJ und ausländische Institutionen zeigten ein großes Interesse an der Erforschung sozialer Probleme, mehr als andere Institutionen. Im Bereich der Armutsforschung waren nur zwei Organisationen von Bedeutung: UJ und UKZN. Im Vergleich zu anderen Forschungsbereichen waren Studien über Kriminalität in südafrikanischen Einrichtungen nicht so stark vertreten wie in ausländischen Einrichtungen. Studien zum Thema „Rasse" konzentrierten sich auf drei Einrichtungen, nämlich UKZN, SU und Wits.

Wie bereits erwähnt, stammen die Beiträge zu *SARS* sowohl von Soziologen als auch von Nicht-Soziologen. Zweifellos haben beide durch ihre Veröffentlichungen in der Zeitschrift einen Mehrwert für die Entwicklung soziologischer Materialien geschaffen. Die Aufschlüsselung nach Fachbereichen (Tab. 4.7) zeigt die Produktion von Veröffentlichungen in den Bereichen durch diesen Fachbereich von Soziologen und anderen. Die Zugehörigkeit zu einem Fachbereich bedeutet nicht immer, dass die Wissenschaftler demselben Fachbereich angehören. An mehreren Universitäten haben die soziologischen Fachbereiche Wissenschaftler mit anderen disziplinären Hintergründen und Qualifikationen eingestellt. Es ist daher genauer, sich auf Fachbereiche zu beziehen als auf Soziologen oder Nicht-Soziologen.

Der Mittelwertdifferenz zwischen der Soziologie und den anderen Fachbereichen war im *t-Test* statistisch signifikant (1,27; S. D. = 0,59 für die Soziologie und 0,99; S. D. = 0,92 für die anderen Fachbereiche; $p = 0{,}001$). Das bedeutet, dass die Soziologie mehr Veröffentlichungen als die anderen Fachbereiche hervorgebracht hat. Im Vergleich dazu haben die Fachbereiche der Soziologie mehr Publikationen

**Tab. 4.6** Forschungsbereiche in den wichtigsten Institutionen der Veröffentlichungen in der *South African Review of Sociology*, 1995–2015

| Forschungsbereich | | UKZN | | UJ | | Wits | | BLB | | UCT | | RU | | Ausländische | | Alle | |
|---|---|---|---|---|---|---|---|---|---|---|---|---|---|---|---|---|---|
| | | Mittlere | S. D. | Mittlere | S. D. | Mittlere | S. D. | Mittlere | S. D. | Mittlere | S. D. | Mittlere | S. D. | Mittlere | S. D. | Mittlere | S. D. |
| Arbeit, Arbeitsbeziehungen, Migration und Beschäftigung | 43 | 0,19 | 0,45 | 0,12 | 0,32 | 0,26 | 0,54 | 0,14 | 0,47 | 0,12 | 0,76 | – | – | 0,33 | 0,64 | 1,42 | 0,91 |
| Soziologie, Sozialwissenschaften und Methodologie | 37 | 0,16 | 0,83 | 0,24 | 0,64 | 0,16 | 0,37 | 0,14 | 0,42 | 0,08 | 0,28 | 0,03 | 0,16 | 0,08 | 0,28 | 1,27 | 0,77 |
| Gesundheit, HIV/AIDS und medizinische Soziologie | 36 | 0,39 | 0,96 | 0,31 | 0,67 | 0,11 | 0,32 | 0,03 | 0,17 | 0,03 | 0,17 | – | – | 0,31 | 0,79 | 1,72 | 1,06 |
| Geschlecht, Sexualität und Frauenstudien | 29 | 0,28 | 0,75 | 0,28 | 0,46 | 0,07 | 0,26 | 0,21 | 0,49 | 0,03 | 0,19 | – | – | 0,14 | 0,35 | 1,31 | 0,66 |
| Kriminalität, Gewalt, Polizeiarbeit und Sicherheit | 29 | 0,17 | 0,38 | 0,10 | 0,31 | 0,03 | 0,19 | 0,03 | 0,19 | 0,14 | 0,35 | 0,00 | 0,00 | 0,45 | 0,63 | 1,14 | 0,52 |

(Fortsetzung)

**Tab. 4.6** (Fortsetzung)

| Forschungsbereich | UKZN | | UJ | | Wits | | BLB | | UCT | | RU | | Ausländische | | Alle | |
|---|---|---|---|---|---|---|---|---|---|---|---|---|---|---|---|---|
| | Mittlere | S. D. | Mittlere | S. D. | Mittlere | S. D. | Mittlere | S. D. | Mittlere | S. D. | Mittlere | S. D. | Mittlere | S. D. | Mittlere | S. D. |
| Familie, Haushalte, Ehe, Scheidung, Bevölkerung, Kinder und Jugendliche | 23 0,09 | 0,29 | 0,39 | 0,58 | 0,04 | 0,21 | 0,00 | 0,00 | 0,22 | 0,85 | 0,04 | 0,21 | 0,30 | 0,64 | 1,39 | 0,89 |
| Staat, Apartheid und Demokratie | 20 0,20 | 0,52 | 0,05 | 0,22 | 0,05 | 0,22 | 0,15 | 0,49 | 0,52 | 0,12 | 0,30 | 0,57 | 0,19 | 0,40 | 1,30 | 0,57 |
| Gemeinschaftsstudien, informelle Siedlungen, Entwicklung von Städten und Gemeinden | 16 0,31 | 0,60 | 0,13 | 0,50 | 0,13 | 0,34 | 0,00 | 0,00 | 0,13 | 0,50 | – | – | 0,15 | 0,49 | 1,25 | 0,45 |
| Bildung, Hochschulbildung und Lehrpläne | 141 0,29 | 0,61 | 0,07 | 0,27 | 0,07 | 0,27 | 0,14 | 0,36 | 0,07 | 0,27 | 0,00 | 0,00 | 0,57 | 0,85 | 1,64 | 0,93 |
| Armut und Arbeitslosigkeit | 12 0,17 | 0,39 | 0,33 | 0,65 | 0,00 | 0,00 | 0,00 | 0,00 | 0,00 | 0,00 | 0,08 | 0,29 | 0,17 | 0,39 | 1,50 | 0,52 |
| Entwicklung, Urbanisierung, Planung und Industrialisierung | 11 0,09 | 0,30 | 0,00 | 0,00 | 0,18 | 0,41 | 0,27 | ,65 | 0,00 | 0,00 | 0,00 | 0,00 | 0,27 | 0,47 | 1,09 | 0,54 |

## Produktion von soziologischem Wissen

| Forschungsbereich | | UKZN Mittlere | UKZN S.D. | UJ Mittlere | UJ S.D. | Wits Mittlere | Wits S.D. | BLB Mittlere | BLB S.D. | UCT Mittlere | UCT S.D. | RU Mittlere | RU S.D. | Ausländische Mittlere | Ausländische S.D. | Alle Mittlere | Alle S.D. |
|---|---|---|---|---|---|---|---|---|---|---|---|---|---|---|---|---|---|
| Zivilgesellschaft, Bewegungen und NGOs | 10 | 0,10 | 0,32 | 0,20 | 0,42 | 0,00 | 0,00 | 0,10 | 0,32 | 0,10 | 0,32 | 0,10 | 0,32 | 0,30 | 0,68 | 1,00 | 0,67 |
| Militärstudien und Kriegsstudien | 10 | 0,00 | 0,00 | 0,00 | 0,00 | 0,10 | 0,32 | 0,40 | 0,52 | 0,10 | 0,32 | 0,00 | 0,00 | 0,30 | 0,64 | 1,10 | 0,32 |
| „Rasse" | 9 | 0,67 | 1,66 | 0,00 | 0,00 | 0,22 | 0,44 | 0,44 | 0,73 | 0,00 | 0,00 | – | – | 0,11 | 0,33 | 1,56 | 1,33 |
| Soziale Probleme (Drogen, Alkoholismus, Prostitution, Selbstmord, Fremdenfeindlichkeit, usw.) | 7 | 0,14 | 0,38 | 0,43 | 0,79 | 0,00 | 0,00 | 0,00 | 0,00 | 0,00 | 0,00 | 0,00 | 0,00 | 0,43 | 0,54 | 1,29 | 0,49 |
| Kultur, Sozialstruktur und Afrikastudien | 7 | 0,00 | 0,00 | 0,00 | 0,00 | 0,00 | 0,00 | 0,14 | 0,38 | 0,00 | 0,00 | 0,00 | 0,00 | 0,57 | 0,85 | 1,29 | 0,49 |
| Identität und Modernität | 3 | 0,00 | 0,00 | 0,33 | 0,58 | 0,33 | 0,58 | 0,00 | 0,00 | 0,00 | 0,00 | 0,00 | 0,00 | 0,00 | 0,00 | 1,00 | 0,00 |

**Tab. 4.7** Forschungsbereiche der Veröffentlichungen in der *South African Review of Sociology*, 1995–2015

| Forschungsgebiete | N | Fachbereich | | | | | |
|---|---|---|---|---|---|---|---|
| | | Soziologie | | Andere | | Insgesamt | |
| | | Mittlere | S. D. | Mittlere | S. D. | Mittlere | S. D. |
| Arbeit, Arbeitsbeziehungen, Migration und Beschäftigung | 43 | 0,60 | 0,66 | 0,51 | 0,94 | 1,12 | 0,85 |
| Soziologie, Sozialwissenschaften und Methodologie | 37 | 0,84 | 0,65 | 0,41 | 0,96 | 1,24 | 0,80 |
| Gesundheit, HIV/AIDS und medizinische Soziologie | 36 | 0,64 | 0,76 | 0,78 | 1,22 | 1,42 | 1,02 |
| Geschlecht, Sexualität und Frauenstudien | 29 | 0,34 | 0,48 | 0,69 | 0,89 | 1,03 | 0,73 |
| Kriminalität, Gewalt, Polizeiarbeit und Sicherheit | 29 | 0,59 | 0,73 | 0,34 | 0,48 | 0,93 | 0,65 |
| Familie, Haushalte, Ehe, Scheidung, Bevölkerung, Kinder und Jugendliche | 23 | 0,52 | 0,67 | 0,57 | 0,59 | 1,09 | 0,52 |
| Staat, Apartheid und Demokratie | 20 | 0,80 | 0,83 | 0,30 | 0,47 | 1,10 | 0,72 |
| Gemeinschaftsstudien, informelle Siedlungen, Entwicklung von Städten und Gemeinden | 16 | 0,31 | 0,60 | 0,75 | 0,86 | 1,06 | 0,85 |
| Bildung, Hochschulbildung und Lehrpläne | 41 | 0,50 | 0,65 | 0,93 | 0,98 | 1,43 | 0,94 |
| Armut und Arbeitslosigkeit | 12 | 0,25 | 0,62 | 0,75 | 0,62 | 1,00 | 0,74 |
| Entwicklung, Urbanisierung, Planung und Industrialisierung | 11 | 0,73 | 0,65 | 0,18 | 0,41 | 0,91 | 0,54 |
| Zivilgesellschaft, Bewegungen und NGOs | 10 | 0,70 | 0,68 | 0,30 | 0,68 | 1,00 | 0,67 |
| Militärstudien und Kriegsstudien | 10 | 0,30 | 0,48 | 0,50 | 0,54 | 0,80 | 0,42 |
| „Rasse" | 9 | 1,11 | 1,27 | 0,44 | 0,53 | 1,56 | 1,33 |
| Soziale Probleme (Drogen, Alkoholismus, Prostitution, Selbstmord, Fremdenfeindlichkeit, usw.) | 7 | 0,57 | 0,79 | 0,71 | 0,49 | 1,29 | 0,49 |
| Kultur, Sozialstruktur und Afrikastudien | 7 | 0,29 | 0,49 | 0,71 | 0,76 | 1,00 | 0,58 |
| Identität und Modernität | 3 | 0,33 | 0,58 | 0,67 | 0,58 | 1,00 | 0,00 |

in den Bereichen Arbeitswissenschaft, Soziologie, Sozialwissenschaften und Methodologie, Kriminalität, Staat, Apartheid und Demokratie, Entwicklung, Urbanisierung und Planung, Zivilgesellschaft und NGO sowie „Rasse" veröffentlicht. Auf der anderen Seite waren andere Fachbereiche führend bei Forschung und Veröffentlichungen in den Bereichen Gesundheit, HIV/AIDS, Geschlecht und Sexualität, Gemeinschaftsstudien, Bildung, Armut und Arbeitslosigkeit, Militärstudien, soziale Probleme, Kultur und Afrikastudien sowie Identität (Tab. 4.7).

Welche Methoden oder Ansätze waren in den Veröffentlichungen in der Zeitschrift zu erkennen? Fast die Hälfte der Veröffentlichungen (45 %) lassen sich als Publikationen mit einem theoretischen Ansatz einordnen, gefolgt von empirischen Studien qualitativer Natur. Rein quantitative Methoden wurden in 44 Veröffentlichungen (12 %) angewandt. Gemischte Methoden waren zunehmend zu beobachten. Eine jahresweise Betrachtung dieser Variable zeigt, dass die theoretischen Arbeiten zugenommen haben (32 %–43 %), die qualitativen leicht abgenommen haben (40 %–38 %) und die quantitativen Arbeiten erheblich zurückgegangen sind (22 %–14 %), und zwar seit 1995–1999. Die Zahl der Arbeiten mit gemischten Methoden ging ebenfalls zurück (5 %–2 %).

Der Zusammenhang zwischen Forschungsbereichen und Methodik wurde untersucht und ist in Tab. 4.8 dargestellt. Da etwa die Hälfte der Veröffentlichungen theoretischer Natur war, wurde diese Dominanz in allen Forschungsbereichen festgestellt. Aus den Daten lassen sich einige bemerkenswerte Merkmale ableiten. Eine beträchtliche Anzahl von Veröffentlichungen in den Bereichen Bildung, soziale Probleme sowie Familie und Ehe haben quantitative Methoden verwendet (ein Drittel bis ein Fünftel). Mehr als zwei Drittel der Veröffentlichungen in den Bereichen Soziologie und Methodologie, Staat, Apartheid und Demokratie sowie Identität und Modernität waren theoretischer Natur. Bei der Untersuchung sozialer Probleme gab es ebenfalls eine beträchtliche Anzahl von Veröffentlichungen, die auf quantitative Studien zurückgingen. Auch in der Armuts- und Arbeitslosigkeitsforschung gab es einige Veröffentlichungen mit quantitativen Methoden.

**Tab. 4.8** Forschungsbereiche und Methodik in Veröffentlichungen in der *South African Review of Sociology*, 1995–2015

| Forschungs-bereich | Quantitativ | | Qualitativ | | Gemischt | | Theoretisch | | Andere | | Alle | |
|---|---|---|---|---|---|---|---|---|---|---|---|---|
| | Nein. | % | Nein. | % | Nein. | % | Nein. | % | Nein. | % | Nein. | % |
| Arbeit, Arbeitsbeziehungen, Migration und Beschäftigung | 6 | 14,0 | 19 | 44,2 | 2 | 4,7 | 13 | 30,2 | 3 | 7,0 | 43 | 100 |
| Soziologie, Sozialwissenschaften und Methodologie | 4 | 10,8 | 6 | 16,2 | 1 | 2,7 | 26 | 70,3 | 0 | 0,0 | 37 | 100 |

(Fortsetzung)

**Tab. 4.8** (Fortsetzung)

| Forschungs-bereich | Quantitativ | | Qualitativ | | Gemischt | | Theoretisch | | Andere | | Alle | |
|---|---|---|---|---|---|---|---|---|---|---|---|---|
| | Nein. | % | Nein. | % | Nein. | % | Nein. | % | Nein. | % | Nein. | % |
| Gesundheit, HIV/AIDS und medizinische Soziologie | 3 | 8,3 | 17 | 47,2 | 2 | 5,6 | 14 | 38,9 | 0 | 0,0 | 36 | 100 |
| Geschlecht, Sexualität und Frauenstudien | 5 | 17,2 | 14 | 48,3 | 1 | 3,4 | 8 | 4,9 | 1 | 3,4 | 29 | 100 |
| Kriminalität, Gewalt, Polizeiarbeit und Sicherheit | 2 | 6,9 | 14 | 48,3 | 0 | 0,0 | 13 | 44,8 | 0 | 0,0 | 29 | 100 |
| Familie, Haushalte, Ehe, Scheidung, Bevölkerung, Kinder und Jugendliche | 5 | 21,7 | 12 | 52,2 | 0 | 0,0 | 6 | 26,1 | 0 | 0 | 23 | 100 |
| Staat, Apartheid und Demokratie | 1 | 5,0 | 5 | 25,0 | 0 | 0,0 | 14 | 70,0 | 0 | 0 | 20 | 100 |
| Gemeinschaftsstudien, informelle Siedlungen, Entwicklung von Städten und Gemeinden | 1 | 6,3 | 6 | 37,5 | 0 | 0,0 | 7 | 43,8 | 2 | 12,5 | 16 | 100 |
| Bildung, Hochschulbildung und Lehrpläne | 4 | 28,6 | 4 | 28,6 | 0 | 0,0 | 6 | 42,9 | 0 | 0,0 | 14 | 100 |

(Fortsetzung)

**Tab. 4.8** (Fortsetzung)

| Forschungsbereich | Quantitativ | | Qualitativ | | Gemischt | | Theoretisch | | Andere | | Alle | |
|---|---|---|---|---|---|---|---|---|---|---|---|---|
| | Nein. | % | Nein. | % | Nein. | % | Nein. | % | Nein. | % | Nein. | % |
| Armut und Arbeitslosigkeit | 2 | 16,7 | 6 | 50,0 | 0 | 0,0 | 3 | 25,0 | 1 | 8,3 | 12 | 100 |
| Entwicklung, Urbanisierung, Planung und Industrialisierung | 1 | 9,1 | 3 | 27,3 | 0 | 0,0 | 7 | 63,6 | 0 | 0,0 | 11 | 100 |
| Zivilgesellschaft, Bewegungen und NGOs | 0 | 0,0 | 5 | 50,0 | 0 | 0,0 | 5 | 50,0 | 0 | 0,0 | 10 | 100 |
| Militärstudien und Kriegsstudien | 0 | 0,0 | 3 | 30,0 | 0 | 0,0 | 6 | 60,0 | 1 | 10,0 | 10 | 100 |
| „Rasse" | 0 | 0,0 | 5 | 55,6 | 0 | 0,0 | 4 | 44,4 | 0 | 0,0 | 9 | 100 |
| Soziale Probleme (Drogen, Alkoholismus, Prostitution, Selbstmord, Fremdenfeindlichkeit, usw.) | 2 | 28,6 | 2 | 28,6 | 0 | 0,0 | 3 | 42,9 | 0 | 0,0 | 7 | 100 |
| Kultur, Sozialstruktur und Afrikastudien | 1 | 14,3 | 3 | 42,9 | 0 | 0,0 | 3 | 42,9 | 0 | 0,0 | 7 | 100 |
| Identität und Modernität | 0 | 0,0 | 1 | 33,3 | 0 | 0,0 | 2 | 66,7 | 0 | 0,0 | 3 | 100 |

Eine weitere Dimension der Methodik ist kontextbezogen. Dies ist die institutionelle Präferenz, die in Tab. 4.9 dargestellt ist. UKZN verzeichnete einen höheren Mittelwert für quantitative Arbeiten. Offensichtlich ist dies, wie bereits erwähnt, weitgehend auf die Veröffentlichungen in den Bereichen Bildung und Gesundheit sowie HIV/AIDS zurückzuführen. Die ANOVA-Ergebnisse zeigen für das UKZN signifikante Unterschiede zwischen den Methodentypen. Ausländische Institutionen, UJ und SU hatten einen hohen Anteil an Veröffentlichungen mit gemischter Methodik. Der Unterschied zwischen den verschiedenen Arten war statistisch signifikant für SU und ausländische Institutionen. Die Universitäten, bei denen kein Unterschied in der Verwendung von Methoden festgestellt wurde, waren UJ, Wits, UCT und RU. An diesen Universitäten ist keine bestimmte Methodik vorherrschend.

Die WoS-Publikationen zu soziologischen Themen wurden ebenfalls analysiert, um die Daten aus *SARS* zu ergänzen. Für die Analyse wurden Publikationen für den demokratischen Zeitraum (Stichproben für die Jahre 1995, 2000, 2005, 2010 und 2015) erfasst. Für diesen Zeitraum gab es insgesamt 2293 Veröffentlichungen (Tab. 4.10). Der prozentuale Zuwachs von 1995 bis 2015 betrug 5,7–47 %. Auch die Anzahl der Autoren pro Veröffentlichung stieg in den Jahren der Analyse an (von 1,65 auf 3,35). Dieser Anstieg war gleichmäßig und statistisch signifikant. Aus der Zählung aller Autoren ging hervor, dass die meisten von ihnen an Universitäten, gefolgt von Forschungsinstituten, tätig waren. Einige wenige Autoren kamen aus Behörden, Krankenhäusern und aus der Industrie. Die Zahl der Autoren aus Universitäten hat nach 1995 weiter zugenommen. Im Jahr 1995 stammten durchschnittlich 1,26 Autoren von Universitäten, 2015 waren es bereits 2,02. In der Forschung, in der Industrie und in anderen Sektoren gab es keinen derartigen Anstieg. Die Veröffentlichungen hatten im Durchschnitt aller Jahre einen Umfang von 13,8 Seiten, wobei die Spanne zwischen 2 und 62 Seiten lag. Dies ergibt eine Gesamtzahl von 31.682 Seiten. Diese Variable hat im Laufe der Jahre keine statistisch signifikante Zunahme erfahren. Die Veröffentlichungen wurden im Durchschnitt 5,31 Mal zitiert, wobei diese Zahl in den ausgewählten Jahren zwischen 6 und 17 schwankte. Für SARS-Publikationen waren keine Zitationsdaten verfügbar.

Die Veröffentlichungen in WoS zeigen, dass es drei Forschungsbereiche gibt, die den Großteil der Veröffentlichungen ausmachen (Tab. 4.11). Veröffentlichungen im Bereich Bildung machten 23 % der Gesamtzahl aus, öffentliche Gesundheit, Umwelt und Arbeitsmedizin 21 % und Regionalstudien 10 %. Während die Zahl der Veröffentlichungen in den Bereichen Bildung sowie öffentliche Gesundheit, Umwelt und Gesundheit am Arbeitsplatz nach 1995 zunahm, ging die Zahl der Veröffentlichungen im Bereich Regionalstudien deutlich zurück: von 24 % im Jahr 1995 auf 5,4 % im Jahr 2015. Die Zahl der Veröffentlichungen im Bereich

**Tab. 4.9** Methodische Ausrichtung und Institutionen der Veröffentlichungen in der *South African Review of Sociology*, 1995–2015

| Methodik | N | UKZN[a] | | UJ[b] | | Wits[c] | | BLB[d] | | UCT[e] | | RU[f] | | Ausländische Institution[g] | | Alle[h] | |
|---|---|---|---|---|---|---|---|---|---|---|---|---|---|---|---|---|---|
| | | Mittlere | S. D. | Mittlere | S. D. | Mittlere | S. D. | Mittlere | S. D. | Mittlere | S. D. | Mittlere | S. D. | Mittlere | S. D. | Mittlere | S. D. |
| Theoretisch | 162 | 0,11 | 0,52 | 0,16 | 0,46 | 0,13 | 0,34 | 0,05 | 0,22 | 0,07 | 0,38 | 0,08 | 0,32 | 0,30 | 0,52 | 1,22 | 0,65 |
| Qualitativ | 138 | 0,23 | 0,62 | 0,17 | 0,42 | 0,12 | 0,46 | 0,14 | 0,42 | 0,12 | 0,53 | 0,05 | 0,25 | 0,20 | 0,53 | 1,38 | 0,86 |
| Quantitativ | 44 | 0,41 | 0,95 | 0,20 | 0,51 | 0,09 | 0,42 | 0,20 | 0,51 | 0,02 | 0,15 | 0,02 | 0,15 | 0,23 | 0,52 | 1,61 | 0,84 |
| Andere | 8 | 0,0 | 0,00 | 0,50 | 0,93 | 0,13 | 0,35 | 0,13 | 0,35 | 0,00 | 0,00 | 0,00 | 0,00 | 0,88 | 1,13 | 1,75 | 0,71 |
| Gemischt | 7 | 0,14 | 0,38 | 0,29 | 0,49 | 0,14 | 0,38 | 0,29 | 0,76 | 0,00 | 0,00 | 0,14 | 0,38 | 0,57 | 1,51 | 1,57 | 1,13 |
| Insgesamt | 359 | 0,19 | 0,63 | 0,18 | 0,46 | 0,12 | 0,40 | 0,11 | 0,37 | 0,42 | 0,22 | 0,06 | 0,27 | 0,27 | 0,58 | 1,35 | 0,78 |

Anmerkungen: ANOVA-Ergebnisse: a = ($F = 2,384$, df = 4, $p = 0,015$); b = ($F = 1,15$, df = 4, $p = 0,333$); c = ($F = 0,086$, df = 4, $p = 0,987$); d = ($F = 2,446$, df = 4, $p = 0,046$); e = ($F = 0,603$, df = 4, $p = 0,661$); f = ($F = 0,722$, df = 4, $p = 0,577$); g = ($F = 3,359$, df = 4, $p = 0,010$); und h = ($F = 1,856$, df = 4, $p = 0,015$)

**Tab. 4.10** Veröffentlichungen im Web of Science, 1995–2015

| Veröffentlichungen | 1995 | | | 2000 | | | 2005 | | | 2010 | | | 2015 | | | Alle | | |
|---|---|---|---|---|---|---|---|---|---|---|---|---|---|---|---|---|---|---|
| | Nein. | % | | Nein. | % | | Nein. | % | | Nein. | % | | Nein. | % | | Nein. | % | |
| Anzahl der Veröffentlichungen | 130 | 5,7 | | 105 | 4,6 | | 244 | 10,6 | | 735 | 32,1 | | 1079 | 47,1 | | 2293 | 100,0 | |
| | Mittlere | S. D. | | Mittlere | S. D. | | Mittlere | S. D. | | Mittlere | S. D. | | Mittlere | S. D. | | Mittlere | S. D. | |
| Mittlere Anzahl der Autoren (ANOVA: $F = 12.548$, df = 4, $p = 0,000$) | 1,65 | 1,16 | | 2,35 | 1,88 | | 2,59 | 2,18 | | 3,11 | 3,06 | | 3,35 | 3,39 | | 3,05 | 3,05 | |
| *Sektor der Zugehörigkeit* | | | | | | | | | | | | | | | | | | |
| Mittlere Anzahl der Hochschulbereiche der Autoren (ANOVA: $F = 23.312$, df = 4, $p = 0,000$) | 1,26 | 0,90 | | 1,43 | 0,93 | | 1,59 | 0,92 | | 1,88 | 1,05 | | 2,02 | 1,20 | | 1,86 | 1,12 | |
| Mittlere Anzahl der Forschungsinstitute der Autoren (ANOVA: $F = 1,158$, df = 4, $p = 0,328$) | 0,17 | 0,53 | | 0,24 | 0,64 | | 0,32 | 0,68 | | 0,27 | 0,63 | | 0,27 | 0,67 | | 0,27 | 0,65 | |
| Mittlere Anzahl von Autoren aus anderen Bereichen (ANOVA: $F = 3,172$, df = 4, $p = 0,013$) | 0,08 | 0,31 | | 0,26 | 0,77 | | 0,13 | 0,42 | | 0,11 | 0,36 | | 0,15 | 0,46 | | 0,13 | 0,44 | |
| Mittlere Anzahl der Branchenzugehörigkeit der Autoren (ANOVA: $F = 5,102$, df = 4, $p = 0,000$) | 0,05 | 0,25 | | 0,06 | 0,27 | | 0,02 | 0,17 | | 0,02 | 0,16 | | 0,01 | 0,08 | | 0,02 | 0,14 | |
| *Umfang der Veröffentlichungen* | | | | | | | | | | | | | | | | | | |
| Mittlere Seitenlänge der Veröffentlichungen (ANOVA: $F = 1,690$, df = 4, $p = 0,150$) | 13,22 | 7,88 | | 14,01 | 7,30 | | 14,30 | 7,23 | | 13,41 | 5,73 | | 14,04 | 6,37 | | 13,82 | 6,42 | |
| Mittlere Anzahl von Zitaten (ANOVA: $F = 166.970$, df = 4, $p = 0,000$) | 8,68 | 16,65 | | 17,40 | 24,03 | | 16,58 | 19,78 | | 6,61 | 9,75 | | 0,29 | 0,85 | | 5,31 | 12,14 | |

**Tab. 4.11** Hauptforschungsbereiche der Veröffentlichungen im Web of Science, 1995–2015

| Forschungs-bereiche | 1995 Nein. | % | 2000 Nein. | % | 2005 Nein. | % | 2010 Nein. | % | 2015 Nein. | % | Alle Nein. | % |
|---|---|---|---|---|---|---|---|---|---|---|---|---|
| Bildung | 23 | 17,7 | 18 | 17,1 | 63 | 25,8 | 186 | 25,3 | 234 | 21,7 | 524 | 22,9 |
| Öffentliche Gesundheit, Umwelt und Gesundheit am Arbeitsplatz | 11 | 8,5 | 15 | 14,3 | 51 | 20,9 | 135 | 18,4 | 259 | 24,0 | 471 | 20,5 |
| Regionalstudien | 31 | 23,8 | 24 | 22,9 | 42 | 17,2 | 84 | 11,4 | 58 | 5,4 | 239 | 1,4 |
| Gesundheit | 2 | 1,5 | 11 | 10,5 | 21 | 8,6 | 74 | 10,1 | 102 | 9,5 | 210 | 9,2 |
| Sozialwissenschaften, andere Themen | 13 | 10,0 | 4 | 3,8 | 12 | 4,9 | 53 | 7,2 | 44 | 4,1 | 126 | 5,5 |
| Umweltwissenschaften | 7 | 5,4 | 10 | 9,5 | 16 | 6,6 | 67 | 9,1 | 21 | 1,9 | 121 | 5,3 |
| Sozialwissenschaften, interdisziplinär | 0 | 0,0 | 0 | 0,0 | 0 | 0,0 | 0 | 0,0 | 117 | 10,8 | 117 | 5,1 |
| Kriminologie | 1 | 0,8 | 1 | 1,0 | 1 | 0,4 | 8 | 1,1 | 97 | 9,0 | 108 | 4,7 |
| Informationswissenschaft | 26 | 20,0 | 4 | 3,8 | 7 | 2,9 | 15 | 2,0 | 52 | 4,8 | 104 | 4,5 |
| Soziale Fragen | 1 | 0,8 | 0 | 0,0 | 1 | 0,4 | 42 | 5,7 | 47 | 4,4 | 91 | 4,0 |
| Familienforschung | 6 | 4,6 | 3 | 2,9 | 7 | 2,9 | 18 | 2,4 | 0 | 0,0 | 34 | 1,5 |
| Kommunikation | 2 | 1,5 | 2 | 1,9 | 6 | 2,5 | 8 | 1,1 | 13 | 1,2 | 31 | 1,4 |
| Kulturwissenschaften | 0 | 0,0 | 0 | 0,0 | 1 | 0,4 | 28 | 3,8 | 0 | 0,0 | 29 | 1,3 |
| Demografie | 2 | 1,5 | 1 | 1,0 | 7 | 2,9 | 3 | 0,4 | 12 | 1,1 | 25 | 1,1 |
| Ethnische Studien | 1 | 0,8 | 8 | 7,6 | 4 | 1,6 | 7 | 1,0 | 3 | 0,3 | 23 | 1,0 |
| Soziologie | 0 | 0,0 | 0 | 0,0 | 1 | 0,4 | 3 | 0,4 | 15 | 1,4 | 19 | 0,8 |

Gesundheit nahm zu, andere sozialwissenschaftliche Themen gingen zurück, während die interdisziplinären Sozialwissenschaften zunahmen. Die Kriminologie war ein weiterer Forschungsbereich, der in den letzten Jahren einen deutlichen Anstieg verzeichnete. Die Kommunikations- und Informationswissenschaften sind gegenüber 1995 zurückgegangen, haben aber 2015 wieder aufgeholt, auch wenn der Prozentsatz der Veröffentlichungen geringer war als 1995.

## Zusammenfassung

Die Produktion von wissenschaftlichen Erkenntnissen in der Soziologie hat in den letzten sechs Jahren einen neuen Höchststand erreicht. Dies gilt sowohl für die Anzahl als auch für den Umfang der Veröffentlichungen. Dabei ist zu beachten, dass die Veröffentlichungen in der Zeitschrift nicht von Soziologen allein stammen. Der „rassische" Hintergrund der Autoren begünstigte eher Weiße als Menschen anderer „Rassen". Die durchschnittliche Anzahl weißer Autoren lag im demokratischen Zeitraum weit vor der anderer „Rassen"gruppen. Die Kluft zwischen den ersten beiden „rassischen" Gruppen von Autoren war sehr groß. Bei der Beteiligung von Autoren an der Produktion von Veröffentlichungen gab es keine nennenswerten Veränderungen, da sich die durchschnittliche Zahl der Autoren während des gesamten Zeitraums nicht wesentlich veränderte. In der soziologischen Forschung hat sich die Kluft zwischen den Geschlechtern vergrößert. Ein großer Teil der soziologischen Literatur stammt aus den Universitäten und nicht aus einem anderen Bereich.

Es überrascht nicht, dass sich die Forschungspublikationen in *SARS* größtenteils mit südafrikanischen Themen, Problemen, Phänomenen und Debatten befassen und einen Mehrwert für die südafrikanische Soziologie darstellen. Aus der Analyse lassen sich drei herausragende Forschungsbereiche ableiten – Arbeit, Soziologie sowie Gesundheit und HIV/AIDS. Bei der Analyse wurde ein Muster von Wachstum und Rückgang innerhalb der demokratischen Periode deutlich. So ging beispielsweise die Arbeitssoziologie zunächst zurück und erholte sich später wieder. Die Geschlechterstudien legten mit einer steigenden Zahl von Veröffentlichungen zu. Das Interesse an Studien über Apartheid und Staatsangelegenheiten ging zurück und wurde vielleicht anderen Disziplinen überlassen.

Es gibt einige Universitäten, die bei der Produktion von soziologischem Wissen im Land führend sind. In der Reihenfolge des Umfangs ihres Beitrags waren dies UJ, UKZN, Wits und SU. Die Hälfte der soziologischen Forschung während der demokratischen Phase stammte von diesen vier Einrichtungen. Wissenschaftler aus dem Ausland spielten eine ebenso bedeutende Rolle bei der Wissensproduktion für die südafrikanische Soziologie. Dabei waren die Soziologen nicht die einzigen, die sich bemühten. Auch Wissenschaftler aus den Bereichen Geografie, Anthropologie, Politik, Pädagogik, Philosophie und anderen Disziplinen waren an der Erstellung und Veröffentlichung von Forschungsergebnissen beteiligt, die für die Soziologie von großer Bedeutung waren. Es ist bezeichnend, dass die Arbeiten von Autoren, die nicht dem Fachbereich Soziologie angehören, im Laufe der Zeit zunahmen, und zwar noch stärker als die von Wissenschaftlern aus dem Fachbereich

Soziologie. Um einige Beispiele für Forschungsbereiche zu nennen: Die nichtsoziologischen Fachbereiche des Landes veröffentlichten mehr Arbeiten über Gesundheit und HIV/AIDS, Geschlecht und Sexualität, Gemeinschaftsstudien, Bildung, Armut und Arbeitslosigkeit sowie soziale Probleme. Bei dieser Analyse wurden auch bestimmte Verbindungen zwischen den Forschungsbereichen und den Institutionen festgestellt. Dies hilft dabei, die Schwerpunktbereiche der Wissenschaftler in diesen Einrichtungen zu ermitteln.

Methodische Dimensionen wurden in der Analyse deutlich. Die meisten der untersuchten Veröffentlichungen waren nicht das Ergebnis empirischer Forschung mit qualitativen, quantitativen oder gemischten paradigmatischen Ansätzen. Nur die Hälfte von ihnen fiel in diese Gruppe. Bei den übrigen handelte es sich um theoretische Ansätze, die sich entweder auf die vorhandene Literatur stützten oder neue Erkenntnisse zu soziologischen Fragen lieferten. Eine ganze Reihe von Veröffentlichungen befasste sich mit methodologischen Fragen in der Soziologie. Historisch gesehen waren quantitative Methoden nicht so beliebt wie qualitative Methoden, und dies hat sich im neuen demokratischen Südafrika nicht wesentlich geändert, sondern ist eher noch deutlicher geworden. Die Analyse war hilfreich, um die Forschungsbereiche zu ermitteln, in denen üblicherweise quantitative Methoden eingesetzt werden, und die WoS-Daten ergänzten diese Analyse ebenfalls. Es zeigte sich ein sehr deutlicher Anstieg bei der Produktion von Veröffentlichungen. Auch die Forschungsschwerpunkte und die Trends im Laufe der Jahre wurden durch die WoS-Daten deutlich.

Auf der Grundlage dieser Analysen wird in Kap. 5 der aktuelle Stand der soziologischen Forschung in diesem Land betrachtet.

## Literatur

Adésinà, J. O. (2006). Sociology beyond despair: Recovery of nerve, endogeneity, and epistemic intervention. *South African Review of Sociology, 37*(2), 241–259.

Alexander, P. (2004). The National Research Foundation and priorities for critical research. *Society in Transition, 35*(2), 319–327.

Alexander, P., & Ichharam, M. (2002). Spitting for science at RAU: Quality in quantitative research on HIV/AIDS. *Society in Transition, 33*(3), 347–362.

ASSAf (Academy of Science of South Africa). (2011). *Consensus study on the state of the humanities in South Africa: Status, prospects and strategies*. Academy of Science of South Africa.

Basson, I., & Prozesky, H. E. (2015). A review of methodological trends in South African sociology, 1990–2009. *South African Review of Sociology, 46*(3), 4–27.

CHE (The Council for Higher Education). (2004). *South African higher education in the first decade of democracy*. The Council on Higher Education.

CHE (The Council for Higher Education). (2015). *Vital stats: Public higher education 2013*. Council on Higher Education.
CREST (Centre for Research on Evaluation, Science and Technology). (2014). *Mapping social sciences research in South Africa*. The Centre for Research on Evaluation, Science and Technology, Stellenbosch University.
Crothers, C. (1997). South African sociology departments in 1996/7. *Society in Transition, 28*(1–4), 137–140.
Hendricks, F. (2006). The rise and fall of South African sociology. *African Sociological Review, 10*(1), 86–97.
James, W. G. (1993). The founding conference of the South African Sociological Association, University of Witwatersrand, 21–22 January 1993. *South African Sociological Review, 5*(2), 115–117.
Oloyede, O. (2006). Sociologia cognitia: A note on recent concerns in sociology in South Africa. *South African Review of Sociology, 37*(2), 343–355.
RSA (Republic of South Africa). (1997, August 15). *Education White Paper 3 – A programme for higher education transformation* (Gazette No. 18207). Pretoria: Government of South Africa.
RSA (Republic of South Africa). (1998, July 3). *National Research Foundation Act, 1988* (Gazette No. 19017). Government of South Africa.
RSA (Republic of South Africa). (2001, March 9). *Higher Education Act, 1997. National Plan for Higher Education* (Government Gazette, No. 22138). Republic of South Africa.
RSA (Republic of South Africa). (2003, December 3). *Higher Education Act, 1997 (101 of 1997)* (Government Gazette. No. 25824). Republic of South Africa.
RSA (Republic of South Africa). (2008). *Government Gazette, Vol. 519, No. 31470, 30 September 2008. Act No. 17 of 2008, Human Sciences Research Council Act, 2008*.
RSA (Republic of South Africa). (2013). *Higher Education Act, 1997, Act 101 of 1997. Government Gazettee, No. 952, No. 37118, 5 December 2013*.
Schutte, G. (2007). Looking to the future: Crossing disciplinary borders in South Africa. *International Sociology, 22*(5), 564–567.
Seidman, G. (1999). Is South Africa different? Sociological comparisons and theoretical contributions from the land of apartheid. *Annual Review of Sociology, 25*, 419–440.
Sitas, A., Mosoetsa, S., Tame, B., & Lorgat, A. (2011). *Charter for humanities and social sciences*. Department of Higher Education and Training/Republic of South Africa.
Sooryamoorthy, R. (2015). Sociological research in South Africa: Post-apartheid trends. *International Sociology, 30*(2), 119–133.
Uys, T. (2006). South African sociology in transition: Continental and global engagement. *Sociological Bulletin, 55*(1), 78–90.
Venter, D. (1998). Dissing the sacred canopy: The state of sociology of religion in South Africa. *Society in Transition, 29*(3–4), 143–151.
Webster, E. (1997). Democratic transition: South African sociology. *Contemporary Sociology, 26*(3), 279–282.
Webster, E. (2008). Sociologist unbound: A celebration of the work of Jacklyn Cock. *South African Review of Sociology, 39*(2), 175–181.

# Soziologische Forschung: Zeitgenössische Merkmale 5

### Zusammenfassung

In der heutigen soziologischen Situation Südafrikas sind einige Merkmale von Bedeutung. Methodische Orientierungen und Präferenzen, Fragmentierung und Spezialisierung, Zusammenarbeit und Internationalisierung sind die wichtigsten davon. Qualitative Methoden sind der bevorzugte Ansatz für Soziologen in Südafrika. Was die wichtigsten Forschungsbereiche betrifft, so ist die südafrikanische Soziologie eher fragmentiert als fokussiert oder spezialisiert. Die Zusammenarbeit zwischen Soziologen ist nicht so stark wie in den naturwissenschaftlichen Disziplinen des Landes. Der Zusammenhang zwischen quantitativer Methodik und Zusammenarbeit ist in den Forschungspublikationen südafrikanischer Soziologen offensichtlich. Die Zusammenarbeit findet weniger innerhalb der soziologischen Fachbereiche statt, sondern eher zwischen der Soziologie und anderen Fachbereichen. Die Internationalisierung der südafrikanischen Soziologie ist noch nicht sehr weit gediehen, aber südafrikanische Soziologen nehmen aktiv an internationalen soziologischen Aktivitäten teil.

Südafrikanische Soziologen forschen und produzieren heute mehr Wissen als je zuvor. Die wachsende Zahl von Veröffentlichungen, meist in lokalen und gelegentlich in internationalen Zeitschriften, unterstreicht die zunehmende Produktion soziologischen Wissens. Die Publikationsmöglichkeiten für Soziologen sind unter den neuen demokratischen Verhältnissen offener als je zuvor. Südafrika hat die Phase der „Abschottung" hinter sich gelassen. Das wachsende Interesse der Redakteure und Verlage an südafrikanischen Themen hat die Wissensproduktion beschleunigt. Ein weiterer Grund für die verstärkte Produktion von Forschungsergebnissen ist struktureller Natur. Veröffentlichungen sind zu einem festen Bestandteil des Leistungsmanagementsystems geworden, das in den ersten Jahren des Jahrzehnts an den südafrikanischen Universitäten eingeführt wurde. Das System erwartet von den Akademikern, dass sie Forschungspublikationen in anerkannten Fachzeitschriften veröffentlichen, die je nach ihrem Rang unterschiedlich hoch sind. Das Department of Higher Education and Training (DHET) hat für die an den Universitäten des Landes tätigen Akademiker eine Benchmark für Veröffentlichungen festgelegt. Die Finanzierung der Universitäten durch die Regierung ist nun an den Forschungsoutput und -durchsatz gebunden.

Nachdem wir die südafrikanische Soziologie in drei klar erkennbaren Phasen – der Kolonialzeit, der Apartheid und der demokratischen Periode – betrachtet haben, ist eine Betrachtung der heutigen Merkmale der Soziologie erforderlich. Zumindest gibt es vier wichtige Bereiche, die Aufmerksamkeit erfordern – methodische Orientierungen, Fragmentierung und Spezialisierung, Zusammenarbeit und Internationalisierung in der südafrikanischen Soziologie.

An Ideen, Themen, Problemen und Forschungsmöglichkeiten für Soziologen in Südafrika herrscht kein Mangel. Es bietet, wie Sitas (2006) sagt, ein außergewöhnliches soziales Labor. Die Bereiche, in denen Soziologen forschen, weisen ein breites Spektrum auf. Man könnte sie leicht in mehr als 100 Themen gruppieren, über die die Interessen der Soziologen verstreut und weit verteilt sind. Aus diesen Forschungsbereichen und Veröffentlichungen lassen sich methodologische Präferenzen ablesen. Um die Disziplin besser zu verstehen, müssen diese Schwerpunkte und Spezialisierungen in der südafrikanischen Soziologie untersucht werden. Sie spiegeln die Merkmale der Soziologie im Allgemeinen wider, d. h. Fragmentierung und Spezialisierung.

Die Zusammenarbeit, sowohl auf nationaler als auch auf internationaler Ebene, ist als Schlüsselfaktor für das Wachstum einer Disziplin und die Wissensproduktion anerkannt. Dies hat sich im Fall mehrerer wissenschaftlicher Disziplinen in Südafrika gezeigt (Sooryamoorthy, 2015b). Daher ist es von Interesse zu untersuchen, welche Kooperationsmuster unter den Soziologen des Landes in Bezug auf die bevorzugten Forschungsbereiche, Methoden, institutionellen Ursprünge und Publikationsorte bestehen.

Die Internationalisierung der Soziologie ist wichtig für das Wachstum der Disziplin. Die Art und Weise, in der südafrikanische Soziologen mit internationalen Kollegen zusammenarbeiten, an internationalen Konferenzen und anderen Fachtagungen teilnehmen und dort Vorträge halten, Mittel von internationalen Agenturen einwerben und Wissen auf internationalem Niveau produzieren, ist Teil des Internationalisierungsprozesses. Auch hier wird versucht, diese Dimension in der südafrikanischen Soziologie anhand der Daten zu verstehen, die aus ihren Veröffentlichungen gewonnen werden können.

## Methodische Orientierungen

Die südafrikanische Soziologie zeichnet sich durch eine klare methodologische Neigung aus. Südafrikanische Soziologen haben weitgehend qualitative Methoden gegenüber quantitativen Methoden bevorzugt und übernommen. Die in den vorangegangenen Kapiteln vorgestellte szientometrische Analyse zeigt dies sehr deutlich. Eine beträchtliche Anzahl der von den Soziologen des Landes veröffentlichten Arbeiten war qualitativer oder theoretischer Natur. Eine natürliche Folge davon ist die schwache Entwicklung der quantitativen Forschung in der südafrikanischen Soziologie.

Einheimische Soziologen waren sich dieses Nachteils in der südafrikanischen Soziologie bewusst und waren sehr besorgt über die Schwäche der quantitativen und statistischen Analyse in der soziologischen Forschung des Landes (Botes et al., 1991; Groenewald, 1991; van Staden & Visser, 1991). Eine Reihe von Erklärungen wurde vorgebracht. Die fehlende Zusammenarbeit mit erfahrenen Forschern, die Gleichgültigkeit gegenüber positivistischen Methoden und die wachsende Anhängerschaft humanistischer qualitativer Methoden waren einige der Gründe für diesen Rückstand bei quantitativen Forschungsvorhaben (Oosthuizen, 1991). Es stimmt auch, dass es nicht genügend Soziologen gab, die sich mit quantitativen Forschungsmethoden auskannten, und dass Südafrika diese erfahrenen Soziologen nicht anziehen konnte (Oosthuizen, 1991). Die Zahl der Sozialwissenschaftler, mit Ausnahme der Wirtschaftswissenschaftler, die sich mit quantitativer Forschung befassten, war gering (Seekings, 2001). Diese Situation hat sich in der demokratischen Ära nicht wesentlich geändert.

Dieses mangelnde Interesse an quantitativen Studien hat einige historische Vorläufer. Seekings (2001) ist der Ansicht, dass dies auf die Geschichte der Antipathie und Feindseligkeit gegenüber quantitativen Methoden zurückzuführen ist. Die Aufteilung in afrikaans- und englischsprachige Universitäten trug maßgeblich zur Rückständigkeit der quantitativen Forschung in der Soziologie bei. Während sich Soziologen an afrikaanssprachigen Universitäten für quantitative Paradigmen entschieden, wandten sich ihre Kollegen an englischsprachigen Universitäten qualitativen Ansätzen zu. Diese zweigeteilte Aufmerksamkeit für Methoden war hauptsächlich auf ihre paradigmatischen Neigungen zurückzuführen. Soziologen an Afrikaans-Universitäten verfügten über relativ bessere Forschungskompetenzen zur Durchführung quantitativer Studien als Soziologen an englischsprachigen Universitäten, und erstere waren offener für die Verbesserung der Forschungskompetenzen ihrer Lehrkräfte (Olzak, 1990).[1] Die unterschiedliche Herangehensweise an die Erforschung der sozialen Wirklichkeit trug zur Bildung zweier gegensätzlicher Lager bei. Abgesehen von diesen historischen Gründen ist die Schwächung der empirischen Forschung im demokratischen Südafrika zumindest teilweise auch auf die Differenzen zwischen Positivisten und marxistischen Soziologen zurückzuführen. Die linksradikalen Soziologen griffen den Positivismus, die quantitativen Sozialwissenschaften und den Funktionalismus an (Jubber, 2006). Kann dieses abweichende Interesse an bestimmten Methoden (während der Apartheid und bis zu einem gewissen Grad im neuen Südafrika) als Teil der „Politik der Methode" betrachtet werden, um den Ausdruck von Savage und Burrows (2007) zu verwenden?

Die Vorliebe der Wissenschaftler an den Afrikaans-sprachigen Universitäten für quantitative Studien war aus den in den vorangegangenen Kapiteln vorgestellten Daten ersichtlich. Darüber hinaus ergab die Kreuztabellierung der Variablen Methodik und Universitäten (Afrikaans und Englisch) der Daten für 1970–1993 (für Veröffentlichungen in ausgewählten Zeitschriften) die unterscheidenden methodologischen Merkmale. Die Analyse ergab, dass 36 % der Veröffentlichungen, die von englischen Universitäten (Natal, Kapstadt, Witwatersrand und Rhodes) stammten, auf qualitativen Daten beruhten, während der Prozentsatz der Veröffentlichungen für Afrikaans-Universitäten (Stellenbosch, Pretoria, Potchefstroom, Rand Afrikaans und Orange Free State) bei 21 % lag. Bei den quantitativen Studien war der Prozentsatz nur leicht zugunsten der afrikaansischen Universitäten.

Wie Seekings (2001) feststellt, haben die soziologischen Fakultäten im ganzen Land zwar auf verschiedenen Ebenen Kurse in quantitativer Methodik angeboten, doch wurde dies nicht auf die Erzeugung quantitativer Daten durch Forschung übertragen. In der Lehre war die quantitative Forschung und Analyse nur schwach in den Lehrplan integriert. An den Universitäten des Landes gab es viel Raum für die Ausbildung und den Aufbau von Fähigkeiten für die quantitative Forschung (Seekings, 2001). In ähnlicher Weise wiesen van Staden und Visser (1992) darauf hin, dass es den südafrikanischen Wissenschaftlern an Wissen über quantitative Forschungsverfahren mangelt, insbesondere über Stichproben und deren Grenzen. Dies geht auch aus den Beiträgen hervor, die auf den Jahreskonferenzen der South African Sociological Association (SASA) präsentiert werden.

Die Gleichgültigkeit der südafrikanischen Soziologen gegenüber quantitativen Methoden steht in einem gewissen Zusammenhang mit dem Rückgang dieser Methodik auf internationaler Ebene (Savage & Burrows, 2007). Es ist auch möglich, dass, wie van Staden und Visser (1992) anmerken, südafrikanische Sozialwis-

---

[1] Es gab Kritik an den Ansichten von Olzak. Siehe Joubert (1991).

senschaftler mit fortgeschrittenen statistischen Techniken nicht sehr vertraut waren oder sich nicht wohl damit fühlten, was eine wesentliche Voraussetzung für die Durchführung quantitativer Studien ist. Dies wurde in den Analysen der Forschungspublikationen von Soziologen hervorgehoben (Basson & Prozesky, 2015; van Staden & Visser, 1991). Wie Seekings (2001) jedoch feststellt, kam es in den 1990er-Jahren in den südafrikanischen Sozialwissenschaften zu einem Wiederaufleben der quantitativen Forschung. Dies war auf die Verfügbarkeit neuer Datensätze, den technologischen Fortschritt bei Softwareprogrammen zur Datenverwaltung und die Forderungen der politischen Entscheidungsträger (Seekings, 2001) im neuen demokratischen Südafrika zurückzuführen. Dieses Wiederaufleben ist jedoch in den Forschungspublikationen südafrikanischer Soziologen in Zeitschriften wie *SARS* noch nicht zu erkennen.

## Fragmentierung und Spezialisierung

Vermutlich ist die Soziologie die am wenigsten integrierte Disziplin unter den Sozialwissenschaften (Turner, 2006). Die fragmentierte Natur der soziologischen Forschung ist auffällig und wird als ihr Merkmal akzeptiert.

Die Soziologie in Südafrika ist auch zersplittert, selbst innerhalb der soziologischen Fachbereiche der Universitäten. Sie gleicht einem „Archipel schlecht miteinander verbundener Inseln der Spezialisierung", wie Craig Calhoun es beschrieb (1992, zitiert in Carroll, 2013, S. 2). Luckett (2009) argumentiert auf der Grundlage ihrer Studie, dass das soziologische Wissen in Südafrika im Laufe der Zeit aufgrund der Kluft in den Sozialwissenschaften zwischen post-positivistischen und post-strukturalistischen Erkenntnistheorien stärker fragmentiert wurde. Dieser Trend ist seit der Apartheid zu beobachten. Die Zersplitterung der Soziologie führte zu einem Sammelsurium von Themen, Fragestellungen und soziologischen Problemen, dem es jedoch an Tiefe und Lebendigkeit mangelte. Ein genauer Blick auf die Forschungen und Veröffentlichungen von Soziologen unterstreicht diesen Charakter der soziologischen Forschung in Südafrika.

Die verstreuten Interessensgebiete sind auch in den Forschungsinteressen und Lebensläufen von Soziologen an südafrikanischen Universitäten zu erkennen. Eine diesbezügliche Analyse anhand von Informationen von den Webseiten der soziologischen Fakultäten zeigte den vielfältigen Charakter der Forschungsschwerpunkte, die von Biopolitik bis hin zu Hexerei reichen. Um einige der herausragenden Forschungsbereiche zu nennen, die die Aufmerksamkeit südafrikanischer Soziologen auf sich gezogen haben: Arbeits- und Industriestudien, Gesundheits- und Medizinsoziologie, Sexualität, Zivilgesellschaft und soziale Bewegungen, disziplinäre

Fragen der Soziologie und Methodologie, Kriminalität und Gewalt, Staat und Apartheid, Entwicklung, Familie, Ehe und Kinder, Biopolitik, klinische Soziologie, Menschenrechte, Medien, soziale Netzwerke, Hexerei und Okkultismus.

Gegenwärtig neigen Soziologen dazu, oft einzeln, alles Mögliche zu erforschen, solange es sich veröffentlichen lässt. Sie arbeiten und veröffentlichen in verstreuten Interessengebieten. Viele sind nicht daran interessiert, über einen längeren Zeitraum intensive und rigorose Forschung in einem bestimmten Bereich zu betreiben. Es fehlt auch an Bemühungen von Soziologen, die sich zu Forschergruppen in bestimmten Spezialgebieten zusammenschließen. Es erübrigt sich zu erwähnen, dass kein Soziologie-Studiengang im Land dafür bekannt ist, einen einzigartigen Beitrag zu einem Bereich zu leisten, der sein Hauptaugenmerk ist. Die einzige Ausnahme ist die Arbeitssoziologie. Human (1984), der eine beträchtliche Anzahl soziologischer Forschungsarbeiten untersucht hat, ist der Ansicht, dass diese Art von fragmentierter Realität, für die sich keine angemessene Erklärung finden lässt, auf die Schwäche der Theorie in der südafrikanischen Soziologie zurückzuführen sein könnte.

Die Analyse in den vorangegangenen Kapiteln hat gezeigt, dass es keine spezifischen Forschungsschwerpunkte südafrikanischer Soziologen und Sozialwissenschaftler gibt. Einige der Forschungsbereiche haben weiterhin die Aufmerksamkeit der Wissenschaftler auf sich gezogen, während andere an Bedeutung verloren haben. Einige haben in den letzten Jahren ein beeindruckendes Wachstum erfahren, während andere auf ein unbedeutendes Niveau gesunken sind.

Studien über Arbeit, Industrie und Gewerkschaften sind ein Forschungsbereich, der in den vorangegangenen Kapiteln eingehend vorgestellt wurde. Die Arbeitsstudien sind in Südafrika zu einem besonderen historischen Zeitpunkt entstanden und gediehen. Die Industriesoziologie hat eine lange Tradition und Geschichte an den Universitäten des Landes. Kein anderer Bereich kann von sich behaupten, eine ähnliche Wachstumsphase im Land durchlaufen zu haben. In der Zeit der Apartheid nahm dieser Bereich eine herausragende Stellung in der Soziologie ein. Vielleicht war der berufsorientierte Charakter der Industriesoziologie ein begünstigender Faktor für ihr Wachstum. An mehreren Universitäten ist dies auch heute noch der Fall. An einigen Universitäten, wie z. B. der University of KwaZulu-Natal, wird sie im Rahmen eines separaten Programms betrieben.

Das Ende der Apartheid und der Beginn der Demokratie in Südafrika schwächten die Arbeitswissenschaft, die einst der stärkste Zweig der öffentlichen Soziologie war (Buhlungu, 2009). Dies lag zum Teil daran, dass die Wissenschaftler an den Universitäten ihre Rolle bei der Stärkung der Arbeiter durch ihre Forschung und ihr Engagement als irrelevant empfanden. Gleichzeitig erwarben die Gewerkschaften Wissen in Bereichen, die sie benötigten (Buhlungu, 2009). Gewerkschaften, die früher Akademiker und Forscher mit der Durchführung von Forschungsarbeiten beauftragten, sind nun in der Lage, diese selbst durchzuführen. Die Mitglieder der Gewerkschaften haben jetzt Zugang zu einer Hochschulausbildung. Extern finanzierte Bildungsprogramme für Arbeitnehmer, die an einigen Universitäten angeboten werden, kommen ihnen zugute. Die Gewerkschaften bilden auch Forschungsgruppen, um Studien durchzuführen, wenn dies notwendig ist (Bird, 1992), oder sie schließen sich mit anderen Organisationen zu Forschungszwecken zusammen (Valodia, 1992). Auch politische Organisationen haben ihre eigenen Forschungsabteilungen (Ngoasheng, 1992).

Ein weiterer Bereich der südafrikanischen Soziologie, der zunehmend an Bedeutung gewinnt, sind die Wissenschafts- und Technologiestudien, in denen Forschung betrieben und Master- und Doktorarbeiten erstellt werden. Studien zu „Rassen"fragen ziehen weiterhin die Aufmerksamkeit der Soziologen auf sich. Die Ansichten von Murphree (1975) und Stone (1976) über die soziologische Forschung zu „Rassen" fragen im südlichen Afrika sind auch heute noch gültig.[2] Wie Zegeye und Motsemme (2004) anmerken, wurden einige Bereiche, wie z. B. ländliche Fragen, in der Vergangenheit ignoriert. Die historischen schwarzen Universitäten (HBUs) haben aus historischen Gründen das Potenzial, Forschung in wichtigen Bereichen wie ländliche Entwicklung und Gesundheit zu betreiben (Reddy, 1992).

Das Interesse an vielen anderen Fachgebieten war nur vorübergehend, instabil oder verschwand, ohne dass es zu einer substanziellen Position innerhalb der Soziologie kam. Die neuen Forschungsarbeiten, die aus dem globalen Süden zum Thema Gewalt kommen, machen es zu einem Kernthema der Soziologie und zu einem sichtbar wichtigen Thema (Walby, 2012). Studien über Gewalt, Gewalt gegen Frauen und Kinder erhalten die verstärkte Aufmerksamkeit der Soziologen in diesem Land.

Soziologisches Wissen wird nicht nur an Universitäten und Forschungsinstituten produziert. Auch andernorts wurden und werden zahlreiche Arbeiten erstellt, die oft nicht in die Redaktionsprogramme von Fachzeitschriften und Buchverlagen gelangten. Wie Sitas (2014) betont, handelt es sich dabei zumeist um Arbeiten mit Anwendungscharakter, die im Auftrag von Regierungen oder nationalen und internationalen Organisationen entstanden sind. Sie sind wichtige Beiträge zu Innovationen in der Feldarbeit und Analyse (Sitas, 2014).

---

[2] Murphree (1975) Formulierungen für das zeitgenössische Studium von „Rasse" basieren auf dem kontextuellen und interdisziplinären Ansatz, um Veränderungen zu bewirken. Stone (1976) hingegen untersuchte die Grundprobleme der Soziologie des Separatismus und des Separatismus als Ideologie.

Es gibt nicht viele Soziologen im Land. Dies hat Auswirkungen auf die Entwicklung spezialisierter Forschungsthemen mit einer beträchtlichen Anzahl von Wissenschaftlern, die in bestimmten Bereichen arbeiten, und auf die Produktion von Wissen in solchen spezifischen Bereichen. Gelehrte wie Webster (2004) haben dies festgestellt.

Neue Zweige der Soziologie sind im Entstehen begriffen. Ausgehend von den Arbeiten der Vergangenheit gehen die Arbeitssoziologen neue Wege in der Lehre und Forschung der Soziologie. Die Soziologie der Berufe[3] ist zum Beispiel bereit, einen Beitrag zur nationalen Debatte über Professionalität und zur Entwicklung einer öffentlichen Berufskultur zu leisten (Bonnin & Ruggunan, 2013). Die Notwendigkeit einer starken Berufskultur ist für das Land in den Bereichen Bildung, Gesundheit und anderen öffentlichen Sektoren unerlässlich. Dies sind wichtige Anliegen für die heutige südafrikanische Gesellschaft.

Die Fragmentierung muss sich nicht immer nachteilig auf die Disziplin auswirken. Die indische Soziologie ist stark fragmentiert, ohne dass dies viele negative Auswirkungen hätte (Patel, 2011). Im Einklang mit dem vielfältigen Charakter der indischen Gesellschaft hat sich die indische Soziologie seit den 1960er-Jahren stärker diversifiziert und spezialisiert (Mukherjee, 1977). Auch die spanische Soziologie erlebte in den 1970er-Jahren ein Jahrzehnt der Spezialisierung, was zu einer Blüte einiger Bereiche führte (de Miguel & Moyer, 1979).

Die Spezialisierung sollte im Zusammenhang mit der Perspektive gesehen werden, dass es keine soziologische Mainstream-Forschung gibt und der Inhalt des Fachs einer ständigen Überarbeitung und Erneuerung unterliegt (Scott, 2005). Soziologische Spezialisierungen, so Scott (2005) weiter, entstehen als Reaktion auf das Schicksal anderer Disziplinen und auf die Unwägbarkeiten des sozialen Wandels. Die Spezialisierung in der Soziologie wird durch die sie umgebenden sozialen Umstände oder Veränderungen in der Sozialstruktur ausgelöst. In Spanien fiel die Entwicklung spezifischer Bereiche der Soziologie mit großen Veränderungen in der Sozialstruktur zusammen (de Miguel & Moyer, 1979).

Die Spezialisierung ist wichtig und wesentlich für die Finanzierung. Die Finanzierung der Forschung durch die Nationale Forschungsstiftung (NRF) ist an die Einstufung einer Person gebunden, und die Wissenschaftler werden nun ermutigt, sich auf bestimmte Interessengebiete zu spezialisieren. Wie aus Tab. 5.1 hervorgeht, gibt es weniger Bereiche, in denen die von der NRF bewerteten Sozialwissenschaftler (zu denen auch Soziologen gehören) gearbeitet haben. Dies ermutigt Soziologen, ihre Forschung auf ein einziges Interessensgebiet zu konzentrieren und

---

[3] Der Bereich der Soziologie der Berufe ist seit den 1960er-Jahren im Niedergang begriffen, aber die Literatur dazu wächst (Adams, 2015).

**Tab. 5.1** Spezialisierung der NRF-bewerteten Stipendiaten, 2015

| Spezialisierung | Anzahl der Stipendiaten |
|---|---|
| Bildung/Hochschulbildung/Bildungspolitik/Bildungssoziologie/Pädagogik/Bildungswandel/Lehrerentwicklung/Lehrplan/ | 71 |
| Gender-Studien | 26 |
| Gesundheit/HIV/öffentliche Gesundheit | 22 |
| IKT/Kommunikation/Medien | 16 |
| Städtische Studien | 14 |
| Die Menschenrechte | 14 |
| Tourismus | 10 |
| Entwicklung | 10 |
| „Rasse"/Rassismus | 7 |
| Armut | 7 |
| Arbeitswissenschaft/Industriestudien | 7 |
| Familie/Ehe/Kinder | 7 |
| Lokale Verwaltung/Wohnungen/Lebensunterhalt/Sport/Diaspora-Studien | 6 |
| Militärische Soziologie | 5 |
| Auswanderung | 5 |
| Kriminalität/Gewalt | 5 |
| Soziale Bewegungen/Zivilgesellschaft | 4 |
| Maritime Soziologie | 4 |
| Identität/Männlichkeit | 4 |
| Soziologie der Wissenschaft | 2 |
| Politik | 2 |
| Umweltsoziologie | 2 |

*Quelle*: Tabelliert nach NRF (2015)

sich nicht, wie es bei vielen Wissenschaftlern der Fall war, auf nicht verwandte Gebiete zu verteilen. Die Vertiefung der Forschung in bestimmte Probleme und Interessensgebiete ist nicht nur für das berufliche Fortkommen des Wissenschaftlers von Vorteil, sondern auch für die Disziplin. Fortgeschrittene Kenntnisse über bestimmte Themen, die auf lokaler und nationaler Ebene von Bedeutung sind, haben weitreichende positive Auswirkungen auf die Disziplin und ihr Ansehen im Land. Andererseits profitieren auch die Wissenschaftler von der konzentrierten Arbeit in einem bestimmten Bereich, die schließlich zu einer Autorität auf diesem Gebiet werden. Studenten, die ihre Master- und Doktorarbeiten durchführen wollen, werden ebenfalls von solchen Bereichen angezogen und wenden sich an die entsprechenden Wissenschaftler.

Die Spezialisierung auf Teilgebiete der Soziologie hat ihre Vorteile, sowohl für die Soziologen als auch für die Disziplin. Leahey und Reikowsky (2008) zählen einige davon auf: Sie kann die Produktivität der Wissenschaftler fördern und das Wissen in dem spezifischen Bereich vertiefen; sie kann als Sprungbrett für innovative Arbeit dienen; und sie kann sogar die Horizonte der Forschung auf integrativere Weise erweitern. Ein Blick auf die Forschungsausschüsse der nationalen und internationalen Berufsverbände der Soziologen zeigt das Ausmaß der Spezialisierung, die das Fach in der jüngsten Vergangenheit in mehrere Bereiche aufgeteilt hat.

Die Spezialisierungen in der südafrikanischen Soziologie sind das Ergebnis von Reaktionen auf die sich verändernden sozialen Realitäten – Arbeitsstudien, Gesundheitsstudien oder Studien über Kriminalität. Soziologen sollten sich nicht zu sehr um die Spezialisierung oder die Fragmentierung der Soziologie sorgen. Vielmehr sollten sie sich um den Aufbau einer starken Soziologie, vielleicht einer Regenbogensoziologie, bemühen. Die Soziologie zersplittert ohnehin (Leahey & Reikowsky, 2008).

## Zusammenarbeit

Veröffentlichungen mit Koautorenschaft stehen stellvertretend für kollaborative Forschung. Die aktuellen Koautorenschaftsmuster von Soziologen können die Dimensionen der kollaborativen Forschung unter südafrikanischen Soziologen und Sozialwissenschaftlern aufzeigen. Zu diesem Zweck wird hier eine szientometrische Analyse der Publikationsdaten aus der *South African Review of Sociology* (*SARS*) und dem Web of Science (WoS) vorgelegt.

Es gibt zwei Hauptarten der Zusammenarbeit, die nationale und die internationale. Bei der nationalen Zusammenarbeit kann es sich um eine intern-institutionelle oder eine extern-institutionelle Zusammenarbeit handeln. Bei der internen institutionellen Form gehören alle Autoren derselben Einrichtung an, aber nicht unbedingt demselben Fachbereich. Die externe institutionelle Form bezieht sich auf den Zusammenschluss von Wissenschaftlern aus zwei oder mehreren Einrichtungen innerhalb eines Landes. Bei der internationalen Zusammenarbeit ist mindestens ein Wissenschaftler aus einer ausländischen Einrichtung beteiligt. Eine Veröffentlichung kann alle Arten der Zusammenarbeit aufweisen – interne institutionelle, externe institutionelle und internationale –, wenn es vier oder mehr Autoren gibt (zwei von derselben Einrichtung, einer von einer externen Einrichtung im Land und einer aus dem Ausland).

Tab. 5.2 veranschaulicht die Merkmale der Zusammenarbeit südafrikanischer Wissenschaftler anhand der Veröffentlichungen in *SARS* von 1995 bis 2015. Die durchschnittliche Anzahl der Autoren pro Veröffentlichung ist ein Index für den Grad der Zusammenarbeit. In diesem Fall betrug sie 1,39, was bedeutet, dass im Durchschnitt weniger als zwei Wissenschaftler an der Erstellung einer Publikation beteiligt

**Tab. 5.2** Zusammenarbeit der Autoren, wie sie aus den Veröffentlichungen in der *South African Review of Sociology* hervorgeht, 1995–2015

| Zusammenarbeit | 1995–1999 | | 2000–2004 | | 2005–2009 | | 2010–2015 | | Alle | |
|---|---|---|---|---|---|---|---|---|---|---|
| | Nein. | % | Nein. | % | Nein. | % | Nein. | % | Nein. | % |
| Jede Art von Zusammenarbeit, national oder international | 18 | 29,0 | 29 | 29,6 | 18 | 25,0 | 35 | 27,6 | 100 | 27,9 |
| Innerstaatliche Zusammenarbeit | 14 | 82,4 | 20 | 69,0 | 13 | 68,4 | 27 | 77,1 | 74 | 74,0 |
| Alle südafrikanischen Autoren (aller Publikationen der Zusammenarbeit) | 14 | 82,4 | 20 | 69,0 | 12 | 66,7 | 26 | 74,3 | 72 | 72,7 |
| Interne institutionelle Zusammenarbeit | 12 | 70,6 | 18 | 62,1 | 11 | 57,9 | 24 | 68,6 | 65 | 65,0 |
| Externe institutionelle Zusammenarbeit | 3 | 17,6 | 2 | 6,9 | 3 | 15,8 | 7 | 20,0 | 15 | 15,0 |
| Internationale Zusammenarbeit | 0 | 0,0 | 3 | 10,3 | 5 | 27,8 | 7 | 20,0 | 15 | 15,2 |
| | Mittlere | S. D. | Mittlere | S. D. | Mittlere | S. D. | Mittlere | S. D. | Mittlere | S. D. |
| Mittlere Anzahl der Autoren (ANOVA: $F = 0{,}249$, df = 3, $p = 0{,}862$) | 1,35 | 0,70 | 1,45 | 0,88 | 1,39 | 0,87 | 1,37 | 0,71 | 1,39 | 0,78 |

waren. Es gab keine signifikanten Unterschiede zwischen den in der Analyse verwendeten Jahresklassen. Von allen 359 Veröffentlichungen in *SARS* für den Zeitraum wurden 28 % gemeinsam erstellt, wobei Partner aus dem Inland und/oder aus dem Ausland beteiligt waren. Auch hier wurde beim Chi-Quadrat-Test kein signifikanter Zusammenhang festgestellt. Dies deutet darauf hin, dass der Prozentsatz der Veröffentlichungen mit Koautorenschaft in den vier Zeiträumen nicht sehr unterschiedlich war, obwohl er nach 1995–1999 um etwa zwei Prozentpunkte zurückging.

Bei drei Vierteln aller gemeinsam verfassten Veröffentlichungen (Tab. 5.2) handelte es sich um eine inländische Zusammenarbeit, an der Kollegen aus derselben Einrichtung oder aus anderen Einrichtungen des Landes beteiligt waren. Obwohl statistisch nicht signifikant, schwankte dieser Anteil zwischen 68 % im Zeitraum 2005–2009 und 82 % im Zeitraum 1995–1999. Das ist ein Verlust von fünf Prozentpunkten gegenüber dem Niveau von 1995–1999. Während mehr als drei Viertel der Publikationen mit Koautorenschaft dem Typ der internen institutionellen Zusammenarbeit zuzuordnen sind, ist die externe institutionelle Zusammenarbeit auf 15 % beschränkt.

Die internationale Zusammenarbeit war minimal. Nur 15 % gaben an, eine internationale Verbindung zu haben. Internationale Partner kamen aus den USA, England und Botswana. Auch Wissenschaftler aus anderen Ländern wie Australien, Brasilien, Kanada, Indien, Tansania und Simbabwe leisteten Beiträge zu *SARS*. Es handelte sich jedoch um Einzel- oder Mehrfachautoren, an denen keine südafrikanischen Partner beteiligt waren. Die Autoren waren weniger international als die Zeitschrift. Die Zeitschrift hat eine große Anzahl von Veröffentlichungen vorgelegt, die von Personen verfasst wurden, die mit ausländischen Institutionen verbunden sind. Die meisten von ihnen hatten keinen südafrikanischen Partner in diesen Veröffentlichungen.

In einigen Forschungsbereichen gab es mehr Zusammenarbeit als in anderen. Dabei handelte es sich um Militärstudien, Kriminalität, Gewalt und Polizeiarbeit, Soziologie und Sozialwissenschaften sowie Entwicklung, Urbanisierung und Planung (Tab. 5.3). Bei den Studien über Gesundheit und Armut war die Verteilung gleich. Was die Zusammenarbeit in den ausgewählten Einrichtungen betrifft, so waren einige wenige sehr kooperativ. Ein hohes Maß an Zusammenarbeit fand unter Wissenschaftlern aus Übersee statt (Tab. 5.4). Andere Einrichtungen, die bei Veröffentlichungen mit Koautoren einen höheren Wert als bei Veröffentlichungen mit Einzelautoren verzeichneten, waren die University of KwaZulu-Natal (UKZN), die University of Johannesburg (UJ), die Stellenbosch University (SU) und die University of Cape Town (UCT) (mit signifikanten Unterschieden im *t-Test*). UKZN war die Einrichtung, die die Zusammenarbeit am stärksten förderte. Im Hinblick auf die Fachbereiche wurde die Zusammenarbeit von anderen Fachbereichen als der Soziologie begünstigt, wobei erstere einen höheren Wert angaben. Fachbereiche, die nicht der Soziologie angehören, brachten mehr Veröffentlichungen mit Koautoren hervor.

Die „Rasse" ist in Südafrika eine wichtige Variable. Die am meisten mitwirkende „Rasse" waren Weiße, gefolgt von Afrikanern und Indern (Tab. 5.5). Der

**Tab. 5.3** Zusammenarbeit und Forschungsbereiche bei den Veröffentlichungen in der *South African Review of Sociology*, 1995–2015

| Forschungsbereiche | Zusammenarbeit | | Keine Zusammenarbeit | | Alle | |
|---|---|---|---|---|---|---|
| | Nein. | % | Nein. | % | Nein. | % |
| Arbeit, Arbeitsbeziehungen, Migration und Beschäftigung | 29 | 67,4 | 14 | 32,6 | 43 | 100 |
| Soziologie, Sozialwissenschaften und Methodologie | 31 | 83,8 | 6 | 16v2 | 37 | 100 |
| Gesundheit, HIV/AIDS und medizinische Soziologie | 18 | 50,0 | 18 | 50,0 | 36 | 100 |
| Geschlecht, Sexualität und Frauenstudien | 23 | 79,3 | 6 | 20,7 | 29 | 100 |

(Fortsetzung)

**Tab. 5.3** (Fortsetzung)

| Forschungsbereiche | Zusammenarbeit Nein. | % | Keine Zusammenarbeit Nein. | % | Alle Nein. | % |
|---|---|---|---|---|---|---|
| Kriminalität, Gewalt, Polizeiarbeit und Sicherheit | 25 | 86,2 | 4 | 13,8 | 29 | 100 |
| Familie, Haushalte, Ehe, Scheidung, Bevölkerung, Kinder und Jugendliche | 17 | 73,9 | 6 | 26,1 | 23 | 100 |
| Staat, Apartheid und Demokratie | 15 | 75,0 | 5 | 25,0 | 20 | 100 |
| Gemeinschaftsstudien, informelle Siedlungen, Entwicklung von Städten und Gemeinden | 10 | 62,5 | 6 | 37,5 | 16 | 100 |
| Bildung, Hochschulbildung und Lehrpläne | 8 | 57,1 | 6 | 42,9 | 14 | 100 |
| Armut und Arbeitslosigkeit | 6 | 50,0 | 6 | 50,0 | 12 | 100 |
| Entwicklung, Urbanisierung, Planung und Industrialisierung | 9 | 81,8 | 2 | 18,2 | 11 | 100 |
| Zivilgesellschaft, Bewegungen und NGOs | 7 | 70,0 | 3 | 30,0 | 10 | 100 |
| Militärstudien und Kriegsstudien | 9 | 90,0 | 1 | 10,0 | 10 | 100 |
| „Rasse" | 7 | 77,8 | 2 | 22,2 | 9 | 100 |
| Soziale Probleme (Drogen, Alkoholismus, Prostitution, Selbstmord, Fremdenfeindlichkeit, usw.) | 5 | 71,4 | 2 | 28,6 | 7 | 100 |
| Kultur, Sozialstruktur und Afrikastudien | 4 | 57,1 | 3 | 42,9 | 7 | 100 |
| Identität und Modernität | 2 | 66,7 | 1 | 33,3 | 3 | 100 |
| Andere (Globalisierung, Technologie, Sport, usw.) | 34 | 79,1 | 9 | 20,9 | 43 | 100 |

**Tab. 5.4** Zusammenarbeit in ausgewählten Institutionen und Fachbereichen, wie sie aus den Veröffentlichungen in der *South African Review of Sociology* hervorgeht, 1995–2015

| Einrichtung | Kollaboration ($N = 100$) | | Keine Zusammenarbeit ($N = 259$) | | Alle ($N = 359$) | |
|---|---|---|---|---|---|---|
| | Mittlere | S. D. | Mittlere | S. D. | Mittlere | S. D. |
| *Einrichtung* | | | | | | |
| University of KwaZulu-Natal (UKZN)*** | 0,40 | 1,04 | 0,11 | 0,32 | 0,19 | 0,63 |
| University of Johannesburg (UJ)*** | 0,26 | 0,66 | 0,15 | 0,36 | 0,18 | 0,46 |
| Stellenbosch University (SU)*** | 0,18 | 0,54 | 0,08 | 0,27 | 0,11 | 0,37 |

(Fortsetzung)

**Tab. 5.4** (Fortsetzung)

| Einrichtung | Kollaboration (N = 100) | | Keine Zusammenarbeit (N = 259) | | Alle (N = 359) | |
|---|---|---|---|---|---|---|
| | Mittlere | S. D. | Mittlere | S. D. | Mittlere | S. D. |
| University of Cape Town (UCT)*** | 0,15 | 0,70 | 0,05 | 0,23 | 0,08 | 0,42 |
| University of Witwatersrand (Wits) | 0,13 | 0,54 | 0,12 | 0,33 | 0,12 | 0,40 |
| Rhodes University (RU) | 0,07 | 0,36 | 0,06 | 0,23 | 0,06 | 0,27 |
| Ausländische Universität/ Institution*** | 0,44 | 0,87 | 0,21 | 0,41 | 0,27 | 0,58 |
| Alle Institutionen*** | 2,26 | 0,98 | 1,00 | 0,17 | 1,35 | 0,78 |
| *Fachbereich* | | | | | | |
| Fachbereiche Soziologie*** | 0,81 | 1,04 | 0,49 | 0,50 | 0,58 | 0,71 |
| Andere Fachbereiche*** | 0,97 | 10,28 | 0,39 | 0,49 | 0,55 | 0,83 |
| Alle Fachbereiche*** | 1,78 | 1,19 | 0,88 | 0,33 | 1,13 | 0,80 |

*Anmerkung*: Unabhängiger *t-Test*. Signifikanz: ***p < 0,01

**Tab. 5.5** Mitarbeit und Autoren bei den Veröffentlichungen in der *South African Review of Sociology*, 1995–2015

| Autoren | Kollaboration (N = 100) | | Keine Zusammenarbeit (N = 259) | | Alle (N = 359) | |
|---|---|---|---|---|---|---|
| | Mittlere | S. D. | Mittlere | S. D. | Mittlere | S. D. |
| „Rasse" | | | | | | |
| Weiß[a] *** | 1,77 | 1,18 | 0,75 | 0,43 | 1,03 | 0,86 |
| Afrikanisch[a] *** | 0,45 | 0,90 | 0,12 | 0,33 | 0,21 | 0,57 |
| Indisch[a] *** | 0,16 | 0,44 | 0,08 | 0,27 | 0,10 | 0,33 |
| Andere | 0,04 | 0,20 | 0,05 | 0,22 | 0,05 | 0,21 |
| *Geschlecht* | | | | | | |
| Männlich[a] *** | 1,22 | 0,94 | 0,55 | 0,50 | 0,74 | 0,72 |
| Weiblich[a] *** | 1,00 | 0,94 | 0,42 | 0,49 | 0,58 | 0,70 |
| *Methodik*[b] *** | Nein. | % | Nein. | % | Nein. | % |
| Quantitativ | 22 | 50,0 | 22 | 50,0 | 44 | 100 |
| Qualitativ | 44 | 31,9 | 94 | 36,3 | 138 | 38,4 |
| Theoretisch | 26 | 16,0 | 136 | 84,0 | 162 | 100 |

[a]Unabhängiger *t-Test*. Signifikanz: ***p < 0,01
[b]Chi-Quadrat-Test. Signifikanz: ***p < 0,01

Mittelwert für weiße Autoren war viermal höher als der der nächstfolgenden „Rasse", der Afrikaner. Bei allen drei „Rassen" war der Unterschied zwischen Veröffentlichungen, an denen ein Autor beteiligt war, und solchen, die er allein verfasste, statistisch signifikant. Es ist zu beachten, dass die Mehrheit der Autoren weiß war. Männliche Autoren gaben einen höheren Anteil an Zusammenarbeit an als weibliche Autorinnen. Der höhere Prozentsatz der Zusammenarbeit trat bei Publikationen mit quantitativer methodischer Ausrichtung auf.

Weitere Merkmale der Zusammenarbeit wurden aufgedeckt, als die Korrelation zwischen bestimmten Variablen getestet wurde. Das Jahr der Veröffentlichung und die Anzahl der weißen Autoren waren negativ miteinander verbunden ($p < 0{,}05$). Dies bestätigt die frühere Feststellung, dass die durchschnittliche Anzahl der Autoren pro Veröffentlichung nach 1995–1999 abnahm. Bei indischen Autoren war der Zusammenhang jedoch positiv, was bedeutet, dass sie mehr zusammenarbeitenals zuvor. Die Beziehung zwischen weißen Autoren und schwarzen Autoren war signifikant negativ. Zwischen männlichen und weiblichen Autoren war eine negative Beziehung offensichtlich (Tab. 5.6).

Die Beziehungen zwischen Institutionen und Fachbereichen sind in Tab. 5.7 dargestellt. Die Autoren der UJ haben in den letzten Jahren stärker zusammengearbeitet als in der Vergangenheit. Die Zusammenarbeit am UKZN ist seit dem Analysezeitraum rückläufig. Einrichtungen wie UKZN, SU und UCT wurden mit

**Tab. 5.6** Verhältnis zwischen Jahr, Geschlecht und „Rasse" bei den Veröffentlichungen in der *South African Review of Sociology*, 1995–2015

| | Jahr der Veröffentlichung | Anzahl der Autoren | Schwarzer Autor | Weißer Autor | Indischer Autor | Männlicher Autor |
|---|---|---|---|---|---|---|
| Jahr der Veröffentlichung | | | | | | |
| Anzahl der Autoren | −0,013 | | | | | |
| Schwarzer Autor | 0,101 | 0,294 ** | | | | |
| Weißer Autor | −0,150 ** | 0,695 ** | −0,325 ** | | | |
| Indischer Autor | 0,123 ** | 0,037 | −0,087 | −0,279 ** | | |
| Männlicher Autor | −0,074 | 0,482 ** | 0,172 | 0,347 ** | −0,050 | |
| | | | | *** 0,01 | | |
| Weibliche Autorin | 0,084 | 0,458 ** | 0,126 ** | 0,290 ** | 0,127 ** | −0,417 ** |

*Anmerkung*: Signifikanz **$p < 0{,}05$

**Tab. 5.7** Korrelation zwischen Jahr und Institutionen bei den Veröffentlichungen in der *South African Review of Sociology*, 1995–2015

| | Jahr der Veröffentlichung | Alle Institutionen | UJ | UKZN | Wits | Stellenbosch | UCT | Rhodos | Ausländische Institutionen | Fachbereiche für Soziologie |
|---|---|---|---|---|---|---|---|---|---|---|
| Jahr der Veröffentlichung | | | | | | | | | | |
| Alle Institutionen | 0,012 | | | | | | | | | |
| UJ | 0,185 ** | 0,072 | | | | | | | | |
| UKZN | −0,122 * | 0,373 ** | −0,120 * | | | | | | | |
| Wits | 0,048 | 0,060 | −0,105 *** | −0,095 | | | | | | |
| | | | 0,01 | | | | | | | |
| Stellenbosch | 0,066 | 0,111 * | −0,115 * | −0,091 | −0,091 | | | | | |
| UCT | −0,043 | 0,265 ** | −0,075 | −0,028 | −0,060 | −0,039 | | | | |
| Rhodos | −0,060 | −0,009 | −0,088 | −0,069 | −0,069 | −0,066 | −0,043 | | | |
| Ausländische Institutionen | −0,046 | 0,178 ** | −0,152 ** | −0,129 ** | −0,133 * | −0,138 ** | −0,079 | −0,106 * | | |
| Fachbereiche für Soziologie | −0,044 | 0,222 ** | 0,234 ** | 0,033 | 0,195 ** | 0,091 | −0,026 | 0,019 | 0,010 | |
| Andere Fachbereiche | 0,054 | 0,484 ** | −0,115 * | 0,382 ** | −0,061 | 0,059 | 0,185 ** | −0,14 | −0,075 | −0,476 ** |

*Anmerkung*: Signifikanz **p < 0,05

allen Einrichtungen korreliert. Autoren aus diesen ausgewählten Einrichtungen hatten mit Autoren aus den meisten anderen Einrichtungen zusammengearbeitet. Während zwischen den soziologischen Fachbereichen von UJ und Wits eine signifikante positive Korrelation festzustellen war, bestand für UKZN, SU, UCT und Rhodes keine solche Korrelation. UKZN- und UCT-Autoren entschieden sich für eine Verbindung mit nicht-soziologischen Fachbereichen. Die negative Beziehung zwischen soziologischen und nicht-soziologischen Fachbereichen erklärt, dass die Zusammenarbeit weitgehend entweder innerhalb der soziologischen oder der anderen Fachbereiche stattfindet und nicht zwischen der Soziologie und anderen Fachbereichen.

Die Daten von WoS wurden auch verwendet, um die Zusammenarbeit südafrikanischer Wissenschaftler zu untersuchen. Die Merkmale der Zusammenarbeit aus diesem Datensatz sind in Tab. 5.8 dargestellt. Mehr als drei Viertel der Veröffentlichungen in diesem Datensatz betrafen Bereiche, die mit der Soziologie zusammenhängen, und wiesen die Kooperationsarten Inland, Ausland oder beides auf. Die Zahl stieg kontinuierlich von 38 % im Jahr 1995 auf 76 % im Jahr 2015 an. Die Ergebnisse des Chi-Quadrat-Tests stimmen darin überein, dass die Zusammenarbeit und die ausgewählten Jahre signifikant miteinander verbunden waren. Bei 62 % der Publikationen, die in irgendeiner Form zusammengearbeitet haben, handelte es sich um eine inländische Zusammenarbeit. Der prozentuale Anteil der inländischen Zusammenarbeit war von 71 % im Jahr 1995 auf 61 % im Jahr 2015 rückläufig. Interne institutionelle Zusammenarbeit gab es bei 68 % der Publikationen mit inländischer Zusammenarbeit, die ebenfalls ähnlichen Trends folgten wie die inländische Zusammenarbeit. Zwar war der Anteil der Publikationen mit externer institutioneller Zusammenarbeit an den inländischen Kooperationen relativ gering (39 %), aber die Tendenz war steigend. Er stieg von 11 % im Jahr 1995 auf 47 % im Jahr 2015. Die Hälfte der Publikationen, an denen zusammengearbeitet wurde, hatte auch eine internationale Zusammenarbeit, die ebenfalls zwischen 1995 und 2015 zunahm.

Zusammenarbeit gab es in allen Forschungsbereichen, allerdings auf unterschiedlichem Niveau. Alle Veröffentlichungen im Bereich der Sozialwissenschaften waren Kooperationsveröffentlichungen. Die höchsten Prozentsätze (62–100 %) an Veröffentlichungen in Zusammenarbeit in der WoS-Datenbank fanden sich in den Forschungsbereichen Gesundheit, öffentliche Gesundheit, Umwelt- und Arbeitsmedizin, Demografie, Kriminologie, Soziologie, Umweltwissenschaften, Bildung, Informationswissenschaft, soziale Fragen und Familienstudien. In anderen Forschungsbereichen wie Kommunikation, ethnische Studien, Regionalstudien

**Tab. 5.8** Zusammenarbeit der Autoren in den Veröffentlichungen im Web of Science, 1995–2015

| Zusammenarbeit | 1995 Nein. | % | 2000 Nein. | % | 2005 Nein. | % | 2010 Nein. | % | 2015 Nein. | % | Alle Nein. | % |
|---|---|---|---|---|---|---|---|---|---|---|---|---|
| Jede Art von Zusammenarbeit, national oder international*** | 49 | 37,7 | 58 | 55,2 | 149 | 61,1 | 485 | 66,0 | 822 | 76,2 | 1563 | 68,2 |
| Inländische Zusammenarbeit*** | 35 | 71,4 | 37 | 64,8 | 101 | 67,8 | 297 | 61,2 | 504 | 61,4 | 974 | 62,3 |
| Alle südafrikanischen Autoren*** (von allen Publikationen der Zusammenarbeit) | 35 | 71,4 | 28 | 48,3 | 78 | 52,3 | 224 | 46,2 | 317 | 38,6 | 682 | 43,6 |
| Interne institutionelle Zusammenarbeit*** | 31 | 88,6 | 24 | 64,9 | 69 | 68,3 | 202 | 68,0 | 334 | 66,3 | 660 | 67,8 |
| Externe institutionelle Zusammenarbeit | 4 | 11,4 | 13 | 35,1 | 32 | 31,7 | 95 | 32,0 | 238 | 47,2 | 382 | 39,2 |
| Internationale Zusammenarbeit | 14 | 28,6 | 31 | 53,4 | 68 | 46,6 | 252 | 53,1 | 447 | 54,4 | 812 | 52,4 |
| | Mittlere | S. D. | Mittlere | S. D. | Mittlere | S. D. | Mittlere | S. D. | Mittlere | S. D. | Mittlere | S. D. |
| Mittlere Anzahl der Autoren (ANOVA: $F = 12{,}548$, df = 4, $p = 0{,}000$) | 1,65 | 1,16 | 2,35 | 1,88 | 2,59 | 2,18 | 3,11 | 3,06 | 3,35 | 3,39 | 3,05 | 3,05 |

*Anmerkung:* Ergebnisse des Chi-Quadrat-Tests. Signifikanz: ***$p < 0{,}01$

und Kulturstudien lag die Zahl der Kooperationen zwischen 21 und 48 %. Am wenigsten wurde in den Bereichen Kultur- und Regionalstudien zusammengearbeitet (21 % und 30 %).

Was die internationale Zusammenarbeit betrifft, so kamen die Partner aus einer Reihe von Ländern. Zwei Länder, die USA und England, waren die wichtigsten Partner der südafrikanischen Wissenschaftler. Die Zusammenarbeit mit afrikanischen Partnern war nicht sehr ausgeprägt. Wie aus Tab. 5.9 hervorgeht, war die Zahl der Länder mit US-Partnern am höchsten. Die Partnerschaft mit den USA hat im Laufe der Jahre stetig zugenommen (signifikant im ANOVA-Test). Die Gesamtzahl aller afrikanischen Länder war gleich der eines einzigen Landes, nämlich England. Sie nahm nach 1995 zu. Auch bei der Zusammenarbeit mit Wissenschaftlern in England ist eine steigende Tendenz zu beobachten.

Kurz gesagt, die Zusammenarbeit, wie sie in den gemeinsam verfassten Publikationen in *SARS* zu finden ist, war nicht sehr ausgeprägt. Im Vergleich zu den wissenschaftlichen Disziplinen ist die Zusammenarbeit in der Soziologie in Südafrika eher schwach ausgeprägt. Die durchschnittliche Anzahl der Autoren pro Publikation lag bei nur 1,39, und diese Situation änderte sich auch während der verschiedenen Analysezeiträume nicht. Die vorherrschende Form der Zusammenarbeit in Südafrika war die interne institutionelle Zusammenarbeit. Die Wissenschaftler arbeiteten bevorzugt mit Kollegen aus demselben Fachbereich oder derselben Einrichtung zusammen, wenn sie überhaupt zusammenarbeiteten. Es wurde auch ein fachbereichsspezifisches Merkmal festgestellt. Soziologen arbeiten nicht so häufig zusammen wie Nicht-Soziologen, und es gab keine Anzeichen für eine fachbereichsübergreifende Zusammenarbeit (zwischen Soziologie und anderen Fächern). Im Unterschied zu den wissenschaftlichen Disziplinen in Südafrika arbeiten Soziologen bevorzugt mit Kollegen aus demselben Fachbereich oder derselben Einrichtung zusammen.

Seekings (2001) stellte fest, dass es sich bei den Studien mit internationaler Zusammenarbeit meist um quantitative Studien handelte. Eine spätere Studie von Basson und Prozesky (2015) bewies, dass diese Annahme zutrifft. Das gleiche Ergebnis wurde auch in dieser Analyse deutlich. Es wurde ein Zusammenhang zwischen der quantitativen Methodik und der Zusammenarbeit (wenn auch nicht speziell der internationalen) festgestellt. „Rassen"- und Geschlechterfragen waren bei der Zusammenarbeit präsent. Es wurde eine negative Korrelation zwischen zwei verschiedenen „Rassen" und dem Geschlecht festgestellt.

In diesem Kontext der Zusammenarbeit und ihrer Bedeutung für das Wachstum und die Entwicklung der Disziplin wurde das Problem der Spaltung angesprochen. Einige sind besorgt über die Kluft, die zwischen schwarzen und weißen Soziologen bei der Vernetzung mit internationalen Kollegen und akademischen Partnern besteht. Schwarze Soziologen bemühen sich um Kontakte auf dem afrikanischen

**Tab. 5.9** Partner aus Übersee in Veröffentlichungen im Web of Science, 1995–2015

| Zusammenarbeit | 1995 | | 2000 | | 2005 | | 2010 | | 2015 | | Alle | |
|---|---|---|---|---|---|---|---|---|---|---|---|---|
| | Mittlere | S. D. | Mittlere | S. D. | Mittlere | S. D. | Mittlere | S. D. | Mittlere | S. D. | Mittlere | S. D. |
| Mittlere Anzahl der US-Partner (ANOVA: $F = 9{,}331$, df $= 4$, $p = 0{,}000$) | 0,07 | 0,42 | 0,17 | 0,61 | 0,18 | 0,56 | 0,22 | 0,64 | 0,38 | 0,97 | 0,28 | 0,80 |
| Mittlere Anzahl der afrikanischen Partner (ANOVA: $F = 4{,}645$, df $= 4$, $p = 0{,}001$) | 0,02 | 0,18 | 0,08 | 0,41 | 0,07 | 0,41 | 0,13 | 0,49 | 0,17 | 0,58 | 0,13 | 0,52 |
| Mittlere Anzahl der Partner in England (ANOVA: $F = 2{,}550$, df $= 4$, $p = 0{,}037$) | 0,02 | 0,12 | 0,11 | 0,32 | 0,12 | 0,38 | 0,14 | 0,45 | 0,14 | 0,44 | 0,13 | 0,42 |

Kontinent, während ihre weißen Kollegen nach Netzwerken in Europa, Nordamerika und Australien suchen (Hendricks, 2006). Eine solche Spaltung wirkt sich nachteilig auf die Bemühungen um eine integrierte Soziologie für Südafrika aus. Wir haben bereits bei der Analyse der SARS-Publikationen gesehen, dass es an Zusammenarbeit zwischen Wissenschaftlern verschiedener „Rassen" mangelt.

Warum ist die Zusammenarbeit in den WoS-Daten höher als in den SARS-Veröffentlichungen? Hierfür lassen sich einige Gründe anführen. *SARS* ist eine nationale Zeitschrift, die von südafrikanischen Wissenschaftlern als wichtiges Medium zur Veröffentlichung ihrer Forschungsergebnisse angesehen wird. Es ist die offizielle Zeitschrift der South African Sociological Association. Für die meisten Soziologen des Landes, insbesondere für junge Soziologen, ist *SARS* die erste Möglichkeit, ihre Forschungsergebnisse zu veröffentlichen. Viele der von ihnen durchgeführten Studien beziehen sich auf die individuelle Ebene und werden daher von Einzelautoren verfasst. Nur ein Drittel der Veröffentlichungen in *SARS* wurde in Zusammenarbeit mit anderen Autoren verfasst. Obwohl das WoS nationale Zeitschriften erfasst, ist die große Mehrheit der Zeitschriften international und hat ihren Sitz außerhalb des Landes. Viele dieser Zeitschriften bevorzugen Arbeiten, die auf umfangreichen empirischen Untersuchungen beruhen. Solche intensiven Forschungsstudien erfordern häufig eine Zusammenarbeit. Wenn einheimische Wissenschaftler zusammenarbeiten und produzieren, meist mit internationalen Wissenschaftlern (wie im WoS zu sehen ist, das einen höheren Grad an internationaler Zusammenarbeit aufweist), ziehen sie es vor, in internationalen Fachzeitschriften zu veröffentlichen. Von den insgesamt 2293 Veröffentlichungen im WoS wurden nur 349 (15 %) in Zeitschriften veröffentlicht, die in Südafrika herausgegeben wurden.

## Internationalisierung

Die Internationalisierung ist zum wichtigsten strukturellen Ereignis in der Soziologie geworden (Abbott, 2000). Die Internationalisierung der Soziologie erfolgt über mehrere Stufen. Veröffentlichungen (Zeitschriften, Monografien, Bücher und Vorträge), der Austausch von Soziologen, die Teilnahme an internationalen Konferenzen, Vernetzung, gemeinsame Unternehmungen (sowohl in der Forschung als auch in der Lehre), die aktive Beteiligung an den Aktivitäten internationaler Vereinigungen wie der International Sociological Association (ISA) und anderer nationaler soziologischer Vereinigungen sind der Weg zur Internationalisierung. Die japanische Soziologie zum Beispiel hat einige dieser Wege beschritten, und der Prozess ihrer Internationalisierung hat sich intensiviert (Yazawa, 2014).

Die Notwendigkeit der Zusammenarbeit südafrikanischer Wissenschaftler untereinander und mit nicht-südafrikanischen Wissenschaftlern ist in der Soziologiegemeinschaft angesprochen worden (Alexander, 2004). Die Internationalisierung einer jeden Disziplin hängt von bestimmten Schritten ab, die die Disziplin aus ihrem lokalen Umfeld auf die internationale Plattform bringen. Sie kann unter mindestens zwei Gesichtspunkten gemessen werden: dem Wert des soziologischen Wissens, das für die internationale soziologische Literatur produziert wird, und der Zusammenarbeit mit internationalen Kollegen, die zum Austausch und Lernen von neuem Wissen, Fähigkeiten, Methoden, Techniken und Rahmenbedingungen für die Produktion neuen Wissens führt. Die Zahl der Mitarbeiter, die sich mit internationaler Soziologie befassen, dient ebenfalls als Indikator für diese Maßnahme. Es wird erwartet, dass die internationale Zusammenarbeit südafrikanischen Wissenschaftlern dabei hilft, ihre Forschung auf internationalen Foren zu präsentieren und in internationalen Publikationen zu veröffentlichen. Die südafrikanische Wissenschaftspolitik fördert die internationale Zusammenarbeit, und in den Naturwissenschaften wurden bereits erfolgreich konzertierte Anstrengungen unternommen.

Die Zusammenarbeit mit internationalen Soziologen kann sich positiv auf das Wachstum der Disziplin im Land auswirken. Erstens bietet sie die Möglichkeit, an der Wissensproduktion in der Soziologie teilzunehmen und so zur lokalen und internationalen Entwicklung der Soziologie beizutragen. Zweitens erleichtert die Zusammenarbeit den Austausch von Fähigkeiten und Wissen. Der Austausch von Fähigkeiten und Wissen wird auch der südafrikanischen Soziologie zugutekommen. Drittens eröffnet sie neue Möglichkeiten für Veröffentlichungen in internationalen Fachzeitschriften und steigert so die Produktivität. Viertens, aber nicht zuletzt, vergrößert sie den Spielraum für eine bessere Sichtbarkeit der Veröffentlichungen.

Trotz der Bedeutung der internationalen Zusammenarbeit für das Wachstum der Soziologen und des Fachs scheint sie für südafrikanische Soziologen nicht attraktiv zu sein. Wie in den vorangegangenen Kapiteln gezeigt wurde, waren Soziologen in der Vergangenheit mit internationaler Zusammenarbeit konfrontiert. Die Analyse der Veröffentlichungen in der Zeitschrift *SARS* zwischen 1995 und 2012 ergab, dass die internationale Zusammenarbeit nur in 3 % der Fälle Anwendung fand (Sooryamoorthy, 2015a). Die Analyse der Forschungspublikationen von Basson und Prozesky (2015) ergab, dass 28 % aller Publikationen im Zeitraum 1990–2009 eine internationale Zusammenarbeit beinhalteten. Was die aktuellen Daten anbelangt, so gab es bei den *SARS*-Publikationen für den Zeitraum 1995–2015 nur 15 Veröffentlichungen, was 4,2 % aller Publikationen entspricht. Dies war bei den WoS-Publikationen nicht der Fall. Bei den WoS-Publikationen gab es ein höheres Maß an internationaler Zusammenarbeit. Bei den Publikationen mit internationaler Zusammenarbeit war die durchschnittliche Anzahl der Autoren deutlich höher (6,11 gegenüber 2,77 bei Publikationen ohne internationale Zusammenarbeit). Auch der Prozentsatz der Publikationen mit internationaler Zusammenarbeit war in den WoS-Daten wesentlich höher.

Eine der förderlichen Bedingungen für die internationale Zusammenarbeit ist die Spezialisierung. Die Beziehung zwischen Spezialisierung und Zusammenarbeit hat Wissenschaftler dazu veranlasst, diesen Weg in der Soziologie zu gehen (Leahey & Reikowsky, 2008). Wie Leahey und Reikowsky (2008) anmerken, sind Soziologen, die versuchen, neue Wissensgebiete zu erforschen, eher daran interessiert, dies gemeinsam als allein zu tun. Sie glauben auch, dass die Bereiche und das Ausmaß der Spezialisierung die von ihnen verfolgten Kooperationsstrategien bestimmen.

Ein ernsthaftes Interesse an einem Teilgebiet ermutigt Akademiker dazu, sich intensiv damit zu befassen und Spezialwissen zu erwerben. Um die Wissensbasis und die Forschung in diesem Bereich zu erweitern, suchen die Wissenschaftler nach internationalen Kontakten, um ihre Forschung in dem gewählten Teilbereich fortzusetzen. Diese Kontakte können verschiedenen Zwecken dienen. Sie dienen dem Austausch von Fähigkeiten, dem Zugang zu Datenbanken, der Suche nach innovativen Forschungsmethoden und der Steigerung der Publikationsproduktivität und Sichtbarkeit ihrer Forschungsergebnisse. Diese Aufgaben können schwierig sein, wenn sie einzeln und nicht in Zusammenarbeit durchgeführt werden.

Die Beteiligung an der internationalen Soziologie ist ein Faktor, der zur Internationalisierung des Fachs beiträgt. In den letzten Jahren war eine aktive Beteiligung südafrikanischer Soziologen an der internationalen Soziologie zu beobachten. Viele südafrikanische Soziologen sind Mitglieder der ISA und bekleiden (oder bekleideten in der Vergangenheit) wichtige Führungspositionen in der Organisation. Dies hat natürlich den Wissenshorizont der südafrikanischen Soziologen erweitert und die Sichtbarkeit der südafrikanischen Soziologie auf der internationalen Bühne erhöht. Sie nehmen auch an internationalen Konferenzen teil, um ihre Forschung zu präsentieren. Die Teilnahme an internationalen Konferenzen wird ihnen durch die finanzielle Unterstützung der Institutionen, bei denen sie angestellt sind, und durch das NRF ermöglicht. Die Arbeiten südafrikanischer Soziologen erscheinen in internationalen Soziologiezeitschriften wie *International Sociology* und *Current Sociology*. Südafrika hat einen der renommiertesten soziologischen Kongresse ins Land geholt. Im Jahr 2006 veranstaltete die ISA ihren 16. Weltkongress der Soziologen in Durban, Südafrika, der erste, der in Afrika stattfand. Mehr als 3000 Delegierte nahmen an diesem Kongress teil (Waters, 2008). In den Anfangsjahren betrachtete die Association for Sociology in Southern Africa (ASSA) die Internationalisierung als wichtige Aktivität und Aufgabe, die zum Wachstum und zur Entwicklung der Soziologie im Land beitragen kann. Die ASSA legte großen Wert auf den internationalen Austausch von Wissenschaftlern und die Anwerbung von Wissenschaftlern aus anderen Teilen des südlichen Afrikas (Hindson, 1989). Zu diesem Zweck wurden die jährlichen Kongresse meist außerhalb Südafrikas abgehalten.

In Kap. 6 werden einige relevante Themen der südafrikanischen Soziologie aufgegriffen.

## Literatur

Abbott, A. (2000). Reflections on the future of sociology. *Contemporary Sociology, 29*(2), 296–300.

Adams, T. L. (2015). Sociology of professions: International divergences and research directions. *Work, Employment and Society, 29*(1), 154–165.

Alexander, P. (2004). The National Research Foundation and priorities for critical research. *Society in Transition, 35*(2), 319–327.

Basson, I., & Prozesky, H. E. (2015). A review of methodological trends in South African sociology, 1990-2009. *South African Review of Sociology, 46*(3), 4–27.

Bird, A. (1992). Research from inside mass organisations: COSATU/NUMSA. *Transformation, 18*, 110–114.

Bonnin, D., & Ruggunan, S. (2013). Towards a South African sociology of professions. *South African Review of Sociology, 44*(2), 1–6.

Botes, L. J. S., van Rensburg, H. C. J., & Groenewald, D. C. (1991). Reply to van Staden and Visser: Perhaps something more and something else happened in the SAJS of the 1980s. *South African Journal of Sociology, 22*(2), 50–52.

Buhlungu, S. (2009). South Africa: The decline of labor studies and the democratic transition. *Work and Occupations, 36*(2), 145–161.

Carroll, W. K. (2013). Discipline, field, nexus: Re-visioning sociology. *Canadian Review of Sociology, 50*(1), 1–26.

Groenewald, C. J. (1991). The context of the development of sociology in South Africa: A response to Visser and van Staden. *South African Journal of Sociology, 22*(2), 46–49.

Hendricks, F. (2006). The rise and fall of South African sociology. *African Sociological Review, 10*(1), 86–97.

Hindson, D. (1989). Putting the record straight: The association for sociology in South Africa. *South African Sociological Review, 2*(1), 69–73.

Human, P. (1984). *The South African crisis: Sociology and reform*. ASSA.

Joubert, D. (1991). Further comments on Susan Olzak's report to the HSRC. *South African Sociological Review, 30*(2), 91–92.

Jubber, K. (2006). Reflections on canons, compilations, catalogues and curricula in relation to sociology and sociology in South Africa. *South African Review of Sociology, 37*(2), 321–342.

Leahey, E., & Reikowsky, R. C. (2008). Research specialization and collaboration patterns in sociology. *Social Studies of Science, 38*(3), 425–440.

Luckett, K. (2009). The relationship between knowledge structure and curriculum: A case study in sociology. *Studies in Higher Education, 34*(4), 441–453.
de Miguel, J. M., & Moyer, M. G. (1979). Trend report: Sociology in Spain. *Current Sociology, 27*(1), 5–138.
Mukherjee, R. (1977). Trends in Indian sociology. *Current Sociology, 25*(3), 1–147.
Murphree, M. W. (1975). Sociology and the study of race: Contemporary perspectives for Southern Africa. *Social Dynamics, 1*(2), 111–124.
Ngoasheng, M. (1992). Policy research inside the African National Congress. *Transformation, 18*, 115–120.
NRF. (2015). *Evaluation and rating: Facts & figures 2014*. National Research Foundation.
Olzak, S. (1990). Report to the Human Sciences Research Council. *South African Sociological Review, 3*(1), 62–68.
Oosthuizen, K. (1991). The state of sociology in South Africa. *South African Sociological Review, 30*(2), 93–99.
Patel, S. (2011). Sociology in India: Trajectories and challenges. *Contributions to Indian Sociology, 45*(3), 427–435.
Reddy, J. (1992). Research and the role of the historically-black universities. *Transformation, 18*, 58–63.
Savage, M., & Burrows, R. (2007). The coming crisis of empirical sociology. *Sociology, 41*(5), 885–899.
Scott, J. (2005). Sociology and its others: Reflections on disciplinary specialisation and fragmentation. *Sociological Research Online, 10*(1). http://www.socresonline.org.uk/10/11/scott.html. Zugegriffen am 12.02.2016.
Seekings, J. (2001). The uneven development of quantitative social science in South Africa. *Social Dynamics, 27*(1), 1–36.
Sitas, A. (2006). The African renaissance challenge and sociological reclamations in the South. *Current Sociology, 54*(3), 357–380.
Sitas, A. (2014). Rethinking Africa's sociological project. *Current Sociology, 62*(4), 457–471.
Sooryamoorthy, R. (2015a). Sociological research in South Africa: Post-apartheid trends. *International Sociology, 30*(2), 119–133.
Sooryamoorthy, R. (2015b). *Transforming science in South Africa: Development, collaboration and productivity*. Palgrave Macmillan.
van Staden, F., & Visser, D. (1991). The *South African Journal of Sociology* in the eighties: An analysis of theoretical and empirical contributions. *South African Journal of Sociology, 2*(22), 33–43.
van Staden, F., & Visser, D. (1992). Comparison of methodology used in contributions to the South African Journals of Education, Psychology and Sociology. *South African Journal of Science, 88*, 77–77.
Stone, J. (1976). Black nationalism and apartheid: Two variations on a separate theme. *Social Dynamics, 2*(1), 19–30.
Turner, J. H. (2006). American sosciology in chaos: Differentiation without integration. *The American Sociologist, 37*(2), 15–29.
Valodia, I. (1992). Research in service organisations. *Transformation, 18*, 125–129.
Walby, S. (2012). Violence and society: Introduction to an emerging field of sociology. *Current Sociology, 61*(2), 95–111.

Waters, G. (2008). The International Sociological Association's 2006 'XVI World Congress of Sociology' and sociology today: A documentary analysis. *Loyola Journal of Social Sciences, 22*(2), 167–183.

Webster, E. C. (2004). Sociology in South Africa: Its past, present and future. *Society in Transition, 35*(1), 27–41.

Yazawa, S. (2014). Internationalization of Japanese sociology. *International Sociology, 29*(4), 271–282.

Zegeye, A., & Motsemme, N. (2004). Editorial: South Africa's past in the present. *Current Sociology, 52*(5), 749–753.

# Gegenwärtige und zukünftige Aussichten 6

> **Zusammenfassung**
>
> In diesem Kapitel wird eine Bestandsaufnahme der heutigen Lage der südafrikanischen Soziologie vorgenommen. In ihrer 100-jährigen Geschichte hat sie schwierige Zeiten durchlebt. Die Apartheid trennte die Gesellschaft und die Soziologen. Die Soziologen sind parallel verlaufende Wege gegangen. Die Afrikanisierung ist für die südafrikanische Soziologie relevant geworden. Der demografische Wandel in der Disziplin hat nicht das erwartete Ausmaß erreicht. Die Mobilität der Soziologen im neuen demokratischen Südafrika ist deutlicher zu erkennen. Sie verlassen die akademische Welt, um in die Regierung zu gehen und Berater zu werden. Dies geht zu Lasten des Wachstums des Fachs. Dennoch ist die Soziologie in Südafrika zum Wachstum bestimmt. Die Zahl der Studenten nimmt zu, und neue soziologische Erkenntnisse erscheinen nicht nur in nationalen, sondern auch in internationalen Fachzeitschriften. Die Soziologen werden ermutigt, ernsthafter als je zuvor zu forschen.

In den vorangegangenen Kapiteln wurde die Geschichte der südafrikanischen Soziologie während der Kolonialzeit und der Apartheid sowie die zeitgenössische Soziologie im neuen demokratischen Südafrika dargestellt. Einige der hervorstechenden Merkmale der in diesen Kapiteln vorgenommenen Analyse können rekapituliert und in Perspektive gerückt werden.

Während der Kolonialzeit und der Apartheid wurde die soziologische Forschung im Land durch schwierige politische Situationen eingeschränkt (Savage,

1981). In der Zeit der Apartheid (1948–1993) war die Rassentrennung in den verschiedenen Lebensbereichen weit verbreitet. Das Hochschulwesen blieb davon nicht verschont. Die Apartheid führte zu großen Unterschieden im Bildungswesen und in der Produktion wissenschaftlicher Erkenntnisse. Akademiker fanden sich in gegensätzlichen Lagern wieder, die einen unterstützten die Grundsätze und Praktiken der Rassentrennung, die anderen lehnten sie ab. Dies hatte weitreichende Folgen für das Fach Soziologie.

Die Soziologie und die Soziologen gehörten zu denjenigen, die von dieser Spaltung der Apartheidgesellschaft betroffen waren, wobei die Segregation zu Spaltungen innerhalb der Disziplin führte. Die Spaltung war gekennzeichnet durch getrennte Gruppierungen für Afrikaans- und englischsprachige Akademiker an ihren jeweiligen Universitäten. In den Forschungsschwerpunkten und in der Wahl der Forschungsmethoden unterschieden sich die Soziologen an afrikaans- und englischsprachigen Universitäten stark. Die Trennung zeigte sich in der Gründung verschiedener Berufsverbände von Soziologen, der Organisation getrennter Konferenzen und der Eröffnung getrennter Publikationskanäle. Sie funktionierten entlang von „Rassen"- und Sprachgrenzen und wirkten sich auf die Position und das Ansehen der Disziplin im Land aus.

Die Bemühungen der Soziologen um Integration waren unzureichend und erschwerten die Entwicklung und das Wachstum der Disziplin. Der „Rassen" konflikt war so ausgeprägt, dass er sich auch auf die soziologische Forschung der Soziologen im Land auswirkte. Die Soziologie, betrachtet aus dem Blickwinkel des Wissens, das die Soziologen durch ihre Forschung produzierten, litt unter den politischen Phasen, die sie durchlebt hatte. Das soziologische Wissen, das im Lande generiert wurde, war durch die Spaltung in das positivistische und das postpositivistische Paradigma fragmentiert. In der Zeit der Apartheid waren die Soziologen auf den Staat angewiesen, der ihnen vorschrieb, was sie zu tun hatten, um die Bedürfnisse des Regimes zu befriedigen. Der Widerstand der Gegenseite gegen diese Situation war nicht laut genug. Ihre Aktionen haben die Disziplin nicht wirklich vor der Kontrolle der politischen Mächte gerettet und sie zu einer unabhängigen wissenschaftlichen Disziplin gemacht, die das tun durfte, was für die Soziologie wesentlich und gut war. Der Wahrheitsgehalt des Wissens, das in dieser Zeit produziert wurde, war nicht über jeden Zweifel erhaben.

In der akademischen Geschichte Südafrikas gab es eine dunkle Zeit, die Zeit der Abschottung. Die Apartheid isolierte Südafrika vom Rest der Welt. Das Fach musste seine eigenen Wege und Mittel finden, um sich zu entwickeln und voranzukommen. Akademiker aus Übersee weigerten sich, mit ihren südafrikanischen Kollegen zusammenzuarbeiten. Diese Zeit hatte negative Folgen für die Internationalisierung des Fachs und seiner Forschungsbereiche. Die südafrikanische Soziologie litt darunter.

Sowohl in der Kolonialzeit als auch in der Zeit der Apartheid war die Soziologie in Bezug auf ihre Forschungsagenda und ihren Lehrplan nicht konzentriert. Sie war nicht nur geteilt, sondern auch zersplittert. Es gab keine Einheitlichkeit, da die Universitäten ihre eigenen Kurse und Lehrpläne hatten, die sich voneinander unterschieden. Das Gleiche gilt für die Forschung. Außer in einigen Zweigen der Soziologie waren die Schwerpunkte kaum zu erkennen. Die Forscher arbeiteten in ihren eigenen Interessensgebieten oder Spezialisierungen, die weitgehend von den Publikationsergebnissen bestimmt wurden.

Die Soziologie muss in dem neuen freien Umfeld ihr störendes und zerstörerisches Erbe der Vergangenheit überwinden und ihr eigenes neues Fundament wieder aufbauen.

## Afrikanisierung der Soziologie

Welche Art von Wissen ist für die Soziologen im Land wichtig, angemessen und notwendig zu produzieren? Es ist auch wichtig zu wissen, für wen das so erzeugte Wissen bestimmt ist – für die Regierung, politische Entscheidungsträger, internationale Organisationen, Gewerkschaften oder für akademische Zwecke.

Die Produktion von Wissen, das afrikanisch ist und zur Afrikanisierung beiträgt, ist für die Soziologen des Landes zu einem umstrittenen Thema geworden. Die Soziologen in Südafrika, von denen einige aus anderen Teilen der Welt stammen, haben sich bewusst bemüht, der Soziologie einen afrikanischen oder südafrikanischen Touch zu geben. Lokale Ressourcen und lokales Wissen zum Verständnis lokaler Themen und sozialer Probleme sowie die Verwendung von lokalem Material in den Klassenzimmern sind die Mittel, die für diese Neugestaltung der Soziologie in Südafrika gewählt wurden (Pattman & Khan, 2007). Die Wissenschaftler plädieren für lokale Ressourcen und Wissenschaft, die ebenso zu respektieren sind wie die des Westens (Adésinà, 2006).

Gibt es eine Krise der Soziologie in Südafrika, wie Magubane (2000) in Bezug auf die afrikanische Soziologie feststellt? Der Zustand der afrikanischen und südafrikanischen Soziologie ist unterentwickelt, und die einheimische Theorie und Forschung sind wenig entwickelt (Jubber, 2006). Die Indigenisierung der Soziologie in Afrika ist noch nicht vollzogen. Es gab zwar Versuche, aber sie waren entweder unausgegoren oder unsystematisch (Hendricks, 2006). Trotz des Charakters der afrikanischen und südafrikanischen Gesellschaften und des Potenzials für soziologische Studien gibt es keinen wesentlichen Bestand an einheimischem soziologischem Wissen (Jubber, 2006). Eurozentrische Ansätze und Abhängigkeiten sind ein großes Problem der südafrikanischen Soziologie (Hendricks, 2006; Keskin, 2014; Nyoka, 2012, 2013). Die Abhängigkeit der südafrikanischen Soziologie von geliehenen Konzepten, Theorien und Forschungen steht im Einklang mit dem Mangel an einheimischer Forschung, Theorie und Analyse (Jubber, 2006).

Die Afrikanisierung des Curriculums ist in vielerlei Hinsicht wünschenswert. Robbe (2014, S. 257) argumentiert, dass die Afrikanisierung „eine Hinterfragung der mit eurozentrischen Annahmen untermauerten Wissensparadigmen und die Entwicklung innovativer Methoden und Theorien erfordert, die auf den Erfahrungen des afrikanischen Denkens basieren". Diese Afrikanisierung der Soziologie soll auf der Grundlage eines afrikazentrierten und südafrikaspezifischen Ansatzes erfolgen. Einer der ersten Befürworter einer Soziologie Afrikas war van den Berghe (1984), der einen angemesseneren Ansatz als die herkömmliche strukturelle und funktionale Anthropologie und Soziologie forderte, um afrikanische Gesellschaften zu untersuchen. Er schlug eine Kombination von Elementen des Funktionalismus und der hegelianisch-marxistischen Dialektik bei der Untersuchung afrikanischer Gesellschaften vor, die pluralistisch sind und sich rasch verändern. Die Afrikanisierung der Soziologie muss, wie Carroll (2014) behauptet, auf einer Weltanschauung beruhen, die im Wesentlichen afrikanisch ist. Dies ist noch nicht der Fall. Wie Carroll überzeugend darlegt, hat die Formulierung einer afrikazentrierten Soziologie die Soziologen nicht beschäftigt, weder als Teildisziplin der Africana Studies noch als Teildisziplin der traditionellen Soziologie (Carroll, 2014).

Auf dem Weg zu einer afrozentrischen Soziologie Afrikas empfiehlt Keskin (2014) wissenschaftlichen Aktivismus und kritische soziologische Forschung. Ihm zufolge beruht der Ansatz einer Soziologie Afrikas auf einer kritischen Methodik, die sich mit Konflikten und der politischen Ökonomie von Machtverhältnissen befasst und historische Analysen und empirische Daten einsetzt (Keskin, 2014). Einige plädieren für einen reformierten Ansatz der etablierten Lehre der Soziologie (Suoranta, 2008). Es obliegt den Soziologen, die sich für eine afrikazentrierte Soziologie interessieren und engagieren, Theorien, Konzepte und Modelle zu entwickeln, die ihre Forschung leiten und die afrikanische Weltsicht repräsentieren (Carroll, 2014). Wie Akiwowo (1980) jedoch anmerkt, haben afrikanische Soziologen nicht die Fähigkeit gezeigt, neue Theorien oder Methoden zu formulieren, um die afrikanische Realität zu erklären. Der Kontinent sollte als Reservoir für die Generierung soziologischer Theorien genutzt werden und einen afrikanischen Wissenskorpus für die afrikanische Soziologie entwickeln (Hendricks, 2006).

Südafrikanische Soziologen können in dieser Hinsicht eine Führungsrolle übernehmen, da sie ein starkes Zentrum der Soziologie in Afrika sind.

## Niedergang, Erneuerung oder Wachstum

Die soziologische Forschung unter der Apartheid war in den Fesseln des Staates gefangen. Die Forscher sahen sich nicht nur durch strenge Gesetze eingeschränkt, sondern mussten auch in einer Gesellschaft arbeiten, die freie und unabhängige Forschung nicht förderte. Die Chancen, kritische Themen zu erforschen, waren minimal. Die Sozialforscher standen unter Stress, weil der Staatsapparat seine Muskeln spielen ließ. Diejenigen, die sich ernsthaft und leidenschaftlich für die Sozialforschung einsetzten, mussten unter schwierigen Bedingungen arbeiten, die sie daran hinderten, wissenschaftliche Fakten über die sie umgebende Gesellschaft zu enthüllen. Wahrhafte Forschungsergebnisse konnten nicht verbreitet oder veröffentlicht werden. Die Authentizität und Gültigkeit der Forschung wurde in Frage gestellt. Der Wert des so gewonnenen Wissens wurde als verdächtig angesehen. Keine Disziplin, und nicht nur die Soziologie, konnte sich unter solch schwierigen Bedingungen entwickeln und entfalten. Dies hat die Grundlagen der wissenschaftlichen Forschung im Land erschüttert, denn die Soziologie war bis dahin noch nicht ausgereift genug. Sie befand sich noch in der Anfangsphase ihres Wachstums.

Als die Soziologie in die Zeit der Apartheid eintrat, war sie erst 45 Jahre alt und befand sich in ihrer Blütezeit. In den folgenden 46 Jahren kämpfte sie jedoch unter der Apartheid. Dies waren die Jahre, in denen sich die Disziplin hätte etablieren können. Diese Jahre von etwa einem halben Jahrhundert im Leben einer Disziplin würden vermuten lassen, dass sie florierte, mit einer Schar von Forschern und Akademikern in einem Land, das unzählige soziale Fragen und Probleme für Studien aufweist. Die Möglichkeiten, die Forschungskompetenzen und -kenntnisse zu verbessern, gingen damit verloren. Die Zeit der Abschottung verstärkte den Prozess des Rückschritts noch. Abgekoppelt von internationalen Entwicklungen und ohne intellektuelles Engagement steckte die Soziologie in dieser Zeit und in den folgenden Jahren fest.

Unter der Apartheid konnte die Soziologie ihre Flügel aus vielen Gründen nicht ausbreiten. Der schwere Arm des Staates, begrenzte Informationen, die alle Bevölkerungsgruppen betrafen, kontrollierter Zugang zu neuen Informationen und Daten durch die Forschung, mangelnder Zugang zu aktueller Literatur, Zensur, Drohungen, Strafverfolgung, Inhaftierung, „Rassen" polarisierung und tiefe Gräben, die Misstrauen und Kooperationsverweigerung hervorriefen, sowie

Herausforderungen bei der Durchführung unabhängiger Forschung waren nur einige davon. Strenge bürokratische Verfahren zur Erlangung von Genehmigungen für die Durchführung von Studien in den von den Wissenschaftlern gewünschten Gebieten stellten ein Hindernis dar. Soziologen scheuten sich, Forschungsarbeiten zu Themen durchzuführen, die den Staat provozieren könnten.

Sowohl in der Kolonialzeit als auch in der Zeit der Apartheid stieg die Zahl der Veröffentlichungen deutlich an, wie diese Analyse der Veröffentlichungen in prominenten südafrikanischen Zeitschriften zeigt, die in der internationalen Datenbank des WoS indexiert sind. Die Einschreibezahlen für Soziologie stagnierten nicht, sondern wuchsen eher. Berücksichtigt man diese beiden Parameter, dann befand sich die Soziologie in Südafrika eindeutig auf einem Plateau. Und dies trotz der Herausforderungen, denen sie sich in früheren Zeiten, insbesondere während der Apartheid, stellen musste. Es gibt noch weitere Aspekte, die für die Soziologie und ihr Wachstum im Lande von Bedeutung sind: methodische Schwächen, Afrikanisierung, Fragmentierung, Spezialisierung, Zusammenarbeit und Internationalisierung. In all diesen Bereichen ist die südafrikanische Soziologie noch ausbaufähig.

Die demografische Veränderung der Akademiker ist ein weiteres wichtiges Thema (Hugo, 1998). In allen drei Perioden des Kolonialismus, der Apartheid und der Demokratie waren die Soziologen überwiegend weiße Wissenschaftler. Die weiße Dominanz war bei beruflichen Aktivitäten wie Konferenzen deutlich zu spüren. In den Anfangsjahren der Berufsverbände gab es nur sehr wenige Afrikaner, die auf Konferenzen Vorträge hielten. So wurden beispielsweise auf den Konferenzen der Association for Sociology in Southern Africa (ASSA), die zwischen 1971 und 1975 stattfanden, nur 12 % der Beiträge (15 von 129) von afrikanischen Soziologen gehalten (Hare & Savage, 1979). Webster (1998) liefert einige Informationen über die „Rasse" der Soziologen, deren Arbeiten in lokalen soziologischen Fachzeitschriften erschienen. Die überwiegende Mehrheit der Veröffentlichungen in diesen Zeitschriften in diesem Zeitraum stammte von weißen (85–86 %) oder männlichen (62–72 %) Wissenschaftlern. Von den zwischen 1986 und 1998 in den ausgewählten Fachzeitschriften veröffentlichten Artikeln wurden 80 % von Weißen verfasst.[1] Die rassische Kluft in der Wissensproduktion war in soziologischen Fachzeitschriften wie dem *South African Journal of Sociology, Social Dynamics, Society in Transition* und der *South African Sociological Review* auffällig. J. S

---

[1] Die von Webster (1998) untersuchten Zeitschriften sind das *South African Journal of Sociology* (1988–1996), *Society in Transition* (von 1997 bis 1998), South African Sociological Review (1988–1995), *African Sociological Review* (1997–1998) und *Transformation* (1986–1998).

Oosthuizen (1991), der die Analyse der in der Zeitschrift *SAJS* veröffentlichten Arbeiten ergänzt, teilt die Sorge, dass die Soziologie eine von einer einzigen „Rasse" dominierte Disziplin bleibt. Er ist der Ansicht, dass die weiße Dominanz der Soziologie im Land unerwünschte Folgen haben wird, wie z. B. dass ihre Existenz in Südafrika irrelevant wird. Die in diesem Buch vorgestellte szientometrische Analyse stimmt damit überein.

Schwarze Akademiker waren an den Universitäten und Forschungsinstituten im Allgemeinen eher schwach vertreten. Ihr Beitrag zur Sozialforschung war daher in dieser Zeit nicht beeindruckend. Inzwischen ist jedoch ein Anstieg der Zahl schwarzer Wissenschaftler an den Universitäten zu verzeichnen (Oloyede, 2006). Der Wandel an den Universitäten und in den soziologischen Fakultäten hat sich nicht so vollzogen, wie es im demokratischen Südafrika erwartet wurde. In vielen Universitäten wurde eine akzeptable Zusammensetzung und ein akzeptabler Anteil an schwarzem Personal, das die Bevölkerung repräsentiert, nicht erreicht. Der Wandel sollte durch die 2004 begonnene Zusammenlegung von Universitäten erleichtert und beschleunigt werden. In vielen Fällen verlief der Prozess jedoch nur schleppend, und die Universitäten hinkten bei der Verwirklichung der Gleichstellungsziele hinterher.

Die Zahlen aus den 18 Soziologiefachbereichen der südafrikanischen Universitäten zeigen, dass von den insgesamt 152 Soziologen 53 (35 %) schwarz sind. Dies sollte mit dem Anteil der schwarzen Bevölkerung im Land verglichen werden, der bei 80,5 % liegt (RSA, 2015). Die in den vorangegangenen Kapiteln vorgestellte Analyse der Veröffentlichungen hat auch gezeigt, dass schwarze Akademiker bei der Produktion soziologischer Literatur nur schwach vertreten sind. Dadurch wurden ihre Beiträge zur Soziologie und soziologischen Forschung stets eingeschränkt.

Viele sind der Ansicht (z. B. Alexander et al., 2006), dass sich die Bedingungen für die Durchführung soziologischer Forschung seit dem Übergang der Gesellschaft zur Demokratie verschlechtert haben. Sitas (1997) ist der Ansicht, dass die Kräfte der Soziologie im Land schwinden. Dies liegt seiner Meinung nach daran, was die Soziologen tun und was sie nicht tun, und auch daran, was im Umfeld der Soziologie geschieht. Mit dem Zusammenbruch einer linken Hegemonie auf internationaler Ebene und mit zunehmender Professionalisierung und Institutionalisierung hat die Kraft der Soziologen nachgelassen (Sitas, 1997). Hinzu kommen Ursachen wie die Umwandlung professioneller Soziologen in Berater, die Abwerbung talentierter Soziologen durch den Unternehmenssektor, Forschungsagenden, die nicht durch einen breiten Dialog, sondern durch politische Strukturen bestimmt werden, und die Zersplitterung der sozialen Bewegungen (Sitas, 1997).

Der Übergang Südafrikas zur Demokratie war auch mit einer gewissen Bewegung und Mobilität von Soziologen verbunden. Viele von ihnen, die an den Universitäten tätig waren, wurden angesichts der neuen Möglichkeiten im demokratischen Südafrika von lukrativeren Positionen in der Regierung angezogen oder wandten sich Beratungsunternehmen zu (Alexander et al., 2006; Burawoy, 2009a; Hendricks, 2006; Sitas, 1997). Dies hatte natürlich Auswirkungen auf das Wachstum und die Entwicklung der Soziologie im Land. Die sich daraus ergebende Lage des Fachs im demokratischen Südafrika hat Soziologen zu der Ansicht veranlasst, dass sich das Fach auf einer abschüssigen Bahn befindet (Hendricks, 2006; Sitas, 1997). Zu denjenigen, die zur Regierung wechselten, gehörten auch einige schwarze Soziologen (Webster, 1997). Andere berichten über die Abwanderung von Akademikern von südafrikanischen Universitäten in die Regierung, in die Beratung und nach Übersee (Bekker, 1996). Das „Beratungssyndrom" (Mkandawire, 1994) breitete sich auch in Afrika aus. Mit dem Aufkommen von Entwicklungsprojekten, Gebern und Nichtregierungsorganisationen und einer Vielzahl anderer Möglichkeiten ist die Soziologie in Afrika zu einer sehr profitablen Tätigkeit geworden (Chachage, 2004). Dies hat seine eigenen Probleme für die Forschung und die Qualität der durchgeführten und produzierten Forschung mit sich gebracht. Dies führte zu neuen Mustern in der sozialwissenschaftlichen Forschung, bei denen selektive Daten für die spezifischen Konsumzwecke der Geldgeber gesammelt und die Daten für die Zwecke, für die sie gesucht und gesammelt wurden, manipuliert werden (Mkandawire, 1994). Hier greift das Modell der vierten Helix von Cooper (2009).

Der Verlust wichtiger Soziologen an Regierungsstellen oder an Beraterstellen war nicht der einzige Grund für diesen Niedergang der Disziplin. Webster (2004, S. 35) argumentiert, dass sich der Schwerpunkt mit dem Aufkommen der Demokratie und der politikorientierten Forschung von den sozialen Bewegungen weg verlagert hat. In diesem Zusammenhang sind auch die Ansichten von Hendricks (2006) wichtig: Die Disziplin hat ihre Verbindungen zur Zivilgesellschaft gekappt, es finden keine bahnbrechenden Debatten oder Debatten über die Probleme des Landes statt, und die Disziplin ist in unverbundene Perspektiven aufgesplittert. Die Soziologie war in der demokratischen Periode gezwungen, sich von einer reflexiven Auseinandersetzung mit den Öffentlichkeiten und einer kritischen Auseinandersetzung mit den gesellschaftlichen Zielen zu einer Verteidigung gegen den Druck zur Deprofessionalisierung und Kommodifizierung zu bewegen (Burawoy, 2004).

Die These vom Niedergang der Soziologie in der demokratischen Periode wurde zumindest von einem Teil der Soziologen nicht ohne Weiteres akzeptiert. Unter Berufung auf prominente Werke jener Zeit widersprachen die Wissenschaftler der Idee der Mittelmäßigkeit (z. B. Webster, 1997). Unter dem demokratischen Regime begann für die Soziologie sowohl als Disziplin als auch als Praxis eine neue Ära. Dies sollte hoffentlich die goldene Periode in der Geschichte der Soziologie in Südafrika werden. Südafrika wurde von den Fesseln der Apartheid befreit, die einst das natürliche Wachstum und die Entwicklung der Mehrheit der Bevölkerung verhinderte. Dies hatte Auswirkungen auf das Studium der Gesellschaft und der Soziologie. Dies muss mit Hilfe von Belegen untersucht werden.

Für einige ist die Soziologie in demokratischen Zeiten in eine Phase der Wiederbelebung und des Fortschritts eingetreten. Mapadimeng (2012) argumentiert, dass sich die Soziologie in der demokratischen Ära in einer Phase der Wiederbelebung und Erneuerung befindet. Er begründet dies damit, dass die Soziologie auf die Herausforderungen der Ungleichheit reagiert hat, dass es anregende Interaktionen mit zivilgesellschaftlichen Organisationen gibt, die zu Forschungsvorhaben führen, die für die Gemeinschaft von Nutzen sind (z. B. Desai, 2002), und dass die South African Sociological Association (SASA) Plattformen für Debatten über aktuelle soziologische Themen geschaffen hat. Seiner Ansicht nach befindet sich die Soziologie in der neuen demokratischen Ära eher in der Phase der Erneuerung als im Niedergang. Gleichzeitig räumt er ein, dass die Soziologen im neuen Südafrika den Bereich der öffentlichen Soziologie nicht entwickelt haben und dass sie die Synergien mit den Arbeiter- und Bürgerbewegungen im Land nicht vollständig entwickelt und aufrechterhalten haben.

Eine ausgewogene Sicht auf den Aufstieg und Fall der Soziologie wurde von Oloyede (2006) formuliert. Oloyede (2006) ist der Ansicht, dass der Erfolg einer Disziplin nicht mit der Vorherrschaft einer bestimmten Perspektive zu einem bestimmten historischen Zeitpunkt verknüpft werden sollte. Es ist problematisch zu erklären, dass die Disziplin auf dem Vormarsch ist, wenn eine bestimmte Perspektive auf ihrem Höhepunkt ist. Umgekehrt ist das Fach im Niedergang begriffen, wenn eine Perspektive im Niedergang begriffen ist (Oloyede, 2006). Eine Disziplin braucht alle ihre Perspektiven, die von Wissenschaftlern mit unterschiedlichen Ansichten und Perspektiven verfolgt und entwickelt werden. Dies führt uns zurück zu den Stärken und Schwächen der südafrikanischen Soziologie, die soziologische Forschung mit unterschiedlichen methodologischen Ansätzen hervorbringen kann.

Die Zahl der Studierenden an den Hochschulen hat nach 1994 erheblich zugenommen. Zusätzliche Weiterbildungskollegs (FET), die Eingliederung von Pädagogischen Hochschulen in Universitäten, die Zusammenlegung von Technikons und Universitäten (Jansen & Taylor, 2003), die Verbreitung der Basis für den Zugang zur Hochschulbildung und die Finanzierung von Studenten auf nationaler Ebene waren für den Anstieg der Einschreibung von Studenten an Universitäten verantwortlich. Dies spiegelt sich auch in der Zahl der Studenten wider, die sich für

Soziologie-Studiengänge eingeschrieben haben. Die 2007 von SASA durchgeführte Umfrage unter den soziologischen Fakultäten des Landes ergab, dass im Zeitraum 2003–2004 7400 Studenten für soziologische Studiengänge im Land eingeschrieben waren. Im Zeitraum 2007–2008 waren es 22.698 Studenten im Grundstudium und 1364 Studenten im Aufbaustudium. Der Personalbestand belief sich 2007–2008 auf 170 Vollzeit- und 11 Teilzeit-Akademiker mit einem Studentenverhältnis von 1:143 (Mapadimeng, 2009).

Strukturelle Zwänge und Umstrukturierungen haben die Stellung der Soziologie in unerwünschter Weise beeinträchtigt. Dies hat zu einer Abwertung der Soziologie geführt. Uys (2005) weist auf die Versuche hin, die Soziologie durch den Prozess der Auflösung der Soziologie in eine amorphe Sozialwissenschaft abzuwerten. Wie bereits erwähnt, war die Umwandlung von Instituten in Programme in der demokratischen Periode für die Soziologie nicht von Vorteil. Ist die interdisziplinäre oder multidisziplinäre Forschung, die in diesem Land betrieben wird, wirklich eine Abwertung der Soziologie? Für einige können kreative Formen der Transdisziplinarität für die Soziologie von Bedeutung sein (Sitas, 1997). Die Interdisziplinarität in den Militärstudien hat beispielsweise Soziologen, Politikwissenschaftler, Wissenschaftler der öffentlichen Verwaltung und Sozialwissenschaftler aus dem Bereich der Entwicklungsstudien an einigen wenigen Universitäten in Südafrika zusammengebracht (Ferreira, 2012).

## Potenzial und Möglichkeiten

Herausforderungen für die Lehre in der Soziologie ergeben sich auch aus einer Vielzahl von Quellen, darunter die Struktur der Hochschulbildung (Atkinson, 2000; Graaff, 2004; Harley & Natalier, 2013). Das Curriculum der Soziologie in den Anfängen Südafrikas wurde von den sozialen Belangen der damaligen Zeit bestimmt. Es war in erster Linie auf die Sozialpolitik und die Verbesserung sozialer Probleme und lokaler sozialer Fragen ausgerichtet (Jubber, 2006). Die Soziologie sollte eher Sozialarbeiter als Soziologen hervorbringen. Es wird erwartet, dass Soziologiekurse, die sich stärker an den Lehrplänen für einführende Soziologie orientieren, dem Fach, den Studierenden und den Gemeinschaften besser dienen (Greenwood, 2013). Ein weiteres Problem sind die Ressourcen. In der Zeit der Demokratie verzeichnete die Soziologie an den meisten Universitäten eine große Zahl von Studierenden, sowohl auf der Bachelor- als auch auf der Postgraduiertenebene. Dieser Anstieg ging jedoch nicht mit einer entsprechenden Aufstockung des

Personals einher, um den Lehranforderungen und dem Bedarf an qualitativ hochwertiger Bildung gerecht zu werden.[2]

Die Zahl der Master- und Promotionsstudenten nimmt allmählich zu. Dies ist sowohl eine Gelegenheit als auch eine Möglichkeit für Soziologen, mit ihren Studenten in spezifischen Interessenbereichen zu arbeiten, die die Wissensproduktion in der Soziologie fördern können. Inwieweit dies an den Universitäten und Forschungszentren geschieht, ist fraglich. Wenn ein Soziologe, der an einer Universität beschäftigt ist, im Durchschnitt sechs Doktoranden betreut (was an vielen Universitäten die Norm ist) und durchschnittlich zwei Studenten pro Jahr das System durchlaufen, sind die Zahlen für das Fach erheblich. Die etwa 150 Soziologen im Lande wären in der Lage, einen beträchtlichen Bestand an Wissen in diesem Bereich zu produzieren. Dies wird der Disziplin in vielerlei Hinsicht zugutekommen.

Erstens würde eine Verbesserung der Durchlaufquoten mehr neue Studenten für das Fach Soziologie, für Master- und Promotionsstudiengänge, anziehen, da sie den Eindruck erwecken würde, dass die Studenten diese Studiengänge innerhalb einer angemessenen Zeit erfolgreich abschließen können. Viele Universitäten erheben keine Studiengebühren für die Zulassung zu Master- und Promotionsstudiengängen. Zweitens ist eine Gruppe von Forschungsstudenten zu einem bestimmten Zeitpunkt für Soziologen von Vorteil. Sie bietet ihnen die Möglichkeit, sich auf Interessengebiete zu konzentrieren und mit Studenten verschiedene Aspekte und Dimensionen ihrer bevorzugten Forschungsthemen zu erforschen. Drittens können solche abgeschlossenen studentischen Forschungsprojekte in publizierbare, von Experten begutachtete Zeitschriftenartikel, Buchkapitel oder sogar Monografien umgewandelt werden. Die Universitäten rechnen den Betreuern solche gemeinsamen Veröffentlichungen mit den Studenten in Form von Produktivitätseinheiten (PU) an, die bereits in die Leistung der Hochschullehrer einfließen. Es wird daher im besten Interesse der Soziologen sein, ihr Forschungsprofil lebendig zu halten und PUs zu produzieren.

---

[2] Der Fachbereich Soziologie an einer der renommiertesten Universitäten des Landes, der University of Cape Town, hatte im Jahr 2006 1567 Studenten eingeschrieben, die im Jahr 2007 auf 2117 angewachsen sind, was einem Anstieg von 35 % entspricht. Um diese Studenten zu betreuen, gab es nur 12,5 ständige Mitarbeiter, während der Fachbereich in den 1980er-Jahren durchschnittlich 14 Mitarbeiter hatte, als die Studentenzahlen ähnlich hoch waren (UCT, 2007).

Viertens: Ein Ergebnis der betreuten Studentenprojekte ist die Ansammlung von Wissen in einem bestimmten Studienbereich. Dies wiederum trägt zur Stärkung der Disziplin bei. In der Vergangenheit war dies der Fall für die Soziologie der Arbeit, der Arbeitskräfte und der Gewerkschaften. Seit den 1980er-Jahren machte dieser Zweig der Soziologie rasche Fortschritte bei der Erweiterung seiner Wissensbasis und fand in der internationalen soziologischen Literatur Anerkennung.[3] Universitäten, die spezialisierte Studiengänge in Arbeits- und Beschäftigungssoziologie anbieten, ziehen Studenten an. Die politischen Auswirkungen dieser gemeinsamen Forschungsarbeiten von Studenten und Betreuern werden beträchtlich sein, wenn sie sich auf die dringenden sozialen Probleme beziehen, mit denen das Land konfrontiert ist. Einschlägige soziologische Forschung wird die Regierung und die politischen Entscheidungsträger dazu ermutigen, die Ergebnisse für politikorientierte Programme zu nutzen. Dies wird sich in Form von Akzeptanz und Anerkennung der Beiträge der Disziplin und der Soziologen bemerkbar machen.

Die Forschung kann dem Fachgebiet auf zwei entgegengesetzte Arten dienen – zum Wachstum, wenn sie ernsthaft betrieben wird, oder zum Niedergang, wenn sie nicht ernsthaft betrieben wird. Sorgfältige und langfristige Forschung führt zum Aufbau der Disziplin und des Wissens. Wenn dies nicht der Fall ist, rutscht die Disziplin ab. Dubbled's (2009) kritischer Kommentar zur südafrikanischen Soziologie ist es wert, darüber nachzudenken. Er ist der Meinung, dass die südafrikanischen Soziologen im Großen und Ganzen vereinfachte Darstellungen der sozialen Wirklichkeit lieferten und sich von der Beantwortung grundlegender Fragen zur Gesellschaft und zu strukturellen Veränderungen entfernten. Nachhaltige Forschungsanstrengungen und Führungsqualitäten seitens der führenden Soziologen sind unumgänglich. Der Niedergang der britischen Soziologie wurde auf das Fehlen groß angelegter, längerfristiger Forschungsarbeiten zurückgeführt, die einst zum Aufbau der Disziplin beitrugen (Turner, 2012). Kontinuierliches und konsequentes Engagement in der Forschung führt zur Produktion neuen Wissens. Es führt auch zur theoretischen Entwicklung und zu neuen theoretischen Erkenntnissen über viele der aktuellen Themen, die unter das breite Dach der Disziplin fallen. Die Entwicklung von Konzepten und die Klarheit der afrikanischen Realität sind weitere Ergebnisse der langfristigen Forschung. Dies ist auch für die bereits erwähnte Afrikanisierung der Soziologie von entscheidender Bedeutung.

---

[3] Connell (2011) wies auf den Fall der Arbeitsstudien im Land hin, in denen ein Wissensfundus entwickelt wurde, der auf den lokalen Mustern sozialer Beziehungen und den lokalen Kämpfen um diese Muster basiert.

Eine Möglichkeit, die Forschung unter den Soziologen des Landes zu fördern, besteht, wie Olzak (1990) vorschlägt, darin, gemeinsame Forschungsprojekte zwischen forschungsorientierten und akademischen Soziologen zu fördern. Die Zusammenarbeit ist dann ein notwendiger Schritt. In Anbetracht der Anforderungen an Akademiker, jedes Jahr und entsprechend ihrem Rang Forschungspublikationen vorzulegen, ist die Forschung zu einer Kernaktivität an den Universitäten des Landes geworden. Diese Forschungskultur hat sich jedoch nicht an allen Universitäten durchgesetzt, insbesondere nicht an den neu gegründeten technischen Universitäten. Die auf einige wenige Fachbereiche an einigen forschungsintensiven Universitäten konzentrierte Forschung kann nicht zu einem effektiven Wachstum der Soziologie oder der soziologischen Forschung führen. In den soziologischen Fakultäten gibt es Fakultätsmitglieder, die an der Forschung und an der Erstellung von Publikationen interessiert sind. Gleichzeitig gibt es eine beträchtliche Anzahl von ihnen, die Schwierigkeiten haben, sich in der Forschung zurechtzufinden und Veröffentlichungen zu verfassen. Die Betreuung junger Mitarbeiter und ihre Begleitung auf dem Weg in die Forschung sollte ernst genommen werden.

Außerdem wird für eine starke Promotionskultur in den soziologischen Fakultäten plädiert (Cooper, 2006). Zu diesem Zweck sind sowohl die Qualität der Doktorandenausbildung als auch die Zahl der Promotionen wichtig (Cooper, 2006). Leider gibt es in den Fachbereichen der Soziologie keine ausgeprägte Promotionskultur (Cooper, 2006). Eine Studie über einen Stichprobenjahrgang im Jahr 1996 zeigte, dass die an südafrikanischen Universitäten verliehenen Doktortitel im Verhältnis zu anderen Qualifikationen nur einen geringen Anteil ausmachten (Bailey & Cooper, 2003).[4] Es stimmt, dass die Zahl der Doktoranden in der Zeit der Demokratie zugenommen hat (Mouton, 2011). Die Analyse von Mouton (2015) zeigt jedoch, wie es um die Produktion von Doktoranden im Land bestellt ist.

Nicht alle Soziologen, die derzeit an südafrikanischen Universitäten beschäftigt sind, haben einen Doktortitel. Diejenigen mit dieser höchsten Qualifikation machen nur weniger als 50 % aus, da die Einstiegsqualifikation für eine akademische Nachwuchsposition ein Masterabschluss ist. Das Department of Higher Education and Training (DHET) strebt an, dass bis 2018 46 % des akademischen Personals einen Doktortitel erhalten (DHET, 2015). Dies hat mindestens zwei Auswirkungen auf das Fach. Erstens werden diejenigen, die keinen Doktortitel haben, in den nächsten drei bis fünf Jahren an ihrer Promotion arbeiten. Dies erlaubt es ihnen nicht, Zeit und Ressourcen für ernsthafte Forschungsarbeiten aufzubringen.

---

[4] Von den insgesamt 66.426 Abschlüssen, die 1996 an den Universitäten des Landes verliehen wurden, machten die Promotionen nur 1 % (699) aus (Bailey & Cooper, 2003).

Außerdem haben sie während der Promotionszeit eine Lehrverpflichtung, es sei denn, sie erhalten externe oder institutionelle Mittel zur Entlastung der Lehre. Nach den Erfahrungen vieler junger Mitarbeiter ist dies in den ersten Jahren ihrer Laufbahn eine harte Zeit. Andere Forschungsergebnisse als die aus der Promotion können von ihnen zu diesem Zeitpunkt ihrer Laufbahn nicht erwartet werden. Zweitens: Solange ein Mitarbeiter promoviert, kann er keine Doktoranden betreuen, so dass die Zahl der neuen Promotionen in dem Land zum Stillstand kommt. Neue Promotionen sind wichtig für die Schaffung neuen Wissens und soziologischer Forschung sowie für die Verbesserung der Forschungskapazitäten in der Soziologie. Die Situation wirkt sich somit auf die soziologische Forschung und die Schaffung neuen Wissens aus.

Verbindungen mit Universitäten, der Industrie und der Regierung wurden als Option zur Stärkung der Forschung an Universitäten angepriesen. In Anlehnung an dieses Dreifach-Helix-Modell schlägt Cooper (2009) eine erweiterte Formel für eine Verbindung zwischen Universitäten, Industrie, Regierung und zivilgesellschaftlichen Organisationen vor, die als Modell der vierten Helix bezeichnet wird. Dieses Modell ist von großer Bedeutung für die Geschichte der südafrikanischen Soziologie. Die Soziologie ist mit der Zivilgesellschaft aufgewachsen (Burawoy, 2007). Das Erbe besteht darin, dass Wissenschaftler an den südafrikanischen Universitäten enge Verbindungen zu zivilgesellschaftlichen Organisationen unterhielten, indem sie über sie und für sie forschten. Die soziologische Gemeinschaft des Landes hatte in der Hochphase der Apartheid eine enge Verbindung zu den sozialen Bewegungen unterhalten (Webster, 1997). In letzter Zeit, seit 1994, scheint sich diese Verbindung gelockert zu haben. Eine Neuverknüpfung dieser Verbindungen, wie sie im Rahmen des Modells der vierten Helix vorgeschlagen wird, wird den Soziologen neue Möglichkeiten eröffnen, ihre Forschung in Bereichen zu konsolidieren, die als politische Soziologie kategorisiert werden können.

In Bezug auf die Rolle der Soziologen im Bereich der Entwicklung haben sich Wissenschaftler für ein Forschungsprogramm für Soziologen ausgesprochen, das die Grundlagen der verschiedenen Entwicklungsstrategien, die im Land verfolgt werden, kritisch untersucht (Burawoy, 2004). Nach Ansicht von Burawoy (2004) besteht für Soziologen im neuen Südafrika weiterhin die Notwendigkeit, eine professionelle Soziologie zu entwickeln, die einer öffentlichen Soziologie Kraft, Legitimität und Glaubwürdigkeit verleihen kann, und zur Entwicklung einer kritischen Soziologie beizutragen, die Annahmen in Frage stellen kann. Unter den neuen Bedingungen kann sich die öffentliche Soziologie, wie von Holdt (2014) argumentiert, mit den Problemen einer sich wandelnden Gesellschaft auseinandersetzen. Im Kontext der südafrikanischen Gesellschaft, so haben einige Wissenschaftler argumentiert, besteht das Potenzial für eine starke öffentliche Soziologie, die durch andere Arten der Soziologie gestärkt werden kann (Cock, 2006). Cock (2006) ist ein starker Befürworter einer Soziologie, die alle Formen der Soziologie – professionelle, kritische, politische und öffentliche – zusammenführt. Vielleicht wäre dies ein praktikabler Ansatz für eine integrierte Soziologie für Südafrika und nicht eine schwache und fragmentierte Soziologie, in der sich eine kleine Anzahl von Soziologen konzentriert.

Die Politikforschung ist eine wichtige Strömung für Sozialwissenschaftler und wurde in der Zeit der Kämpfe genutzt (Nzimande, 1992). Die „disziplinäre Trägheit" (Cock, 1994) der Soziologen gegenüber der Politikforschung begrenzt die soziologischen Beiträge zur Politikforschung im Land. Aufgrund des historischen Erbes der Ausrichtung der Soziologie auf das Apartheidregime zur Unterstützung seiner Politik hat die Politikforschung einen zweifelhaften Ruf erworben und ihr Image beschädigt, was radikale Soziologen von der Politikforschung fernhält (Cock, 1994).

Alle Perspektiven in der Disziplin sind wichtig, um die Komplexität der Gesellschaft zu verstehen (Oloyede, 2006). Dies unterstreicht den Raum für alle verschiedenen Perspektiven, die in einer vielfältigen Gesellschaft wie Südafrika aus unterschiedlichen Ansätzen und Methodologien stammen. Die Soziologie kann ihre Wurzeln in zahlreiche Richtungen ausbreiten, was letztlich den Zweck und die Notwendigkeit einer südafrikanischen Soziologie stärken wird.

Methodologische Katholizität, wie Brym (2014) sie darstellt, basiert auf der Ansicht, dass verschiedene Methoden ihre individuellen, aber unterschiedlichen Stärken und Grenzen haben und keine unüberbrückbare Kluft die Disziplin entlang quantitativer und qualitativer Linien trennt. Wenn diese Ansicht akzeptiert wird, werden die methodologischen Stärken der südafrikanischen Soziologen zu echten Stärken, die die Disziplin im neuen demokratischen Südafrika benötigt. Mehr Entgegenkommen und Verständnis unter den Soziologen, innerhalb der Fachbereiche und zwischen den Fachbereichen im ganzen Land wird dem Fach helfen.

Das Forschungsprogramm für die südafrikanische Soziologie in der demokratischen Periode muss auf der Berücksichtigung mehrerer Dinge beruhen. Die Bedingungen für Soziologen haben sich in der neuen demokratischen Ära verändert. Burawoy (2004) argumentiert für bestimmte Richtungen, die die Soziologie in Südafrika einschlagen kann. Er plädiert für eine ganz andere Soziologie in der neuen Zeit, eine Soziologie, die das singuläre Ziel der Befreiung zugunsten der komplexeren Erforschung alternativer Wege aufgibt (Burawoy, 2004). In seinem Entwurf für eine Soziologie in der neuen Zeit ist die Zusammenarbeit unter Soziologen von größter Bedeutung. Daran mangelt es bei den südafrikanischen Soziologen, wie die Analyse der Veröffentlichungen in den vorangegangenen

Kapiteln gezeigt hat. Im Gegenteil, die wissenschaftlichen Disziplinen in Südafrika florierten und entwickelten sich mit den kollaborativen Tendenzen der südafrikanischen Wissenschaftler.

In seiner Ansprache auf der ersten Konferenz der ASSA stellte Cilliers (1973) unmissverständlich fest, dass die Weiterentwicklung der Soziologie als akademische und wissenschaftliche Disziplin von einer kontinuierlichen kritischen Bewertung abhängt. Solche kritischen Evaluierungen, die regelmäßig und mit dem Fokus auf die Disziplin durchgeführt werden, können unabhängig von theoretischen und methodologischen Meinungsverschiedenheiten, die Soziologen haben, der Disziplin dienen. Zu diesem Zweck kann die Führung auf der Ebene der einzelnen Fachbereiche und auf nationaler Ebene übernommen werden. Die Rolle des Berufsverbands SASA ist unverzichtbar. Er kann durch einen regelmäßigen Ausschuss, der sich mit Aspekten befasst, die das Fach und seine Entwicklung betreffen, die Führung übernehmen und die Gemeinschaft der Soziologen im Land beraten. Ist dies eine entscheidende Zeit für die südafrikanische Soziologie? Wenn dies der Fall ist, wie Hendricks (2006) argumentiert, sollten die Soziologen des Landes ernsthaft darüber nachdenken, was sie tun können, um die Herausforderungen, vor denen das Land (und der Kontinent) steht, kritisch anzugehen. Die Rolle des Soziologen, so Hendricks (2006) weiter, liegt in seiner Fähigkeit, das Leben zu erleichtern und zur Lösung der unzähligen Probleme des Landes beizutragen.

Der Wert von Soziologen und soziologischer Forschung ergibt sich heute aus dem Ranking, den Auswirkungen der von ihnen durchgeführten Forschung und der Sichtbarkeit der Forschung. Einige der besten Soziologiefachbereiche der Welt, beispielsweise an der University of Toronto, sind für ihre Stärke (mit mehr als 55 Vollzeit-Akademikern) sowie für die Quantität und Qualität der produzierten Forschung anerkannt (Brym, 2014). Der Wert der Soziologie in jeder Gesellschaft ist unterschiedlich und hängt weitgehend von zwei Dingen ab – was gelehrt wird und welches soziologische Wissen produziert wird. Die Lehre der Soziologie und wie sie vom Markt aufgenommen wird, ist natürlich ein Indikator, der die Noten auf einer Skala verschiebt. Hier geht es um den Ort, an dem Soziologie gelehrt wird, um die Lehrpläne, die angenommen werden und um die Frage, wie sie den lokalen und nationalen Bedürfnissen entsprechen. Es geht um die Qualität des Resultats, nämlich um die Studenten, die die Tore der Bildungseinrichtungen mit einem Abschluss verlassen. Zweitens geht es um die Art von Wissen, das Soziologen durch die Erforschung aktueller Themen mit unmittelbarer gesellschaftlicher Relevanz schaffen. Der Wert der Soziologie, wie auch jeder anderen wissenschaftlichen Disziplin, hängt damit zusammen, was sie ist und was sie sein wird.

Die Soziologie in Afrika hat eine Zukunft, vor allem in Südafrika, angesichts der sozialen Probleme des Kontinents und des Landes. Soziologen können, wenn sie ihre Rolle als Forscher ernst nehmen, viel zum Verständnis der unzähligen Probleme des Landes beitragen. Dies wird auch für das Ansehen der Disziplin von Vorteil sein. Es besteht ein Bedarf an einer starken Soziologie, die gute soziologische Forschung hervorbringt (Cock, 2006). Südafrika ist nach wie vor ein fruchtbarer Boden für die Ideen und Studien von Soziologen. Die Soziologie der Transformation, wie sie Munck (1996) vorschlägt, ist ein neuer Bereich, zu dem Soziologen einen großen Beitrag leisten können.

Welche Art von Soziologie ist für die Gesellschaft zum jetzigen Zeitpunkt relevant – eine professionelle, eine politische oder eine kritische? Die Entscheidung liegt bei den Soziologen. Die professionelle Soziologie ist für die südafrikanische Gesellschaft relevant. Wie Burawoy (2009b) meint, kann die professionelle Soziologie durch empirische Studien, die sich auf einen theoretischen Rahmen stützen, vorankommen, was die Verbreitung und Lehre der Soziologie beeinflusst. Die politische Soziologie geht mit dem Wandel der Gesellschaft einher, und relevantes Wissen ist für diesen Wandel unerlässlich. Wie Burawoy (2009b) feststellt, kann dies neue Bereiche für soziologische Untersuchungen einführen, zur Entwicklung neuer Methoden und Techniken führen und ein mächtiges Machtinstrument sein. Die kritische Soziologie hat in der Gesellschaft nach wie vor ihren Einfluss, und zwar im Kontext der vorherrschenden Arbeitskräfte im Land.

Die Bekanntmachung der Soziologie dient der Soziologie. Beiträge in Zeitungen und Zeitschriften zu sozialen Themen schaden der Soziologie nicht. In Österreich beispielsweise haben die Zeitungen Soziologen die Möglichkeit eröffnet, Kolumnen zu schreiben (Fleck, 2010). Indische Soziologen leisten regelmäßig Beiträge für die überregionalen Tageszeitungen des Landes und tragen so zu den Debatten über Themen bei, die die Gesellschaft betreffen. In Südafrika gibt es nur wenige Leitartikel von Soziologen zu sozialen Themen. Die Soziologie in Südafrika kann davon in mehr als einer Hinsicht profitieren. Soziologen werden aktiv und beteiligen sich an der Erörterung von Themen von gesellschaftlicher Bedeutung. Solche Artikel in Zeitungen und Zeitschriften ziehen mehr Leser an als akademische Bücher und Zeitschriften. Die Gesellschaft ist stillschweigend über die Rolle informiert, die Soziologen dabei spielen, die Debatten und Themen im öffentlichen Raum zu halten. Studenten, die ein Studium anstreben, werden auf solche gesellschaftlichen Themen und auf Soziologen aufmerksam. Dies trägt zum Ansehen der Soziologie im Land bei.

Eine Kerngruppe von Soziologen, die sich in der Lehre und Forschung im Land engagieren, könnte der südafrikanischen Soziologie in den kommenden Jahren die richtigen Leitlinien und Richtungen vorgeben. Sie sollten von Management- und Verwaltungsaufgaben entlastet werden, damit sie sich aktiv in der Lehre und der einschlägigen Forschung engagieren können (Webster, 2004).

Die von Heribert Adam (1981) aufgeworfenen Fragen sind immer noch aktuell. Er fragt, ob Soziologie in einer repressiven Gesellschaft überhaupt möglich ist. Für ihn schließt die Vorstellung einer sinnvollen Soziologie es aus, die Bezeichnung Fachleute für diejenigen zu verwenden, die absichtlich und unkritisch der Macht dienen. Dies war in der Zeit der Apartheid nicht anders möglich. Der Raum für eine kritische Herangehensweise an soziale Probleme und eine freie akademische Forschung war für Soziologen in der Zeit der Apartheid zu begrenzt. Adam (1981) drückt es so aus: Sobald ein Soziologe Befehle befolgt, sei es von der Regierung oder der Befreiungsbewegung, verliert er die Fähigkeit, seinen „Auftraggeber in seine kritische Untersuchung einzubeziehen". Fatima Meer drückte dies unmissverständlich aus, als sie 1974 die Präsidentschaftsrede der ASSA hielt: „Die südafrikanischen Soziologen sind vielleicht am weitesten von der Realität entfernt … Sie sind auf das Apartheidmodell als die ultimative Realität fixiert" (zitiert in Jubber, 1983, S. 58). Soziologie entwickelt sich und wächst nur, wenn Soziologen frei sind von den von außen auferlegten Barrikaden, die ihr Denken und ihre Existenz als Soziologen beeinflussen. Wie Murphree (1985) richtig feststellte, kann die professionelle Soziologie nur dann gedeihen, wenn Soziologen in der Lage sind, eine oppositionelle Haltung gegenüber dem Status quo einzunehmen, und wenn die Soziologie als relevant für sie und für die Gesellschaft wahrgenommen wird. Diese Ansichten gelten auch für die Soziologie im demokratischen Südafrika. Dies wird zu einer starken südafrikanischen Soziologie führen.

## Literatur

Adam, H. (1981). The vocation of a sociologist in South Africa. In J. Rex (Hrsg.), *Apartheid and social research* (S. 115–127). The Unesco Press.
Adésinà, J. O. (2006). Sociology beyond despair: Recovery of nerve, endogeneity, and epistemic intervention. *South African Review of Sociology, 37*(2), 241–259.
Akiwowo, A. A. (1980). Trend report: Sociology in Africa today. *Current Sociology, 28*(2), 3–73.
Alexander, P., Basson, L., & Makhura, P. (2006). Sociology research in contemporary South Africa. *South African Review of Sociology, 37*(2), 218–240.
Atkinson, M. P. (2000). The future of sociology is teaching? A vision of the possible. *Contemporary Sociology, 29*(2), 329–332.
Bailey, T., & Cooper, D. (2003). Profile of doctoral awards in South Africa: A case study of the 1996 university cohort. *Society in Transition, 34*(1), 104–128.
Bekker, S. (1996). The silence of South African scholars. *Indicator SA, 13*(2), 81–85.

van den Berghe, P. L. (1984). Toward a sociology of Africa. *Social Forces, 43*(1), 11–18.
Brym, R. (2014). Our first 50 Years: A note on the University of Toronto's Department of Sociology. *Canadian Review of Sociology, 15*(3), 288–292.
Burawoy, M. (2004). Public sociology: South African dilemmas in a global context. *Society in Transition, 35*(1), 11–26.
Burawoy, M. (2007). The future of sociology. *Sociological Bulletin, 56*(3), 339–354.
Burawoy, M. (2009a). From earth to heaven: South African sociology in the international context. *South African Review of Sociology, 40*(2), 219–224.
Burawoy, M. (2009b). Disciplinary mosaic: The case of Canadian Sociology. *The Canadian Journal of Sociology, 34*(3), 869–886.
Carroll, K. K. (2014). An introduction to African-centered sociology: Worldview, epistemology, and social theory. *Current Sociology, 40*(2), 257–270.
Chachage, C. S. L. (2004). Sociology and the future: Resistance, reconstruction and democracy. *Society in Transition, 35*(1), 42–60.
Cilliers, S. P. (1973). *ASSA sociology Southern Africa.* Paper presented at the ASSA Sociology Southern Africa/Durban.
Cock, J. (1994). Sociology as if survival mattered. *South African Sociological Review, 6*(2), 14–31.
Cock, J. (2006). Public sociology and the social crisis. *Society in Transition, 37*(2), 293–307.
Connell, R. (2011). Sociology for the whole world. *International Sociology, 26*(3), 288–291.
Cooper, D. (2006). International restructuring of higher education: Comments on implications of global trends, for restructuring of Sociology in South Africa. *South African Review of Sociology, 37*(2), 260–292.
Cooper, D. (2009). University-civil society (U-CS) research relationships: The importance of a 'fourth helix' alongside the 'triple helix' of University-Industry-Government (U-I-G) relations. *South African Review of Sociology, 40*(2), 153–180.
Desai, A. (2002). *We are the poors: Community struggles in post-apartheid South Africa.* Monthly Review Press.
DHET (Department of Higher Education and Training). (2015). *Strategic plan, 2015/16–2019/20.* Department of Higher Education and Training, Republic of South Africa.
Dubbeld, B. (2009). Marx, labour and emancipation in South African sociology: A preliminary rethinking. *Social Dynamics, 35*(2), 215–230.
Ferreira, R. (2012). The interdisciplinarity of military studies: A sociological perspective and South African application. *South African Review of Sociology, 43*(3), 146–162.
Fleck, C. (2010). Austrian academic publishing in sociology: A critical review. *International Sociology, 25*(5), 625–638.
Graaff, J. (2004). Progress in teaching sociology: From cognitive skills to hermeneutics and phronesis. *Society in Transition, 35*(2), 287–301.
Greenwood, N. A. (2013). Toward publicly responsive sociology curricula: The role of introductory sociology. *Teaching Sociology, 41*(3), 232–241.
Hare, A. P., & Savage, M. (1979). Sociology of South Africa. *Annual Review of Sociology, 5*, 329–350.
Harley, K., & Natalier, K. (2013). Teaching sociology: Reflections on the discipline. *Journal of Sociology, 49*(4), 389–396.
Hendricks, F. (2006). The rise and fall of South African sociology. *African Sociological Review, 10*(1), 86–97.

von Holdt, K. (2014). Critical engagement in fields of power: Cycles of sociological activism in post-apartheid South Africa. *Current Sociology, 62*(2), 181–196.

Hugo, P. (1998). Transformation: The changing context of academia in post-apartheid South Africa. *African Affairs, 97*(386), 5–27.

Jansen, J., & Taylor, N. (2003). *Educational change in South Africa 1994–2003: Case studies in large-scale education reform*. World Bank.

Jubber, K. (1983). Sociology and its social context: The case of the rise of Marxist sociology in South Africa. *Social Dynamics, 9*(2), 50–63.

Jubber, K. (2006). Reflections on canons, compilations, catalogues and curricula in relation to sociology and sociology in South Africa. *South African Review of Sociology, 37*(2), 321–342.

Keskin, T. (2014). Sociology of Africa: A non-Orientalist approach to African, Africana, and Black studies. *Critical Sociology, 40*(2), 187–202.

Magubane, B. M. (2000). *African sociology: A critical perspective. The selected essays of Bernard Makhosezwe Magubane*. Africa World Press, Inc.

Mapadimeng, M. S. (2009). *The South African sociology, current challenges and future implications: A review and some empirical evidence from the 2007 national survey of sociology departments*. Paper presented at the ISA Conference of the Council for National Associations, Taipai, Taiwan, 23–25 March. www.ios.sinica.edu.tw/cna/download/3b_ Mapadimeng_2.pdf. Zugegriffen am 13.03.2013.

Mapadimeng, M. S. (2012). Sociology and inequalities in post-apartheid South Africa: A critical review. *Current Sociology, 61*(1), 40–56.

Mkandawire, T. (1994). Social sciences in Africa: Some lessons for South Africa. *South African Sociological Review, 6*(2), 1–13.

Mouton, J. (2011). The humanities and social sciences in SA: Crisis or cause for concern? *South African Journal of Science, 107*(11/12), 1–4.

Mouton, J. (2015). *The doctorate in SA: Trends, challenges and constraints*. Seminar presentation. The University Teaching & Learning Office, University of KwaZulu-Natal, Durban, 18 June 2015.

Munck, R. (1996). For a sociology of transformation. *Transformation, 29*, 41–52.

Murphree, M. W. (1985). The science of society across the great divide: Pre- and post-independence sociology in the black states of Southern Africa. *Social Dynamics, 11*(1), 1–6.

Nyoka, B. (2012). *Sociology curriculum in a South African university: A case study*. Unpublished Masters, University of the Western Cape/South Africa.

Nyoka, B. (2013). Negation and affirmation: A critique of sociology in South Africa. *African Sociological Review, 17*, 2–24.

Nzimande, B. (1992). The national educational policy initiative. *Transformation, 18*, 161–163.

Oloyede, O. (2006). Sociologia cognitia: A note on recent concerns in sociology in South Africa. *South African Review of Sociology, 37*(2), 343–355.

Olzak, S. (1990). Report to the Human Sciences Research Council. *South African Sociological Review, 3*(1), 62–68.

Oosthuizen, J. S. (1991). South African Sociology during the eighties as mirrored in the South African Journal of Sociology. *South African Journal of Sociology, 2*(22), 43–46.

Pattman, R., & Khan, S. (Hrsg.). (2007). *Undressing Durban*. Madiba Publishers.

Robbe, K. (2014). African studies at a crossroads: Producing theory across the disciplines in South Africa. *Social Dynamics, 40*(2), 255–273.

RSA (Republic of South Africa). (2015). *Mid year population estimates, 2015*. Statistics South Africa/The Republic of South Africa.

Savage, M. (1981). Constraints on, and functions of, research in sociology and psychology in contemporary South Africa. In J. Rex (Hrsg.), *Apartheid and social research* (S. 45–65). The Unesco Press.

Sitas, A. (1997). The waning of sociology in South Africa. *Society in Transition, 1*(1–4), 12–19.

South African Sociological Review. (1988). Editors introduction. *South African Sociological Review, 1*(1), ii.

Suoranta, J. (2008). Teaching sociology: Toward collaborative social relations in educational situations. *Critical Sociology, 34*(5), 709–723.

Turner, B. S. (2012). Sociology in the USA and beyond: A half-century decline? *Journal of Sociology, 48*(4), 364–379.

UCT. (2007). *Self-review portfolio*. Department of Sociology, University of Cape Town.

Uys, T. (2005). Tradition, ambition and imagination: Challenges and choices for post-apartheid sociology. *Society in Transition, 36*(1), 113–120.

Webster, E. (1997). Democratic transition: South African sociology. *Contemporary Sociology, 26*(3), 279–282.

Webster, E. C. (1998). The sociology of transformation and the transformation of sociology in Southern Africa. *Social Dynamics, 24*(2), 117–129.

Webster, E. C. (2004). Sociology in South Africa: Its past, present and future. *Society in Transition, 35*(1), 27–41.

MIX
Papier aus verantwortungsvollen Quellen
Paper from responsible sources
FSC® C105338

If you have any concerns about our products,
you can contact us on
**ProductSafety@springernature.com**

In case Publisher is established outside the EU,
the EU authorized representative is:
**Springer Nature Customer Service Center GmbH
Europaplatz 3, 69115 Heidelberg, Germany**

Printed by Libri Plureos GmbH
in Hamburg, Germany